ITALIAN
BILINGUAL DICTIONARY

A Beginner's Guide in Words and Pictures

Third Edition

By Gladys C. Lipton
*Coordinator of Foreign Language Workshops
and Director of the National F.L.E.S.* Institute
Department of Modern Language and Linguistics
University of Maryland, Baltimore, MD*

John Colaneri
*Professor of Italian
Iona College, NY*

BARRON'S

Dedicated to Ann and John Colaneri
and
Nancy, Judy, and Michael

All inquiries should be addressed to:
Barron's Educational Series, Inc
250 Wireless Boulevard
Hauppauge, NY 11788
http://www.barronseduc.com

Library of Congress Catalog Card No. 98-70227

International Standard Book No. 0-7641-0282-6

PRINTED IN THE UNITED STATES OF AMERICA
9 8 7 6 5 4 3 2

Table of Contents   Indice

Introduction

Learning Italian can be fun for everyone! The *Italian Bilingual Dictionary* is a book that will provide both pleasure and functional help. It will bring many hours of "thumbing-through" enjoyment to all those people (children and adults) who like to look at pictures, who delight in trying to pronounce new sounds, and who are enthralled with the discovery of reading words and sentences in English and Italian.

This dictionary will help in understanding written Italian and English and will also help to enlarge your vocabulary. It will help in word games, in crossword puzzles, in writing letters in Italian, and in reading signs and instructions. As a travel dictionary, it will be invaluable in helping travelers obtain information, understand menus, and read magazines and newspapers in an Italian-speaking community.

The pictures in this dictionary will help to clarify meaning and also help in associating a picture with the meaning of the word or phrase. The sentences will not only illustrate the use of the specific words and expressions, but will also serve as useful conversational expressions when communicating in an Italian-speaking community.

Basis of Word Selection

The selection of words in the Italian and English sections is based on a survey of basic words and idiomatic expressions used in beginning language programs and in simple reading materials.

Special Features

1. The controlled vocabulary and idiomatic listings make it highly usable for beginners because they are not overwhelmed by too many words, explanations, and definitions. Other dictionaries of this type have tended to discourage beginners from consulting them because the definitions have all been in Italian or English.

2. The pronunciation key,* pictures, definitions, and sentences in Italian and English will aid the student in using this dictionary independently. The use of both languages will facilitate understanding and will promote activities of exploration and self-instruction.

3. The selection of words and idiomatic expressions has been based on frequency lists, content of courses, and reading materials at the beginning language student's level and on the natural interests of young people. It should be noted that current words have been included to appeal to expanding interests and experiences.

4. Several special sections have been included to extend the interests of students of Italian and English. Among these are:
   a. personal names in Italian and English
   b. parts of speech in Italian and English
   c. numbers 1–100 in Italian and English
   d. days of the week, months of the year in Italian and English
   e. Italian verb supplement

This dictionary should have appeal both to children and adults. It will be useful as a supplementary book to be distributed to beginners studying Italian or English. Placed in the language section of the school library and in the public library, it will engage the attention of many people looking for intellectual stimulation. The language teacher will no doubt wish to have a desk copy for the preparation of class and homework

---

*The *phonemic* alphabet is based on a comparative analysis of English and Italian sounds; it uses only Roman letters, with minimal modifications. In contrast, the International Phonetic Alphabet is based on a comparison of several languages and uses some arbitrary symbols. It has been the experience of the authors that a *phonemic* alphabet is most helpful to beginners, who need assurance in the pronunciation of a new language. The goal is to provide the beginning language student with an immediate tool for communication. As he or she continues to study and to use the language, greater refinements in vocabulary, structure, and pronunciation will be developed.

activities, while other classroom teachers who may not have a knowledge of Italian will enjoy having a desk copy in order to keep abreast of Italian vocabulary and expressions. For use and pleasure, the dictionary will be suitable as part of a student's personal book collection at home.

The third edition of *Italian Bilingual Dictionary* reflects many of the new trends in foreign language learning, including the national foreign language standards and their "Five-C Goals": Communication, Cultures, Connections, Comparisons, and Communities. Users of this dictionary will find:

- *Words used in different contexts of communication.*
- *New cultural notes that provide insights into the various cultures of speakers of Italian.*
- *Sentences connecting everyday activities at home, work, and school.*
- *A way of comparing words and expressions in Italian and English, as well as cultural differences.*

It is hoped that this beginner's dictionary will lead the student to higher levels of Italian-English or English-Italian study by providing a solid yet ever-broadening base for language activities.

How to Use This Dictionary

The dictionary contains approximately 1300 entries in the Italian-English vocabulary listing and an equal number of English words and expressions in the English-Italian vocabulary listing. Each Italian entry consists of the following:
1. *Italian word*
2. *phonemic transcription*
3. *part of speech*
4. *gender*
5. *English definition(s)*
6. *use of word in Italian sentence*
7. *English translation of Italian sentence*

Each English entry consists of the following:
1. *English word*
2. *phonemic transcription*
3. *part of speech*
4. *Italian definition(s)*
5. *use of word in English sentence*
6. *Italian translation of English sentence*

In addition, many word entries include an illustration.

> **CAUTION:** Some words have more than one meaning. Read the entry carefully to determine the most suitable equivalent.

To Find Verb Forms

Special mention should be made of the treatment of verbs in this dictionary. Since only the present tense is used actively in most beginning language programs, verb forms only in the present tense have been included, except for past participles used as adjectives. For regular verbs, only the infinitive is listed, with all the forms of the verb in the present tense included in the entry. There is no cross-listing of the forms of regular verbs. For some irregular verbs, each form of the present tense is given (first, second, and third persons, singular and plural) in a separate listing with cross-reference to the infinitive. Here, too, under the infinitive listing, all the forms of the verb in the present tense are included in the entry.

Forms of selected regular, auxiliary, and irregular verbs also appear in the Italian verb supplement.

Italian-English

(Italiano Inglese)

Italian Pronunciation Key

(for English speakers)

Notes

1. Many Italian sounds do not have an exact English equivalent. The phonemic symbols are approximate and will assist the beginning Italian student as he or she encounters new words and phrases.

2. Capital letters in the phonemic symbols indicate the syllable emphasized. For example:

dehn-TEES-ta

3. Beginning Italian students should be particularly careful of the pronunciation of Italian vowels. Italian vowels are sharper, clearer, and less drawn out than English vowels.

CONSONANTS

Italian Spelling	Phonemic Symbol
b	b
c + a, o, u	k (as in *kitten*)
c + e, i (cena)	ch (as in *chest*)
ch (only before e, i)	k (as in *kitten*)
d	d
f	f
g + a, o, u	g (as in *go*)
g + e, i	j (as in *jet*)
gh (only before e, i)	g (as in *go*)
gli	ly (as in *million*)
gn	n (as in *onion*)
h	(silent)
l	l
m	m
n	n
p	p
qu	kw
r	r
s	s
s, z (between vowels)	z
sc (before a, o, u)	sk (as in *ask*)
sc (before e, i)	sh (as in *fish*)
t	t
v	v
z	ts (as in *bets*)
z	tz (as in *beds*)

VOWELS			
Italian Spelling	Italian Example	Phonemic Symbol	Sounds Something Like English Word
a	casa	a	father
e	me	ay	met
e	bene	eh	shelf
i	libri	ee	keep
o	sole	oh	open
o	no	o	often
u	uno	u	too
iu	aiutare	y	you
ie	niente	ye	yes

A

a [A] preposition   **at, in, to**

Loro vanno a Roma.
They are going to Rome.

---

abbassare [a-ba-SA-reh] verb   **to lower**
                                                                   to put down

io abbasso	noi abbassiamo
tu abbassi	voi abbassate
Lei abbassa	Loro abbassano

La maestra dice, "Abbassate le mani!"
The teacher says, "Put down your hands!"

---

abbastanza [a-bas-TAN-za] adjective   **enough**

Hai avuto abbastanza vino?
Have you had enough wine?

---

abitare [a-bee-TA-reh] verb   **to live**

io abito	noi abitiamo
tu abiti	voi abitate
Lei abita	Loro abitano

Dove abita Lei?
Where do you live?

---

l'abito [A-bi-to] noun, masc.   **suit**

*Il babbo porta un abito quando va
a lavorare.*
Dad wears a suit when he goes to work.

abiti [A-bi-tee] noun, masc., pl.   **clothes**

I miei abiti sono sul letto.
My clothes are on the bed.

---

a buon mercato [a-buon-mehr-KA-to] idiom **cheap(ly), inexpensive(ly)**

Il pane si vende a buon mercato; non costa molto.
Bread is cheap; it does not cost much.

---

a causa di [a-KAU-za-dee] idiom **because of**

Devo restare a casa a causa della neve.
I must stay home because of the snow.

---

accadere [ah-ka-DEH-reh] verb **to happen, to occur**

io accado	noi accadiamo
tu accadi	voi accadete
Lei accade	Loro accadono

Queste cose accadono sempre a me.
These things always happen to me.

---

accanto a [a-KAN-to-a] adverb **next to**

Lui è seduto accanto a me.
He is seated next to me.

---

accendere [a-CHAYN-deh-reh] verb **to turn on (appliances)**

io accendo	noi accendiamo
tu accendi	voi accendete
Lei accende	Loro accendono

Io accendo la radio.
I turn on the radio.

---

l'acqua [A-kwa] noun, fem. **water**

C'è acqua nella piscina.
There is water in the pool.

---

adagio [a-DA-jeeo] adverb **slowly, softly**

Suo cuore batte adagio.
His heart beats slowly.

6

ad alta voce [ad-al-ta-VOH-cheh] idiom   **aloud,
in a loud voice**

Lui parla ad alta voce.
He speaks in a loud voice.

---

adesso [a-DEH-so] adverb   **now**
Ti devi svegliare adesso!
You have to wake up now!

---

ad un tratto [a-dun-TRA-to] adverb   **suddenly**
Ad un tratto il telefono suona.
Suddenly the telephone rings.

---

addizione [a-di-TZEEOH-neh] noun, fem.   **addition**
L'addizione è facile.
Addition is easy.

---

l'aereo [AEH-reo] noun, masc.   **airplane**
L'aereo è grande.
The airplane is large.

l'aeroplano [aeh-ro-PLA-no] noun, masc.   **airplane**
L'aeroplano è arrivato.
The airplane has arrived.

---

l'aeroporto [aeh-ro-POR-to] noun, masc.   **airport**

Ci sono tanti apparecchi all'aeroporto.
There are many airplanes at the airport.

---

afferrare [a-feh-RA-reh] verb   **to catch**
  io afferro   noi afferriamo
  tu afferri   voi afferrate

Lei afferra   Loro afferrano

Bravo! Giovanni afferra la palla.
Hurray! John catches the ball.

---

affrettarsi [a-freh-TAR-see] verb   **to hurry**

io mi affretto   noi ci affrettiamo
tu ti affretti   voi vi affrettate
Lei si affretta   Loro si affrettano

Si affrettano perchè sono in ritardo.
They hurry because they are late.

---

l'ago [A-go] noun, masc.   **needle**

Ecco un ago da cucire.
Here is a sewing needle.

---

agosto [a-GOS-to] noun, masc.   **August**

In agosto fa caldo.
It is hot in August.

---

l'agricoltore [a-gree-kol-TOH-reh] noun, masc.   **farmer**

Il mio nonno è agricoltore.
My grandfather is a farmer.

---

aiutare [a-yu-TA-reh] verb   **to help**

io aiuto   noi aiutiamo
tu aiuti   voi aiutate
Lei aiuta   Loro aiutano

Giovanni aiuta la sorella a portare i libri.
John helps his sister carry the books.

Aiuto! [a-YU-to] interjection   **Help!**
Quando io cado, grido, "Aiuto!"
When I fall, I shout, "Help!"

l'ala [A-la] noun, fem., sing.   **wing**
L'uccello ha un' ala bianca.
The bird has a white wing.

le ali [A-lee] noun, fem., pl.   **wings**
L'aeroplano ha due ali.
The airplane has two wings.

l'albergo [al-BEHR-go] noun, masc.   **hotel**
Come si chiama quest'albergo?
What is the name of this hotel?

l'albero [AL-beh-ro] noun, masc.   **tree**

L'albero ha molti rami.
The tree has many branches.

l'albicocca [al-bee-KO-ka] noun, fem.   **apricot**
L'albicocca è dolce.
The apricot is sweet.

alcune [al-KU-neh] adj., fem.   **several, some**
Compro alcune camicie.
I buy some shirts.

alcuni [al-KU-nee] adj., masc.   **several, some**
(Note: used with plural nouns only)
Venezia ha più di alcuni canali.
Venice has more than a few canals.

9

l'alfabeto [al-fa-BEH-to] noun, masc.   **alphabet**
Ci sono ventun lettere nell'alfabeto italiano.
There are 21 letters in the Italian alphabet.

---

allegro, allegra [a-LEH-gro] adjective   **cheerful, happy**
Mia sorella è sempre allegra.
My sister is always cheerful.

---

allora [a-LOH-ra] adverb   **then**
Allora incomincia a leggere.
Then begin to read.

---

al piano superiore   **upstairs**
          [al-pee-AH-no-su-peh-REEO-reh] adverb
L'ufficio è al piano superiore.
The office is upstairs.

---

l'altalena [al-ta-LEH-na] noun, fem.   **swing, seesaw**
Nel parco i ragazzi si divertono sull'altalena.
In the park, the children enjoy themselves on the swings.

---

alto [AL-to] adjective   **tall, high**
La Torre di Pisa è alta.
The Tower of Pisa is high.

---

altro, altra [AL-tro] adjective   **other**
Ecco il mio fazzoletto. Gli altri sono sul letto.
Here is my handkerchief. The others are on the bed.

---

l'alunno [a-LU-no] noun, masc.   **pupil**
l'alunna [a-LU-na] noun, fem.   **pupil**
Gli alunni sono nell'aula.
The students are in the classroom.

---

alzare [al-TZA-reh] verb   **to raise**

io alzo	noi alziamo
tu alzi	voi alzate
Lei alza	Loro alzano

Il poliziotto alza la mano destra.
The policeman raises his right hand.

alzarsi [al-TZAR-see] verb   **to get up,**
                                             to stand

io mi alzo	noi ci alziamo
tu ti alzi	voi vi alzate
Lei si alza	Loro si alzano

Alzati, Giovanni. Dai il posto alla Signora.
Get up, John. Give your seat to the lady.

amare [a-MA-reh] verb   **to like, to love**

io amo	noi amiamo
tu ami	voi amate
Lei ama	Loro amano

Una mamma ama i figli.
A mother loves her children.

l'ambulanza [am-bu-LAN-za] noun, fem.   **ambulance**
L'ambulanza va all'ospedale.
The ambulance goes to the hospital.

americano (a)   **American**
        [a-meh-ree-KA-no] adjective, masc., fem.
È un apparecchio americano.
It is an American airplane.

l'amico [a-MI-ko] noun, masc.   **friend**
Il mio amico ed io andiamo al parco a giocare.
My friend and I are going to the park to play.

l'amica [a-MI-ka] noun, fem.   **friend**
Maria è la tua amica.
Mary is your friend.

---

l'amore [a-MOH-reh] noun, masc.   **love**
Il ragazzo ha un grand'amore per il suo cane.
The boy has a great love for his dog.

---

l'ananasso [a-na-NA-so] noun, masc.   **pineapple**
L'ananasso è grande.
The pineapple is big.

---

anche [AN-kay] adverb   **even, too**
Lei piange anche quando è contenta.
She cries even when she is happy.

anche [AN-kay] adverb   **also**
Anch'io voglio dei dolci!
I also want some candy!

---

ancora [an-KOH-ra] adverb   **once again**
Leggi la lettera ancora una volta.
Read the letter once again.

ancora [an-KOH-ra] adverb   **still**
Sei ancora a casa?
Are you still home?

---

andare [an-DA-reh] verb   **to go**

io vado	noi andiamo
tu vai	voi andate
Lei va	Loro vanno

Dove vai? Vado a casa.
Where are you going? I'm going home.

---

andare a fare le spese   **to go shopping**
[an-DA-reh-a-FA-reh-le-SPE-seh] idiom

Io vado a fare le spese ogni giorno.
I go shopping every day.

---

andare a letto [an-DA-reh-a-le-to] idiom   **to go to bed**

Non mi piace andare a letto presto.
I don't like going to bed early.

---

andare a pescare   **to go fishing**
[an-DA-reh-a-pes-KAH-reh] verb

Noi andiamo a pescare.
We are going fishing.

---

l'anello [a-NEH-lo] noun. masc.   **ring**

Che bell'anello!
What a beautiful ring!

---

l'angolo [AN-go-lo] noun, masc.   **corner**

Si deve attraversare la strada all'angolo.
One must cross the street at the corner.

---

l'animale [a-nee-MA-leh] noun, masc., sing.   **animal**

L'animale è grande.
The animal is big.

---

l'animale favorito [a-nee-MA-leh-fa-vo-REE-toh] idiom   **pet**

Il cane è il mio animale favorito.
The dog is my pet.

---

gli animali [a-nee-MA-lee] noun, masc., pl.   **animals**

Gli animali sono nella foresta.
The animals are in the forest.

---

l'anitra [a-NEE-tra] noun, fem.   **duck**

Ci sono delle anitre nel lago.
There are ducks in the lake.

---

l'anno [A-no] noun, masc.   **year**

Ci sono dodici mesi in un anno.
There are twelve months in a year.

Io ho nove anni.
I am nine years old.

---

annoiare [a-no-YA-reh] verb   **to annoy**

È pericoloso annoiare un orso.
It is dangerous to annoy a bear.

---

annoiarsi [a-no-YAR-see] verb   **to be annoyed**

io mi annoio	noi ci annoiamo
tu ti annoi	voi vi annoiate
Lei si annoia	Loro si annoiano

La mamma si annoia quando faccio troppo chiasso.
Mother becomes annoyed when I make too much noise.

---

annoiato [a-no-YA-toh] adjective   **annoyed, offended**

Io sono molto annoiato.
I am very annoyed.

---

l'antenna [an-TEH-na] noun, fem.   **antenna**

Le antenne delle televisioni sono sul tetto.
The TV antennas are on the roof.

l'ape [A-peh] noun, fem.   **bee**

All'ape piace il fiore.
The bee likes the flower.

aperto [a-PEHR-to] adjective   **open**

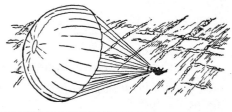

Il paracaduto è aperto.
The parachute is open.

apparecchiare [a-pa-reh-KYA-reh] verb   **to set (the table)**

io apparecchio	noi apparecchiamo
tu apparecchi	voi apparecchiate
Lei apparecchia	Loro apparecchiano

Mia madre apparecchia la tavola.
My mother sets the table.

l'apparecchio   **airplane,**
    [a-pa-RAY-keeo] noun, masc.   **apparatus,**
                                                                     machine

Ci sono tanti apparecchi nel negozio.
There are many machines in the store.

l'apparecchio a reazione   **jet plane**
    [a-pa-RAY-keeo-a-reh-a-zee-o-neh] noun

L'apparecchio a reazione è veloce.
The jet plane is fast.

l'apparenza [a-pa-REHN-za] noun, fem.   **look, appearance**

La tigre ha un'apparenza feroce.
The tiger has a ferocious look.

l'appartamento [a-par-ta-MEHN-to] noun, masc.   **apartment**

Il mio appartamento è al secondo piano.
My apartment is on the second floor.

l'appetito [a-peh-TEE-to] noun, masc.   **appetite**

Buon appetito!
Hearty appetite!

l'appuntamento   **appointment**
    [ah-PUN-ta-men-to] noun, masc.

*Mia sorella ha un appuntamento con il dottore alle tre
del pomeriggio.*
My sister has an appointment to see the doctor at 3 P.M.

aprile [a-PREE-leh] noun   **April**

Piove molto in aprile.
It rains a great deal in April.

aprire [a-PREE-reh] verb   **to open**

io apro	noi apriamo
tu apri	voi aprite
Lei apre	Loro aprono

Io apro la mia scrivania per cercare una gomma.
I open my desk to look for an eraser.

l'aquilone [a-kwee-LOH-neh] noun, masc.   **kite**

Bene, tira vento. Giochiamo con l'aquilone.
Good, it's windy. Let's play with the kite.

l'arachide [a-ra-KEE-deh] noun, fem., sing.   **peanut**

le arachidi [a-ra-KEE-dee] noun, fem., pl.   **peanuts**
All'elefante piace mangiare le arachidi.
The elephant likes to eat peanuts.

---

l'arancia [a-RAN-cha] noun, fem.   **orange**
Di che colore è l'arancia?
What color is the orange?

---

arancio [a-RAN-cho] adjective   **orange (color)**
Ho bisogno di una gonna arancia.
I need an orange skirt.

---

l'arcobaleno [ar-ko-ba-LEH-no] noun, masc.   **rainbow**

Mi piacciono i colori dell'arcobaleno.
I like the colors of the rainbow.

---

l'argento [ar-JEHN-to] noun, masc.   **silver**
I capelli del vecchio sono colore argento.
The old man's hair is silver.

---

l'aria [A-reea] noun, fem.   **air**
L'aria è pulita.
The air is clean.

---

l'armadio [ar-MA-deeo] noun, masc.   **closet**
L'armadio è chiuso.
The closet is closed.

---

arrabbiato [a-ra-BEEA-to] past participle   **angry**
Lui è arrabbiato.
He is angry.

---

arrampicarsi [a-ram-pee-KAR-see] verb   **to climb**

io mi arrampico	noi ci arrampichiamo
tu ti arrampichi	voi vi arrampicate
Lei si arrampica	Loro si arrampicano

Il gatto si arrampica sull'albero.
The cat climbs the tree.

---

arrestare [a-rehs-TA-reh] verb   **to arrest**

io arresto	noi arrestiamo
tu arresti	voi arrestate
Lei arresta	Loro arrestano

Il poliziotto arresta l'uomo.
The policeman arrests the man.

---

arrivare [a-ree-VA-reh] verb   **to arrive**

io arrivo	noi arriviamo
tu arrivi	voi arrivate
Lei arriva	Loro arrivano

Il postino arriva alle dieci.
The mailman arrives at 10 o'clock.

---

arrivederci   **goodbye, see you soon**
      [a-ree-veh-DEHR-chee] interjection

La mattina il padre dice "arrivederci" alla famiglia.
In the morning, Father says "goodbye" to his family.

---

l'artista [ar-TEES-ta] noun, masc. or fem.   **artist**

Mio fratello è artista.
My brother is an artist.

---

l'asciugamano [a-shu-ga-MA-no] noun, masc.   **towel**

Il mio asciugamano è nella sala da bagno.
My towel is in the bathroom.

asciutto [a-SHU-to] adjective   **dry**

È asciutto il pavimento, Mamma?
Is the floor dry, Mother?

---

ascoltare [as-kol-TA-reh] verb   **to listen**

io ascolto	noi ascoltiamo
tu ascolti	voi ascoltate
Lei ascolta	Loro ascoltano

Il ragazzo ascolta la radio.
The boy listens to the radio.

---

l'asino [A-zee-no] noun, masc.   **donkey**

L'asino ha due lunghe orecchie.
The donkey has two long ears.

---

aspettare [a-speh-TA-reh] verb   **to wait for**

io aspetto	noi aspettiamo
tu aspetti	voi aspettate
Lei aspetta	Loro aspettano

Aspettami, vengo.
Wait for me, I'm coming.

---

l'aspirapolvere   **vacuum cleaner**
      [a-spee-ra-POL-veh-reh] noun, fem.

*La mamma usa l'aspirapolvere per
pulire la casa.*
Mother uses the vacuum cleaner to
clean the house.

---

assente [a-SEN-teh] adjective   **absent**

Giorgio è assente oggi.
George is absent today.

---

assistere [a-SEES-teh-reh] verb   **to attend, to assist**

io assisto   noi assistiamo
tu assisti   voi assistete
Lei assiste   Loro assistono

Noi assistiamo a una partita di calcio.
We attend a soccer game.

---

l'astronauta [as-tro-NAU-ta] noun, masc.   **astronaut**

L'astronauta fa un viaggio in un razzo.
The astronaut takes a trip in a rocket.

---

attenzione [a-tehn-zee-O-neh] noun   **attention, take care**

Il professore dice, "Attenzione!"
The teacher says, "Attention!"

---

l'attore [a-TOH-reh] noun, masc.   **actor**
l'attrice [a-TREE-cheh] noun, fem.   **actress**

L'attore è bello.
The actor is handsome.

---

attraente [a-tra-EHN-teh] adjective   **cute, attractive**

La ragazza è attraente.
The girl is cute.

---

attraversare [a-tra-vehr-SA-reh] verb   **to cross**

io attraverso   noi attraversiamo
tu attraversi   voi attraversate
Lei attraversa   Loro attraversano

Possiamo attraversare il lago.
We can cross the lake.

---

l'autista [au-TEES-ta] noun, fem.   **driver**

L'autista è giovane.
The driver is young.

20

l'aula [AU-la] noun, fem.   **classroom**
Siamo nell'aula.
We are in the classroom.

---

l'autobus [au-to-BUS] noun, masc.   **bus**
I ragazzi vanno a scuola in autobus.
The children go to school by bus.

---

l'automobile [au-to-MO-bee-leh] noun, fem.   **automobile**
Il pedone fa attenzione all'automobile.
The pedestrian watches for the automobile.

---

l'autorimessa [au-to-ree-MEH-sa] noun, fem.   **garage**
Dov'è la macchina? Non è nell'autorimessa.
Where is the car? It's not in the garage.

---

l'autostrada [au-to-STRA-da] noun, fem.   **highway, road**
Come si chiama quest'autostrada?
What is the name of this road?

---

l'autunno [au-TU-no] noun, masc.   **autumn**
In autunno fa fresco.
In autumn it is cool.

---

avere [a-VEH-reh] verb   **to have**

io ho	noi abbiamo
tu hai	voi avete
Lei ha	Loro hanno

Lei ha una matita.
You have a pencil.

---

avere bisogno di idiom   **to need**
Il pesce ha bisogno d'acqua.
The fish needs water.

21

avere buono odore idiom | **to smell good**

La torta ha un buon odore.
The cake has a good smell.

---

avere cattivo odore idiom | **to smell bad**

Il legno ha un cattivo odore.
The wood smells bad.

---

avere fame idiom | **to be hungry**

Lui ha sempre fame.
He is always hungry.

---

avere paura di idiom | **to be afraid of**

Ha paura della tempesta?
Are you afraid of the storm?

---

avere ragione idiom | **to be right**

Questa volta io ho ragione.
This time I am right.

---

avere sete idiom | **to be thirsty**

Oggi ho sette.
Today I am thirsty.

---

avere sonno idiom | **to be sleepy**

Chi ha sonno?
Who is sleepy?

---

avere torto idiom | **to be wrong**

Lei ha torto.
You are wrong.

---

avere un dolore a... idiom | **to have a pain...**

Io ho un dolore alla gamba.
I have a pain in my leg.

---

avere un dolore di testa idiom   **to have a headache**
Sono malato. Ho un dolor di testa.
I'm sick. I have a headache.

---

avere un mal di stomaco idiom   **to have a stomachache**
Maria ha un mal di stomaco.
Mary has a stomachache.

---

avere vergogna idiom   **to be ashamed**
Ha vergogna perché è cattivo.
He is ashamed because he is bad.

---

aviogetto [a-veeo-JEH-to] noun, masc.   **jet plane**
L'aviogetto è arrivato.
The jet plane has arrived.

---

avvenire [ah-ve-NI-reh] verb   **to happen, to occur**

io avvengo	noi avveniamo
tu avvieni	voi avvenite
Lei avviene	Loro avvengono

Queste tempeste avvengono spesso.
These storms happen often.

---

l'avventura [a-vehn-TU-ra] noun, fem.   **adventure**
Mi piace leggere le avventure di Don Giovanni.
I like to read the adventures of Don Juan.

---

l'avvocato [a-vo-KA-to] noun, masc.   **lawyer**
Mio zio è avvocato.
My uncle is a lawyer.

---

azzurro [a-TZU-ro] adjective   **blue**
Il cielo è azzurro, non è vero?
The sky is blue, isn't it?

B

il babbo [BA-bo] noun, masc.   **Dad**

Babbo, ho paura!
Dad, I'm afraid!

---

baciare [ba-CHEEA-reh] verb   **to kiss**

io bacio	noi baciamo
tu baci	voi baciate
Lei bacia	Loro baciano

Gli amanti si baciano.
The lovers kiss each other.

---

il bacio [BA-cho] noun, masc.   **kiss**

La mamma dà un bacio al ragazzo.
The mother kisses the child.

---

badare a [ba-DA-reh-a] verb   **to look after,**
to take care of,
to watch over

io bado	noi badiamo
tu badi	voi badate
Lei bada	Loro badano

La gatta bada ai gattini.
The cat takes care of the kittens.

---

il bagaglio [ba-GA-lyo] noun, masc.   **luggage, baggage**

Il bagaglio è pronto per il viaggio.
The luggage is ready for the trip.

---

bagnato [ba-NA-to] adjective   **wet**

Il mio quaderno è caduto nell'acqua; è bagnato.
My notebook fell in the water; it's wet.

---

il bagno [BAH-nyoh] noun, masc.   **bath**

Mi faccio un bagno ogni giorno.
I take a bath every day.

il bagno di sole idiom   **sun bath**

Io mi faccio un bagno di sole sull'erba
I take a sun bath on the grass.

il costume da bagno noun   **bathing suit**

Ti piace il mio nuovo costume da bagno?
Do you like my new bathing suit?

---

il bagno [BAH-nyoh] noun, masc.   **restroom**

Dov'è il bagno?
Where is the restroom?

il lavandino noun, masc.   **bathroom sink**

Il lavandino è bianco.
The bathroom sink is white.

la sala da bagno noun   **bathroom**

La sala da bagno è grande.
The bathroom is large.

---

ballare [ba-LA-reh] verb   **to dance**

io ballo   noi balliamo
tu balli   voi ballate

Lei balla   Loro ballano

A mia sorella piace ballare.
My sister likes to dance.

---

il bambino [bam-BEE-no] noun, masc.   **child, baby**
Maria gioca con il bambino.
Mary plays with the baby.

---

la bambola [BAM-bo-la] noun, fem.   **doll**

La mia bambola si chiama Silvia.
My doll's name is Silvia.

la casa di bambola   **dollhouse**
    [ka-sa-dee-BAM-boh-la] fem.
La casa di bambola è grande.
The dollhouse is large.

---

la banca [BAN-ka] noun, fem.   **bank**
Ha moneta alla banca?
Do you have money in the bank?

> The Florentines and Sienese were the first
> bankers, and the Medici family was the first to
> set up a double-entry bookkeeping system.

---

la bandiera [ban-DYEH-ra] noun, fem.   **flag**
La bandiera è grande.
The flag is large.

---

la barba [BAR-ba] noun, fem.   **beard**

L'uomo ha la barba grigia.
The man has a gray beard.

---

la barca [BAR-ka] noun, fem.   **boat**

La barca è nuova.
The boat is new.

---

la barchetta [bar-KAY-ta] noun, fem.   **boat**

La barchetta è piccola.
The boat is small.

---

il "baseball" [as in Eng.] noun, masc.   **baseball**

Mio cugino gioca al baseball.
My cousin plays baseball.

---

basso [BA-so] adjective   **short**

L'albero a sinistra è basso; l'albero a destra è alto.
The tree on the left is short; the tree on the right is tall.

---

il bastone [bas-TOH-neh] noun, masc.   **stick, cane**

Il poliziotto porta il bastone.
The policeman carries the stick.

---

il battello [ba-TEH-lo] noun, masc.   **boat**

Il battello è stato distrutto.
The boat was destroyed.

---

battere [BA-teh-reh] verb   **to hit**

io batto	noi battiamo
tu batti	voi battete
Lei batte	Loro battono

Lui mi batte.
He is hitting me.

---

battersi [BAH-ter-see] refl. verb   **to fight**

mi batto	ci battiamo
ti batti	vi battete
si batte	si battono

Perchè si battono quei ragazzi?
Why are those children fighting?

---

il baule [ba-U-leh] noun, masc.   **trunk, suitcase**
È difficile portare questo baule.
It is difficult to carry this trunk.

---

il becco [BEH-ko] noun, masc.   **beak**
L'uccello ha un becco giallo.
The bird has a yellow beak.

---

bello, bella [BEH-lo, BEH-la]   **handsome,**
    adjective, masc., fem.   **beautiful, pretty**
L'attore è bello; l'attrice è bella.
The actor is handsome; the actress is beautiful.

---

bello, bella adjective, masc., fem.   **nice, pleasant**
La primavera è una bella stagione.
Spring is a pleasant season.

---

bene [BEH-ne] adverb   **well**
Mi sento molto bene, grazie.
I feel very well, thank you.

---

beneducato [beh-neh-du-KA-to] adjective   **well behaved,**
well mannered
Le ragazzine sono più beneducate dei ragazzini.
Little girls are more well behaved than little boys.

---

la benzina [behn-ZEE-na] noun, fem.   **gasoline**
Il babbo dice, "Non abbiamo abbastanza benzina."
Father says, "We don't have enough gasoline."

bere [BEH-reh] verb   **to drink**

io bevo	noi beviamo
tu bevi	voi bevete
Lei beve	Loro bevono

La ragazza beve il latte.
The girl drinks milk.

la bevanda [beh-VAN-dah] noun, fem.   **drink**
La bevanda è forte.
The drink is strong.

la bibita [BI-bi-tah]
La bibita è dolce.
The drink is sweet.

---

la bestia [BEHS-teea] noun, fem.   **beast**
Il leone è una bestia selvaggia.
The lion is a wild beast.

---

bianco, bianca   **white**
    [BEEAN-ko, BEEAN-ka] adjective, masc., fem.
Le mie scarpe sono bianche.
My shoes are white.

Vorrei comprare una camicetta bianca.
I would like to buy a white blouse.

---

la biblioteca [bee-blee-o-TEH-ka] noun, fem.   **library**

Ci sono tanti libri nella biblioteca.
There are many books in the library.

---

il bicchlere [bee-KYEH-reh] noun, masc.   **glass**

Io metto il bicchiere sul tavolo accuratamente.
I put the glass on the table carefully.

---

la bicicletta [bee-che-KLEH-ta] noun, fem.   **bicycle**

Quando fa bel tempo, Bernardo va in bicicletta.
When the weather is good, Bernard rides his bicycle.

---

il biglietto [bee-LYEH-to] noun, masc.   **bill (money)**

Sono ricco. Ho un biglietto da mille lire.
I'm rich. I have a one-thousand lire bill.

il biglietto [bee-LYEH-to] noun, masc.   **note**

Lei mi scrive un biglietto.
She writes me a note.

il biglietto [bee-LYEH-to] noun, masc.   **ticket**

Ecco il mio biglietto, signore.
Here is my ticket, sir.

---

biondo [BEEON-do] adjective   **blonde**

Voi avete i capelli biondi?
Do you have blonde hair?

---

la bistecca [bees-TEH-ka] noun, fem.   **steak**

La bistecca è buona.
The steak is good.

---

la bocca [BOH-ka] noun, fem.   **mouth**

Il bambino apre la bocca quando piange.
The child opens his mouth when he cries.

---

il bordo [BOHR-do] noun, masc.   **edge**
Il bordo della strada è diritto.
The edge of the road is straight.

---

la borsa [BOHR-sa] noun, fem.   **pocketbook, handbag**
Io compro una borsa per la mamma.
I buy a pocketbook for mother.

la borsa [BOHR-sa] noun, fem.   **briefcase, bag**
Giovanni, non dimenticare la borsa.
John, don't forget your briefcase.

---

il borsellino [bohr-seh-LEE-no] noun, masc.   **purse**
Il borsellino è bianco.
The purse is white.

---

il bosco [BOS-koh] noun, masc.   **forest, woods**
Io vado nel bosco.
I go into the woods.

---

la bottega [bo-TEH-ga] noun, fem.   **shop**
Mi scusi, dov'è la bottega del Signor Napoli?
Excuse me, where is Mr. Napoli's shop?

---

la bottiglia [bo-TEE-lya] noun, fem.   **bottle**
Attenzione! La bottiglia è di vetro.
Be careful! The bottle is made of glass.

---

il bottone [bo-TOH-neh] noun, masc.   **button**
Questo soprabito ha solamente tre bottoni.
This overcoat has only three buttons.

---

il braccio [BRA-cho] noun, masc.   **arm**
All'uomo gli duole il braccio.
The man's arm hurts.

---

bravo [BRA-vo] interjection

**hurray,
well done**

*Pietro risponde bene alle domande. "Bravo,"
dice la maestra.*
Peter answers the questions well. "Well done,"
says the teacher.

---

bruciare [bru-CHA-reh] verb

to burn

io brucio	noi bruciamo
tu bruci	voi bruciate
Lei brucia	Loro bruciano

Lui brucia il legno.
He burns the wood.

---

brutto [BRU-to] adjective

ugly

Non mi piace questo cappello; è brutto.
I don't like this hat; it's ugly.

---

la buca delle lettere
        [BU-ka-DEH-leh-LEH-teh-reh] noun, fem.

**letter box,
mailbox**

Lui mette la lettera nella buca delle lettere.
He puts the letter in the mailbox.

---

il buco [BU-ko] noun, masc.

hole

Io ho un buco nella calza.
I have a hole in my stocking.

---

il buffone [bu-FOH-neh] noun, masc.

clown

Lui è buffone.
He is a clown.

---

la bugia [bu-JEE-a] noun, fem.

lie

Lui dice bugie.
He tells lies.

---

buono [BUO-no] adjective   **good**
È un libro interessante; è un buon libro.
It's an interesting book; it is a good book.

Buon compleanno   **Happy birthday**
      [Buon-com-pleh-A-no] idiom
Buon compleanno, Giovanni.
Happy birthday, John.

Buona fortuna [BUO-na-for-TU-nah] idiom   **Good luck**
Buona fortuna col lavoro.
Good luck with the work.

Buon giorno [Buon-GEE-or-no] idiom   **Good morning,**
                                    Good day, Hello
"Buon giorno, ragazzi," dice la maestra.
"Good morning, children," says the teacher.

Buona notte [BUO-na-NO-teh] idiom   **Good night**
                                    (upon retiring)
Il ragazzo dice, "Buona notte."
The child says, "Good night."

Buon pomeriggio   **Good afternoon**
      [Buon-po-meh-REE-jo] idiom
"Buon pomeriggio, ragazzi," dice la maestra.
"Good afternoon, children," says the teacher.

Buona sera [BUO-na-SEH-ra] idiom   **Good evening**
Quando il padre ritorna a casa alle nove, dice "Buona sera."
When father gets home at 9, he says, "Good evening."

---

il burro [BU-ro] noun, masc.   **butter**
Passi il burro, per piacere.
Please pass the butter.

---

bussare [bu-SA-reh] verb   **to knock**

io busso	noi bussiamo
tu bussi	voi bussate
Lei bussa	Loro bussano

Mamma, qualcuno bussa alla porta.
Mother, someone is knocking at the door.

---

la busta [BUS-ta] noun, fem.   **envelope**

Il postino mi dà una busta.
The mailman gives me an envelope.

C

il cacciatore [ca-cha-TOH-reh] noun, masc.   **hunter**

Il cacciatore va nella foresta.
The hunter goes into the forest.

---

cadere [ka-DEH-reh] verb   **to fall**

io cado	noi cadiamo
tu cadi	voi cadete
Lei cade	Loro cadono

L'aquilone cade a terra.
The kite falls to earth.

---

il caffè [ka-FEH] noun, masc.   **coffee, café**

Il caffè è buono.
The coffee is good.

---

il cagnolino [ka-no-LEE-no] noun, masc.   **puppy**

Il cagnolino è nero.
The puppy is black.

---

il calcio [KAL-cho] noun, masc.   **soccer**

Sai giocare al calcio?
Do you know how to play soccer?

---

caldo [KAL-do] adjective   **hot, warm**
avere caldo [a-veh-reh-CAL-doh] idiom   **to be hot**
Fa caldo [fah-CAL-do] idiom   **It is hot**

Io ho caldo oggi perchè fa caldo.
I am warm today because it is hot.

---

il calendario [ka-lehn-DA-reeo] noun, masc.   **calendar**

Secondo il calendario, oggi è il dodici maggio.
According to the calendar, today is May 12.

---

calmo [KAL-mo] adjective   **calm**

Mi piace andare a pescare quando il mare è calmo.
I like to go fishing when the sea is calm.

---

la calza [KAL-za] noun, fem.   **sock, stocking**

Io vorrei comprare un paio di calze.
I would like to buy a pair a socks.

Le donne portano le calze di nailon.
Women wear nylon stockings.

---

cambiare [kam-BEEA-reh] verb   **to change**

io cambio	noi cambiamo
tu cambi	voi cambiate
Lei cambia	Loro cambiano

Noi dobbiamo cambiare a un altro treno.
We must change to another train.

---

la camera da letto   **bedroom**
[ka-MEH-ra-dah-LEH-toh] noun, fem.

La camera da letto è azzurra.
The bedroom is blue.

---

la cameriera [ka-meh-RYEH-ra] noun, fem.   **maid, cleaning woman**

La cameriera pulisce la casa.
The maid cleans the house.

la cameriera [ka-meh-RYEH-ra] noun, fem.   **waitress**

La cameriera mi porta del pane.
The waitress brings me bread.

---

il cameriere [ka-meh-RYEH-reh] noun, masc.   **waiter**

Il cameriere lavora molto.
The waiter works hard.

---

la camicia [ka-MEE-cha] noun, fem.   **shirt**

La camicia è bianca.
The shirt is white.

---

il camino [ka-MEE-no] noun, masc.   **fireplace, chimney**

Le scarpe sono vicino al camino.
The shoes are near the fireplace.

---

il camione [ka-mee-OH-ne] noun, masc.   **truck**

Il camione è fermato.
The truck is stopped.

---

camminare [ka-mee-NA-reh] verb   **to walk**

io cammino	noi camminiamo
tu cammini	voi camminate
Lei cammina	Loro camminano

Noi camminiamo molto.
We walk a great deal.

---

la campagna [kam-PA-na] noun, masc.   **countryside**
Fa bel tempo! Andiamo in campagna!
It's a beautiful day. Let's go to the country!

---

la campana [kam-PA-na] noun, fem.   **bell**
La campana suona a mezzogiorno.
The bell rings at noon.

---

il campanello   **little bell, doorbell**
     [kam-pa-NEH-lo] noun, masc.
Eccoci alla casa di Gina. Dov'è il campanello?
Here we are at Gina's house. Where is the doorbell?

---

il campo [KAM-po] noun, masc.   **field**
È un campo di frumento, non è vero?
It's a field of wheat, isn't that so?

---

cancellare [kan-cheh-LA-reh] verb   **to erase**
Ah, uno sbaglio. Devo cancellare questa parola.
Oh, a mistake. I have to erase this word.

---

il cane [KA-ne] noun, masc.   **dog**

Hai un cane?
Do you have a dog?

---

il canguro [kan-GU-roh] noun, masc.   **kangaroo**
Il canguro è un animale strano.
The kangaroo is a strange animal.

---

cantare [kan-TA-reh] verb   **to sing**
  io canto   noi cantiamo
  tu canti   voi cantate
  Lei canta   Loro cantano

Io canto e gli uccelli anche cantano.
I sing and the birds also sing.

---

la cantina [kan-TEE-nah] noun, fem.   **cellar, basement**
Abbiamo il vino nella cantina.
We have wine in the cellar.

---

la canzone [kan-ZOH-neh] noun, fem.   **song**
Quale canzone preferisce Lei?
Which song do you prefer?

---

il capello [ka-PEH-lo] noun, masc., sing.   **hair**
Ho trovato un lungo capello sulla camicia.
I found a long hair on my shirt.

i capelli [ka-PEH-lee] noun, masc., pl.   **hair**
Agli studenti universitari piacciono i capelli lunghi.
University students like long hair.

la spazzola per capelli   **hairbrush**
     [SPAH-zo-lah-per-ka-PEH-lee] noun

Io ho una nuova spazzola per capelli.
I have a new hairbrush.

---

capire [ka-PEE-reh] verb   **to understand**

io capisco	noi capiamo
tu capisci	voi capite
Lei capisce	Loro capiscono

Tu capisci la lezione di oggi?
Do you understand today's lesson?

---

la capitale [ka-pee-TA-leh] noun, fem.   **capital**
Sai il nome della capitale d'Italia?
Do you know the name of the capital of Italy?

---

il capo [KA-po] noun, masc.   **leader**
No! Tu fai sempre da capo.
No! You always play the leader.

---

il cappello [ka-PEH-lo] noun, masc.   **hat**
Che bel cappello!
What a beautiful hat!

---

la capra [KA-pra] noun, fem.   **goat**
L'agricoltore ha una capra.
The farmer has a goat.

---

carino [ka-REE-no] adjective   **pretty, cute**
La ragazza è carina.
The girl is cute.

---

la carne [KAR-neh] noun, fem.   **meat**
La donna va alla macelleria per comprare la carne.
The lady goes to the butcher shop to buy meat.

---

caro [KA-ro] adjective   **darling, dear**
Il bambino è caro.
The baby is darling.

caro [KA-ro] adjective   **expensive**

Questa bicicletta è troppo cara.
This bicycle is too expensive.

---

il carosello [ka-ro-ZEH-lo] noun, masc.   **merry-go-round**

Io mi diverto sul carosello.
I enjoy myself on the merry-go-round.

---

la carota [ka-ROH-ta] noun, fem.   **carrot**

I conigli mangiano le carote.
Rabbits eat carrots.

---

la carrozza [ka-ROH-tza] noun, fem.   **car (railroad)**

Questo treno had dieci carrozze.
This train has ten cars.

---

la carrozzina [ka-roh-TZEE-na] noun, fem.   **baby carriage**

La carrozzina è nuova.
The baby carriage is new.

---

la carta [KAR-ta] noun, fem.   **paper**

C'è della carta nel mio quanderno.
There is some paper in my notebook.

la carta geografica   **map**
       [KAR-tah-jeho-GRA-fee-ka] noun, fem.

La carta geografica è grande.
The map is large.

la carta stradale   **road map**
    [KAR-tah-stra-DAH-leh] noun, fem.

Questa è una carta stradale dell'Italia.
This is a road map of Italy.

---

la carta [KAR-ta] noun, fem.   **card**
le carte (da gioco)   **playing cards**
    [KAR-teh-dah-JUO-ko] noun, fem., pl.

Sai giocare a carte?
Do you know how to play cards?

---

la cartolina postale   **postcard**
    [KAR-toh-lee-na-pohs-TA-leh] noun, fem.

Queste sono belle cartoline.
These are pretty postcards.

---

la casa [KA-za] noun, fem.   **house,**
                                                      home

Ecco la casa di mio zio.
Here is my uncle's house.

---

il cassetto [ka-SEH-to] noun, masc.   **drawer**
Io metto la macchina fotografica nel cassetto.
I put the camera in the drawer.

---

il castello [kas-TEH-lo] noun, masc.   **castle**
Il re vive in un gran castello.
The king lives in a large castle.

41

cattivo [ka-TEE-vo] adjective   **naughty**

Roberto non può uscire. È cattivo.
Robert can't go out. He's naughty.

cattivo [ka-TEE-vo] adjective   **bad**

Fa cattivo tempo oggi.
It's bad weather today.

---

cavalcare [ka-val-KA-reh] verb   **to ride**

io cavalco	noi cavalchiamo
tu cavalchi	voi cavalcate
Lei cavalca	Loro cavalcano

Lui ha imparato a cavalcare bene.
He has learned to ride a horse well.

---

la cavalletta [ka-va-LEH-ta] noun, fem.   **grasshopper**

Il ragazzo tenta di prendere la cavalletta.
The boy tries to catch the grasshopper.

---

il cavallo [ka-VA-lo] noun, masc.   **horse**

Il ragazzo va a cavallo.
The boy is riding a horse.

---

il cavolo [KA-vo-lo] noun, masc.   **cabbage**

Preferisce il cavolo o le carote?
Do you prefer cabbage or carrots?

---

celebre [CHEH-leh-breh] adjective   **famous**

Il presidente degli Stati Uniti è celebre.
The President of the United States is famous.

cento [CHEN-to] adjective   **one hundred**

Ci sono cento persone alla fiera.
There are one hundred people at the fair.

---

cercare [chehr-KA-reh] verb   **to look for, to search**

io cerco	noi cerchiamo
tu cerchi	voi cercate
Lei cerca	Loro cercano

Il babbo cerca sempre le sue chiavi.
Dad is always looking for his keys.

---

il cerchio [CHEHR-keeo] noun, masc.   **hoop**

Il ragazzo rotola un gran cerchio.
The boy rolls a large hoop.

---

il cestino [CHES-tee-no] noun, masc.   **basket**

Ci sono delle mele nel cestino.
There are apples in the basket.

---

certo [CHEHR-to] adjective   **certain, sure**

È certo che il negozio è aperto?
Are you sure the store is open?

certi [CHEHR-tee] adjective, pl.   **some, certain**

Certi libri sono grandi.
Some books are large.

---

che [KAY] interrogative adverb   **what**

Che?
What?

che [KAY] pronoun

that, which, who, whom

La ragazza che parla è simpatica.
The girl who is speaking is pleasant.

Che peccato [KAY-peh-KA-to] idiom

That's too bad, What a pity

Che peccato! Tu non puoi venire con me.
What a pity! You can't come with me.

---

chi [KEE] interrogative pronoun

who

Chi ci viene a trovare?
Who is coming to pay us a visit?

---

chiamare [keea-MA-reh] verb   **to call**

io chiamo	noi chiamiamo
tu chiami	voi chiamate
Lei chiama	Loro chiamano

Io chiamo il mio amico.
I call my friend.

---

chiamarsi [keea-MAR-see] verb

to call oneself, to name oneself

io mi chiamo	noi ci chiamiamo
tu ti chiami	voi vi chiamate
Le si chiama	Loro si chiamano

Come ti chiami? Mi chiamo Enrico.
What is your name? My name is Henry.

---

chiaro [KEEA-ro] adjective

clear, light

Il cielo è chiaro stasera.
The sky is clear tonight.

---

la chiave [KEEA-veh] noun, fem.   **key**

Dov'è la mia chiave?
Where is my key?

---

la chiesa [KYEH-za] noun, fem.   **church**
C'è una grande chiesa in città.
There is a large church in the city.

---

il chilometro [kee-LO-meh-tro] noun, masc.   **kilometer**
Io abito a cinque chilometri dalla scuola.
I live five kilometers from the school.

---

il chiodo [KEEO-do] noun, masc.   **nail (metal)**
Mio fratello gioca con chiodi e martelo.
My brother is playing with nails and
a hammer.

---

la chitarra [kee-TA-ra] noun, fem.   **guitar**
Io so suonare la chitarra.
I know how to play the guitar.

---

chiudere [KEEU-deh-reh] verb   **to close**

io chiudo	noi chiudiamo
tu chiudi	voi chiudete
Lei chiude	Loro chiudono

Chiudete la finestra, per piacere.
Close the window, please.

---

ciascuno [cheeas-KU-no] adjective   **each one**

Ecco cinque ragazze; ciascuna ha un fiore.
Here are five girls; each one has a flower.

---

ci è [CHEE-EH] idiom   **there is**

Ci è una penna nella scatola.
There is a pen in the box.

ci sono [CHEE-SOH-no] idiom   **there are**

Ci sono tre persone qui.
There are three people here.

---

il cibo [CHEE-boh] noun, masc.   **food**

Guarda quanti cibi saporiti nel ristorante!
Look at all that delicious food in the restaurant!

---

cieco [CHYEH-ko] adjective   **blind**

Quest'uomo è cieco.
This man is blind.

---

il cielo [CHYEH-lo] noun, masc.   **sky**

Vedo la luna nel cielo.
I see the moon in the sky.

---

la ciliegia [chee-LYEH-ja] noun, fem.   **cherry**

Vado a cogliere le ciliege.
I am going to pick cherries.

---

il cinema [CHEE-neh-ma] noun, masc.   **cinema, movies**

C'è un buon film al cinema.
There is a good film at the movies.

---

cinquanta [cheen-KWAN-ta] adjective   **fifty**

Ci sono cinquanta stati negli Stati Uniti.
There are fifty states in the United States.

---

cinque [CHEEN-kweh] adjective   **five**

Ci sono cinque libri sulla tavola.
There are five books on the table.

---

la cintola [CHEEN-to-la] noun, fem.   **waist, belt**

La cintola dell'abito è alta.
The waist of the dress is high.

---

la cintura [cheen-TU-ra] noun, fem.   **belt**

L'uomo ha una cintura azzurra.
The man has a blue belt.

---

il cioccolato [cho-ko-LA-to] noun, masc.   **chocolate**

Come? Non ti piace il cioccolato?
What? You don't like chocolate?

---

la cipolla [chee-POH-la] noun, fem.   **onion**

Vado al negozio a comprare delle cipolle.
I'm going to the store to buy some onions.

---

il circo [CHEER-ko] noun, masc.   **circus**

Ci sono molti animali al circo.
There are many animals at the circus.

---

il circolo [CHEER-ko-lo] noun, masc.   **circle**

I ragazzi formano un circolo per giocare.
The children form a circle to play.

---

la città [chee-TA] noun, fem.   **city**

La città di Roma è grande.
The city of Rome is big.

> Fiorello La Guardia was the first Italian-American
> elected mayor of New York City in 1933.

la classe [KLA-seh] noun, fem.   **class**

La classe comincia fra mezz'ora.
The class begins in half an hour.

il cocomero [ko-ko-MEH-ro] noun, masc.   **watermelon**

Il cocomero è squisito.
The watermelon is delicious.

la coda [KOH-da] noun, fem.   **tail**
Il mio cane mena la coda quando io ritorno a casa.
My dog wags his tail when I return home.

cogliere [KOH-lyeh-re] verb   **to gather, to pick**

io colgo	noi cogliamo
tu cogli	voi cogliete
Lei coglie	Loro colgono

Lui va a cogliere delle mele.
He is going to pick some apples.

il cognome   **surname (last name)**
       [ko-GNOH-meh] noun, masc.
Il mio cognome è Palermo.
My surname is Palermo.

la colazione [ko-la-TZEEOH-ne] noun, fem.   **lunch, breakfast**

Io faccio colazione a mezzogiorno.
I have lunch at noon.

l'ora di colazione   **lunchtime**

---

la colla [KO-la] noun, fem.   **glue**

La colla è debole.
The glue is weak.

incollare [een-ko-LA-reh] verb   **to glue**

Io incollo una fotografia a una pagina del mio quaderno.
I glue a photograph to one of the pages of my notebook.

---

il collo [KO-lo] noun, masc.   **neck**

Quell' uccello ha un collo lungo.
That bird has a long neck.

---

la colonia [ko-LOH-nee-a] noun, fem., pl.   **camp**

Mio cugino passa otto settimane in colonia.
My cousin spends eight weeks at camp.

---

il colore [ko-LOH-reh] noun, masc.   **color**

Che colore è la banana?
What color is the banana?

---

il colpo [KOL-po] noun, masc.   **blow**

Il colpo fu severo.
The blow was severe.

---

il coltello [kol-TEH-lo] noun, masc.   **knife**

Lei mette un coltello a ogni posto al tavolo.
She puts a knife at each place at the table.

---

il coltello a serramanico   jackknife
  [kol-TEH-lo-a-seh-rah-MA-ni-ko] noun, masc.

Il coltello a serramanico è pericoloso.
The jackknife is dangerous.

---

comandare [ko-man-DA-re] verb   **to command**

io comando	noi comandiamo
tu comandi	voi comandate
Lei comanda	Loro comandano

Nell'esercito, il generale comanda.
In the army, the general commands.

---

come [KO-meh] adverb   **how, as**

Come stai?
How are you?

come [KO-meh] interrogative pronoun   **what**

Come? Non hai gli spiccioli per l'autobus!
What? You don't have change for the bus!

---

comico [KO-mee-ko] adjective   **funny, comical**

Il buffone è comico.
The clown is funny.

---

cominciare [ko-meen-CHA-reh] verb   **to begin, to start**

io comincio	noi cominciamo
tu cominci	voi cominciate
Lei comincia	Loro cominciano

La classe d'italiano comincia alle nove.
The Italian class begins at nine.

---

il commesso [ko-MEH-so] noun, masc.   **salesman, clerk**

Il commesso è alto.
The salesman is tall.

50

la commessa [ko-MEH-sa] noun, fem.   **saleswoman, clerk**

La commessa è giovane.
The saleswoman is young.

---

comodo [KO-mo-do] adjective   **comfortable**

Il mio letto è molto comodo.
My bed is very comfortable.

---

la compagnia [kom-pa-NEE-a] noun, fem.   **company**

La compagnia Marotti si trova all'angolo della strada.
The Marotti Company is located on the corner of the street.

---

i compiti [KOM-pee-tee] noun, masc., pl.   **homework, assignments**

Noi facciamo i compiti insieme.
We do our homework together.

---

il compleanno [kom-pleh-A-no] noun, masc.   **birthday**

Buon compleanno! Quanti anni hai tu?
Happy birthday! How old are you?

---

completamente [kom-PLEH-ta-MEHN-teh] adverb   **completely**

La ferita è completamente guarita.
The wound is completely healed.

---

comportarsi [kom-por-TAR-see] verb   **to behave oneself**

io mi comporto	noi ci comportiamo
tu ti comporti	voi vi comportate
Lei si comporta	Loro si comportano

Lui si comporta bene.
He behaves well.

---

comprare [kom-PRA-reh] verb   **to buy**

io compro	noi compriamo
tu compri	voi comprate

Lei compra   Loro comprano

Il ragazzo compra una palla.
The buy buys a ball.

---

lo computer [kom-PEW-ter] noun, masc.   **computer**

Lo computer è molto utile.
The computer is very useful.

---

comunque [ko-MUN-kweh] adverb   **however**

Questo è vero, comunque, io non lo faccio.
This is true, however, I won't do it.

---

con [KON] preposition   **with**

Maria è alla spiaggia con le sue amiche.
Mary is at the beach with her friends.

---

con cura [con-KU-ra] adverb   **carefully, with care**

Paolo versa l'acqua nel bicchiere con cura.
Paul pours water into the glass carefully.

---

la conchiglia [kon-KEE-lya] noun, fem.   **shell**

Io cerco le conchiglie alla spiaggia.
I look for shells at the beach.

---

condurre [kon-DU-reh] verb   **to lead, to drive**

io conduco	noi conduciamo
tu conduci	voi conducete
Lei conduce	Loro conducono

Lui conduce la sua auto molto bene.
He drives his car well.

---

il coniglio [ko-NEE-lyo] noun, masc.   **rabbit**

Il coniglio è svelto.
The rabbit is fast.

---

conoscere [ko-NO-sheh-reh] verb   **to know, to be acquainted with**

io conosco	noi conosciamo
tu conosci	voi conoscete
Lei conosce	Loro conoscono

Conosci il mio maestro?
Do you know my teacher?

---

conservare [kon-sehr-VA-reh] verb   **to conserve, to keep**

io conservo	noi conserviamo
tu conservi	voi conservate
Lei conserva	Loro conservano

Noi conserviamo danaro per la festa.
We save money for the holiday.

---

il consigliere academico   **counselor**
    [con-see-LYEH-REH-ah-kah-DEH-mee-ko] noun, masc.

Come si chiama il consigliere academico?
What is the name of the school counselor?

---

contare [kon-TA-reh] verb   **to count**

io conto	noi contiamo
tu conti	voi contate

Lei conta   Loro contano

Lui sa contare da cinque a uno: cinque, quattro, tre, due, uno.
He knows how to count from five to one: five, four, three, two, one.

---

contento [kon-TEHN-to] adjective   **delighted, happy, enchanted**

Ognuno è contento a una festa.
Everyone is happy at a feast.

---

continuare [kon-tee-nu-A-reh] verb   **to continue**

io continuo   noi continuiamo
tu continui   voi continuate
Lei continua   Loro continuano

Io continuerò a suonare il pianoforte fino alle cinque.
I will continue to play the piano until 5.

---

il conto [KON-to] noun, masc.   **check (at a restaurant)**

Dopo pranzo, il babbo chiede il conto.
After dinner, Dad asks for the check.

---

contro (a) [KON-tro] preposition   **against**

Enrico è contro la riforma.
Henry is against the reform.

---

la coperta [ko-PEHR-ta] noun, fem.   **blanket, cover**

D'inverno mi piace una coperta calda sul letto.
In the winter, I like a warm blanket on my bed.

---

coperto [ko-PEHR-to] past participle   **covered**

L'albero è coperto di neve.
The tree is covered with snow.

---

copiare [ko-pee-A-reh] verb   **to copy**

io copio	noi copiamo
tu copi	voi copiate
Lei copia	Loro copiano

Dobbiamo copiare le frasi che sono alla lavagna.
We must copy the sentences that are on the blackboard.

---

coraggioso [ko-ra-JOH-zo] adjective   **courageous**

Lui è un ragazzo coraggioso.
He is a courageous boy.

---

la cordicella [kor-dee-CHEH-la] noun, fem.   **string**

Cerco una cordicella per il mio aquilone.
I am looking for a string for my kite.

---

correre [KOH-reh-reh] verb   **to run**

io corro	noi corriamo
tu corri	voi correte
Lei corre	Loro corrono

Loro corrono alla stazione perchè sono in ritardo.
They run to the station because they are late.

---

corretto [ko-REH-to] adjective   **correct**

La maestra dice, "Scrivete la risposta corretta."
The teacher says, "Write the correct answer."

---

cortese [kor-TEH-zeh] adjective   **courteous, polite**

Quella signorina è sempre cortese.
That young lady is always polite.

---

corto [KOR-to] adjective   **short**

Una riga è corta, l'altra è lunga.
One ruler is short, the other is long.

---

la cosa [KOH-za] noun, fem.   **thing**

Vendono tutte specie di cose in questo negozio.
They sell all kinds of things in this store.

---

così [ko-ZEE] adverb   **so, thus, in this way**

Le piccole marionette ballano così.
The little marionettes dance like this.

---

costare [ko-STA-reh] verb   **to cost**

io costo	noi costiamo
tu costi	voi costate
Lei costa	Loro costano

Il libro costa tre dollari.
The book costs three dollars.

---

costoso [kos-TO-so] adjective   **expensive**

Il libro è costoso.
The book is expensive.

---

il costume da bagno   **bathing suit**
         [kos-TU-meh-da-BA-no] noun, masc.

Il costume da bagno è nuovo.
The bathing suit is new.

---

la cotoletta [ko-to-LEH-ta] noun, fem.   **cutlet**

Preferisce Lei una cotoletta di vitello o di agnello?
Do you prefer a veal cutlet or one of lamb?

---

il cotone [ko-TO-neh] noun, masc.   **cotton**

Lui porta una camicia di cotone.
He wears a cotton shirt.

---

la cravatta [kra-VA-ta] noun, fem.   **tie**

La cravatta del babbo è troppo grande per me.
My Dad's tie is too large for me.

la credenza [kre-DEHN-za] noun, fem.   **cupboard**

Ci sono piatti nella credenza.
There are dishes in the cupboard.

---

credere [KRAY-deh-reh] verb   **to believe**

io credo	noi crediamo
tu credi	voi credete
Lei crede	Loro credono

Credo di potere andare al cinema.
I believe I can go to the movies.

---

crescere [KREH-sheh-reh] verb   **to grow**

io cresco	noi cresciamo
tu cresci	voi crescete
Lei cresce	Loro crescono

Il ragazzo cresce bene.
The boy is growing well.

---

il cucchiaio [ku-KEEA-eeo] noun, masc.   **spoon**

Io non ho un cucchiaio.
I do not have a spoon.

---

il cucciolo [KU-cho-lo] noun, masc.   **puppy**

Il cucciolo è carino.
The puppy is cute.

la cucina [ku-CHEE-na] noun, fem.   **kitchen**

Chi prepara i pasti nella cucina?
Who prepares meals in the kitchen?

fare la cucina   **to cook**

---

cucinare [ku-chee-NA-re] verb   **to cook**

io cucino	noi cuciniamo
tu cucini	voi cucinate
Lei cucina	Loro cucinano

Giuseppina cucina bene.
Josephine cooks well.

---

cucire [ku-CHEE-reh] verb   **to sew**

io cucio	noi cuciamo
tu cuci	voi cucite
Lei cuce	Loro cuciono

Lei cuce bene.
She sews well.

---

il cugino [ku-JEE-no] noun, masc.   **cousin**

Mio cugino Paolo ha dieci anni e mia cugina Maria ha diciotto anni.
My cousin Paul is ten years old and my cousin Mary is eighteen years old.

---

cui [KUEE] pronoun   **who, whom, of whom**

La donna di cui parlo è mia zia.
The woman of whom I speak is my aunt.

---

la culla [KU-la] noun, fem.   **cradle**

La culla è piccola.
The cradle is small.

---

il cuoio [KUO-yo] noun, masc.   **leather**

La mia giacca è di cuoio.
My jacket is made of leather.

---

il cuore [KUO-re] noun, masc.   **heart**

Quanti cuori sulla carta!
Look at all the hearts on the playing card!

---

curioso [ku-ree-o-zo] adjective   **curious**

È curiosa. Vorrebbe aprire il pacco.
She is curious. She would like to open the package.

---

custodire [kus-to-DEE-reh] verb   **to guard**

io custodisco	noi custodiamo
tu custodisci	voi custodite
Lei custodisce	Loro custodiscono

L'uomo custodisce i gioielli.
The man guards the jewels.

D

da [DA] preposition   **from, out of**

Il nonno guarda dalla finestra.
My grandfather is looking out of the window.

---

d'accordo [da-KOR-do] idiom   **all right, okay, agreed**

Tu vuoi giocare con me? D'accordo!
You want to play with me? Okay.

---

dappertutto [da-pehr-TU-to] adverb   **everywhere, all over**

Cerco il mio orologio dappertutto.
I am looking everywhere for my watch.

---

dare [DA-reh] verb   **to give**

io do	noi diamo
tu dai	voi date
Lei dà	Loro danno

Dammi la macchina fotografica, per piacere.
Give me the camera, please.

---

dare la mano [DA-reh-la-MA-no] idiom   **to shake hands**

Giovanni, dai la mano a tuo cugino.
John, shake hands with your cousin.

---

dare un calcio a [da-reh-un-KAL-cho-a] idiom   **to kick**

Il ragazzo da un calcio al pallone.
The boy kicks the ball.

---

la data [DA-ta] noun, fem.   **date**

Qual'è la data?
What is the date?

---

la dattilografa [da-tee-LOH-gra-fa] noun, fem.   **typist**

La dattilografa è svelta.
The typist is fast.

---

davanti a [da-VAN-tee-a] preposition   **in front of**

C'è un tavolo davanti al divano.
There is a table in front of the sofa.

---

debole [DE-boh-leh] adjective   **weak**

Il povero ragazzo è debole perchè è malato.
The poor child is weak because he is ill.

---

decorare [deh-ko-RA-reh] verb   **to decorate**

Lui vuole decorare la torta.
He wants to decorate the cake.

---

delicatamente   **delicately, softly**
    [deh-lee-ka-ta-MEHN-teh] adverb

Lui la tratta delicatamente.
He treats her delicately.

---

delizioso [deh-lee-ZEEO-zo] adjective   **delicious**

La torta è deliziosa.
The cake is delicious.

---

il denaro [deh-NA-ro] noun, masc.   **money**

Lui non ha abbastanza denaro.
He does not have enough money.

> The Florin, a gold coin of Florence, was first
> minted in 1252 and widely imitated thereafter.

---

il dente [DEHN-teh] noun, masc., sing.   **tooth**

Il dente è rotto.
The tooth is broken.

---

i denti [DEHN-tee] noun, masc., pl.   **teeth**

Ho un mal di dente.
I have a toothache.

avere un mal di denti   **to have a toothache**
lo spazzolino noun, masc.   **toothbrush**
il dentifricio noun, masc.   **toothpaste**

Mamma, non mi piace questo dentifricio.
Mother, I don't like this toothpaste.

---

il dentista [dehn-TEES-ta] noun, masc.   **dentist**

Il dentista dice, "Apri la bocca."
The dentist says, "Open your mouth."

---

il deserto [deh-ZEHR-to] noun, masc.   **desert**
Il deserto è molto secco.
The desert is very dry.

---

desiderare   **to desire, to want, to wish**
        [deh-see-deh-RA-reh] verb

io desidero	noi desideriamo
tu desideri	voi desiderate
Lei desidera	Loro desiderano

Io desidero vedere il nuovo film.
I want to see the new film.

Cosa desidera, signora?
What do you wish, madam?

---

la destra [DEHS-tra] adjective   **right**
Io alzo la mano destra.
I raise my right hand.

---

detestare [deh-tehs-TA-reh] verb   **to detest, to hate**

io detesto	noi detestiamo
tu detesti	voi detestate
Lei detesta	Loro detestano

Lui detesta gli spinaci.
He hates spinach.

di [DEE] preposition   **of**

di notte [dee-NOH-teh] adverb   **at night**

Di notte si possono vedere le stelle.
At night one can see the stars.

di nuovo [dee-NUO-vo] adverb   **once again**

Lui lo fa di nuovo.
He does it once again.

di proposito [dee-pro-POH-see-to] idiom   **on purpose**

Mio fratello mi annoia di proposito.
My brother teases me on purpose.

di sopra [dee-SOH-pra] adverb   **upstairs**

Lui è di sopra.
He is upstairs.

fatto di [FA-to-dee] idiom   **made of**

La scatola è fatta di legno.
The box is made of wood.

---

dicembre [dee-CHEHM-breh] noun   **December**

Fa freddo in dicembre.
It is cold in December.

---

diciannove [dee-CHEEA-no-veh] adjective   **nineteen**

Oggi è il diciannove ottobre.
Today is the nineteenth of October.

---

diciassette [dee-cheea-SEH-te] adjective   **seventeen**

Nove e otto fanno diciassette.
Nine and eight are seventeen.

---

diciotto [de-CHEEO-to] adjective   **eighteen**

Lei ha diciotto anni.
She is eighteen years old.

---

dieci [DYEH-chee] adjective   **ten**

Quante dita hai tu? Dieci!
How many fingers do you have? Ten!

---

dietro a [DYEH-tro-a] adverb   **behind**

Un ragazzo è dietro agli altri.
One child is behind the others.

---

difendere [dee-FEHN-deh-reh] verb   **to defend, to guard**

io difendo	noi difendiamo
tu difendi	voi difendete
Lei difende	Loro difendono

Il soldato difende la sua patria.
The soldier defends his country.

---

differente [dee-feh-REHN-teh] adjective   **different**

Questi pani sono differenti.
These loaves of bread are different.

---

difficile [dee-FEE-chee-leh] adjective   **difficult**

È difficile leggere questa lettera.
It is difficult to read this letter.

---

diligente [dee-lee-JEHN-teh] adjective   **diligent, careful**

Lui è un lavoratore diligente.
He is a diligent worker.

---

dimenticare [dee-mehn-tee-KA-reh] verb   **to forget**

io dimentico	noi dimentichiamo
tu dimentichi	voi dimenticate
Lei dimentica	Loro dimenticano

Lei dimentica sempre il suo biglietto.
She always forgets her ticket.

---

dipingere [dee-PEEN-jeh-reh] verb   **to paint**

io dipingo	noi dipingiamo
tu dipingi	voi dipingete
Lei dipinge	Loro dipingono

Mia sorella è artista. Le piace dipingere.
My sister is an artist. She likes to paint.

---

dire [DEE-reh] verb   **to say**

io dico	noi diciamo
tu dici	voi dite
Lei dice	Loro dicono

Io dico, "Sì."
I say, "Yes."

---

dirigere [dee-REE-jeh-reh] verb   **to direct**

io dirigo	noi dirigiamo
tu dirigi	boi dirigete
Lei dirige	Loro dirigono

Mio fratello dirige la partita.
My brother directs the game.

---

il disco [DEES-ko] noun, masc.   **computer disk**

Lo computer non funziona senza il disco.
The computer does not function without a disk.

il giradischi [gee-rah-DEES-kee] noun, masc.   **disc player**

Il mio giradischi funziona bene.
My disc player works well.

---

il disco volante   **flying saucer**
     [DEES-ko-vo-LAN-teh] noun, masc.

Il disco volante è luminoso.
The flying saucer is luminous.

---

disegnare [dee-seh-NA-reh] verb   **to draw, to design**

io disegno	noi disegniamo
tu disegni	voi disegnate
Lei disegna	Loro disegnano

Lui va alla lavagna e disegna una casa.
He goes to the board and draws a house.

---

dispiaciuto   **displeased, annoyed,**
    [dees-peea-CHU-to] adjective   **angry, offended**

La maestra è dispiaciuta.
The teacher is displeased.

---

distante [dees-TAN-teh] adjective   **distant, far away**

La casa è distante.
The house is far away.

---

distributore di benzina   **gas station**
    [dees-tree-bu-TOH-reh-dee-ben-ZEE-nah] noun, masc.

Mia madre va dal distributore di benzina.
My mother is going to the gas station.

---

il dito [DEE-to] noun, masc., sing.   **finger**

Il dito è rotto.
The finger is broken.

le dita [DEE-ta] noun, fem., pl.   **fingers**

Il bambino ha dieci piccole dita.
The child has ten small fingers.

---

il dito dei piede [DEE-to-day-pyeh-deh] noun, masc.   **toe**

Il bambino si guarda le dita dei piedi.
The child looks at the toes on his feet.

---

il divano [dee-VA-no] noun, masc.   **sofa**

Il divano è molto comodo.
The sofa is very comfortable.

---

divenire [dee-veh-NEE-reh] verb   **to become**

io divengo	noi diveniamo
tu divieni	voi divenite
Lei diviene	Loro divengono

Lui vorrebbe divenire medico.
He would like to become a doctor.

---

diverso [dee-VEHR-so] adjective   **diverse, different**

Questo è diverso da quello.
This is different from that.

---

divertirsi [dee-vehr-TEER-see] verb   **to have a good time,
to enjoy oneself**

io mi diverto	noi ci divertiamo
tu ti diverti	voi vi divertite
Lei si diverte	Loro si divertono

Io mi diverto al circo.
I enjoy myself at the circus.

---

dividere [dee-VEE-deh-reh] verb   **to divide, to share**

io divido	noi dividiamo
tu dividi	voi dividete
Lei divide	Loro dividono

Io divido la torta in due.
I divide the cake in two.

---

il dizionario [dee-tseeo-NA-reeo] noun, masc.   **dictionary**

Il dizionario è molto pesante.
The dictionary is very heavy.

---

la doccia [DOH-cha] noun, fem.   **shower**

Io faccio una doccia ogni mattina.
I take a shower every morning.

---

dodici [DO-dee-chee] adjective   **twelve**

Ci sono dodici banane in una dozzina.
There are twelve bananas in a dozen.

---

dolce [DOL-cheh] adjective   **sweet, soft**

La torta è dolce.
The cake is sweet.

---

il dolce [DOL-cheh] noun, masc.   **dessert**

Come dolce, vorrei una torta di fragole.
For dessert, I would like a strawberry tart.

---

i dolci [DOL-chee] noun, masc., pl.   **sweets, candy**

Ai ragazzi piacciono i dolci.
Children like sweets.

---

il dollaro [DOH-la-ro] noun, masc.   **dollar**

Ecco un dollaro per te.
Here is a dollar for you.

---

il dolore [do-LOH-re] noun, masc.   **hurt, pain**
Il dolore è forte.
The pain is strong.

---

la domanda [do-MAN-da] noun, fem.   **question**
La maestra chiede, "Ci sono domande?"
The teacher asks, "Are there any questions?"

---

domandare [do-man-DA-reh] verb   **to ask**

io domando	noi domandiamo
tu domandi	voi domandate
Lei domanda	Loro domandano

Io domando al babbo, "Posso andare alla fiera?"
I ask Father, "May I go to the fair?"

---

domani [do-MA-nee] adverb   **tomorrow**
Domani vado in campagna.
Tomorrow I'm going to the country.

---

la domenica [do-MEH-nee-ka] noun, fem.   **Sunday**
Noi andiamo al parco la domenica.
We go to the park on Sundays.

---

il domino [DO-mee-no] noun, masc., sing.   **dominoes**
Mio cugino gioca bene ai domini.
My cousin plays dominoes well.

---

la donna [DOH-na] noun, fem.   **woman, lady**
Chi è la donna?
Who is the woman?

---

la donna di servizio   **cleaning woman**
      [DOH-na-dee-sehr-VEE-tseeo] noun, fem.
La donna di servizio pulisce la casa.
The cleaning woman cleans the house.

dopo [DO-po] adverb   **after**

Settembre è il mese dopo agosto.
September is the month after August.

---

dormire [dor-MEE-reh] verb   **to sleep**

io dormo	noi dormiamo
tu dormi	voi dormite
Lei dorme	Loro dormono

Dormi tu? Ti vorrei parlare.
Are you asleep? I would like to talk to you.

---

il dottore [do-TOH-reh] noun, masc.   **doctor**

La mamma dice, "Tu sei malato. Io chiamo il dottore."
The mother says, "You are ill. I'm going to call the doctor."

---

dove   **where; where?**
        [DO-veh] relative or interrogative adverb

Dove sono i miei occhiali?
Where are my eyeglasses?

---

dovere [do-VEH-reh] verb   **to have to, must**

io devo	noi dobbiamo
tu devi	voi dovete
Lei deve	Loro devono

Mi devo lavare le mani.
I must wash my hands.

---

la dozzina [do-TSEE-na] noun, fem.   **dozen**

Lei compra una dozzina di pere.
She buys a dozen pears.

---

il droghiere [dro-GYEH-reh] noun, masc.   **grocer**

Il droghiere vende la marmellata.
The grocer sells marmalade.

---

due [DU-eh] adjective   **two**

Io vedo due gatti.
I see two cats.

---

due volte [DU-eh-VOL-teh] adverb   **twice, two times**

Io ho letto il libro due volte.
I have read the book two times.

---

durante [du-RAN-teh] preposition   **during**

Io dormo durante la notte.
I sleep during the night.

---

duro [DU-ro] adjective   **hard**

Questa mela è troppo dura.
This apple is too hard.

E

e [AY] conjunction   **and**

Andrea e il suo amico giocano insieme.
Andrew and his friend are playing together.

---

eccellente [eh-ceh-LEHN-teh] adjective   **excellent**

Il maestro dice, "Questo lavoro è eccellente."
The teacher says, "This work is excellent."

---

ecco [EH-ko] adverb   **here is,**
here are

Ecco il mio giocattolo.
Here is my toy.

Ecco i miei giocattoli.
Here are my toys.

---

l'edificio [eh-dee-FEE-cho] noun, masc.   **building**

Gli edifici sono molto alti in città.
The buildings are very tall in the city.

---

educato [eh-du-KA-to] adjective   **polite, educated**

*La mamma dice, "Un ragazzo educato
non parla con la bocca piena."*
Mother says, "A polite child does not speak
with a mouth full."

---

l'elefante [eh-le-FAN-te] noun, masc.   **elephant**

C'è un grand'elefante nel giardino zoologico.
There is a big elephant at the zoo.

---

elettrico [eh-LEH-tree-ko] adjective   **electric**

Guarda! Loro vendono macchine da scrivere elettriche.
Look! They are selling electric typewriters.

---

l'elicottero [eh-lee-KOH-teh-ro] noun, masc.   **helicopter**

Che è? Un elicottero.
What is it? A helicopter.

---

ella [EH-la] pronoun   **she**

Ella è arrivata.
She has arrived.

è necessario [eh-neh-che-SA-reeo] idiom   **it is necessary,
you have to**

È necessario ritornare presto.
It is necessary to return early.

---

entrare [ehn-TRA-reh] verb   **to enter, to go into**

io entro	noi entriamo
tu entri	voi entrate

Lei entra   Loro entrano

Loro entrano nella casa.
They enter the house.

---

l'entrata [ehn-TRA-tah] noun, fem.   **entrance**

L'entrata è grande.
The entrance is large.

---

l'erba [EHR-ba] noun, fem.   **grass**

L'erba è verde.
Grass is green.

---

l'esame [eh-SA-meh] noun, masc.   **examination**

Hai avuto un buon voto nell'esame?
Did you get a good grade on the exam?

---

l'esercito [eh-SEHR-chee-to] noun, masc.   **army**

I soldati sono nell'esercito.
The soldiers are in the army.

---

esse [EH-seh] pronoun, fem., pl.   **they**

Esse sono qui.
They are here.

essi [EH-see] pronoun, masc., pl.   **they**

Essi sono arrivati presto.
They arrived early.

---

essere [EH-seh-reh] verb   **to be**

io sono   noi siamo
tu sei   voi siete
Lei è   Loro sono

Papà, dove siamo?
Dad, where are we?

---

l'est [EHST] noun, masc.   **east**
Quando vado da Milano a Venezia, vado verso l'est.
When I go from Milan to Venice, I go toward the east.

l'estate [eh-STA-teh] noun, fem.   **summer**
Tu preferisci l'estate o l'inverno?
Do you prefer summer or winter?

l'età [ay-TA] noun, fem.   **age**
È grande per la sua età.
He is big for his age.

F

fa [FA] adverb   **ago**
Alcuni anni fa, andai in Italia.
A few years ago, I went to Italy.

la fabbrica [FA-bree-ka] noun, fem.   **factory**
La fabbrica è chiusa.
The factory is closed.

la faccia [FA-cha] noun, fem.   **face**
Lei si lava la faccia.
She washes her face.

facile [FA-chee-leh] adjective   **easy**
È facile fare i miei compiti.
It is easy to do my homework.

il fagiolino [fa-jo-LEE-no] noun, masc., sing.   **bean**
Il fagiolino è bianco.
The bean is white.

i fagiolini [fa-jo-LEE-nee] noun, masc., pl.   **beans**
Noi abbiamo fagiolini per cena.
We are having beans for supper.

---

falso [FAL-so] adjective   **false**
Lui ha sei anni, vero o falso?
He is six years old, true or false?

---

la fame [FA-meh] noun, fem.   **hunger**
avere fame idiom   **to be hungry**
Ha fame Lei? Sì, ho fame.
Are you hungry? Yes, I am hungry.

---

la famiglia [fa-MEE-lya] noun, fem.   **family**
Quante persone ci sono nella tua famiglia?
How many people are there in your family.

---

famoso [fa-MO-so] adjective   **famous**
Lui è un uomo famoso.
He is a famous man.

> Archimides, the famous mathematician who discovered the value of pi and who set the stage for the invention of calculus and renewed interest in geometry, came from Sicily.

---

il fango [FAN-go] noun, masc.   **mud**
Ho le mani coperte di fango.
My hands are covered with mud.

---

fantastico [fan-TAS-tee-ko] adjective   **fantastic, great**
Tu vai al circo? Fantastico!
You are going to the circus? Great!

---

fare [FA-reh] verb   **to do, to make**

io faccio	noi facciamo
tu fai	voi fate
Lei fa	Loro fanno

Lui fa i compiti.
He does his homework.

fare a gara idiom   **to compete**

Facciamo a gara per un premio.
We are competing for a prize.

farsi il bagno idiom   **to take a bath**
fare la calza idiom   **to knit socks**

Faccio la calza.
I am knitting socks.

fare la cucina idiom   **to cook**
fare dispetti a idiom   **to tease**

Mio fratello mi fa sempre dispetti.
My brother always teases me.

fare una passeggiata idiom   **to take a walk**
fare un viaggio idiom   **to take a trip**

Noi facciamo un viaggio al castello.
We are taking a trip to the castle.

---

la farmacia [far-ma-CHEEA] noun, fem.   **pharmacy**

La farmacia si trova vicino al parco.
The pharmacy is near the park.

---

il fazzoletto [fa-tso-LEH-to] noun, masc.   **handkerchief**

Il fazzoletto è bianco.
The handkerchief is white.

---

la fata [FA-ta] noun, fem.   **fairy**

La fata appare nei sogni.
The fairy appears in dreams.

---

febbraio [feh-BRA-yo] noun   **February**

Quanti giorni ci sono in febbraio?
How many days are there in February?

---

la febbre [FEH-breh] noun, fem.   **fever**

Devo stare a letto. Ho la febbre.
I must stay in bed. I have a fever.

---

felice [feh-LEE-cheh] adjective   **glad, happy, content**

Lei è felice.
She is happy.

---

ferire [feh-RI-reh] verb   **to wound, to hurt, to injure**

io ferisco	noi feriamo
tu ferisci	voi ferite
Lei ferisce	Loro feriscono

Il ragazzo ferisce l'animale.
The boy wounds the animal.

---

la ferita [feh-REE-ta] noun, fem.   **hurt, wound**

La ferita fa male.
The wound hurts.

---

fermare [fehr-MA-reh] verb   **to stop**

io fermo	noi fermiamo
tu fermi	voi fermate
Lei ferma	Loro fermano

Il poliziotto ferma le macchine.
The policeman stops the cars.

---

fermarsi [fehr-MAR-see] verb   **to stop oneself**

io mi fermo	noi ci fermiamo
tu ti fermi	voi vi fermate
Le si ferma	Loro si fermano

Il treno si ferma alla stazione.
The train stops at the station.

---

la fermata [fer-MA-ta] noun, fem.   **stop**

Le fermata dell'autobus è all'angolo.
The bus stop is at the corner.

---

feroce [feh-RO-cheh] adjective   **ferocious, wild**

Chi ha paura di una tigre feroce?
Who is afraid of a ferocious tiger?

---

il ferro [FEH-ro] noun, masc.   **iron, metal**

Il ferro è molto utile.
Iron is very useful.

---

il ferro [FEH-ro] noun, masc.   **iron (appliance)**

Il ferro non funziona. Non posso stirare questo vestito.
The iron doesn't work. I can't press this suit.

---

la ferrovia [fe-ro-VEE-a] noun, fem.   **railroad**

Per andare da Milano a Roma, io uso la ferrovia.
To go from Milan to Rome, I use the railroad.

---

la festa [FES-ta] noun, fem.   **party, holiday, feast**

Il giorno della festa è il diciotto luglio.
The date of the party is July eighteenth.

la festa del compleanno   **birthday**
    [FES-ta-dehl-kom-pleh-A-no] noun, fem.

Il giorno della festa del compleanno è il diciotto luglio.
The birthday party is July eighteenth.

---

la fiaba [FEEA-ba] noun, fem.   **fairy tale**

Leggimi questa fiaba.
Read me this fairy tale.

---

il fiammifero [feea-MEE-feh-ro] noun, masc.   **match**

I fiammiferi sono pericolosi per i ragazzi.
Matches are dangerous for children.

---

il fieno [FYEH-no] noun, masc.   **hay**

L'agricoltore dà il fieno ai cavalli.
The farmer gives hay to the horses.

---

la fiera [FYEH-ra] noun, fem.   **fair**

La fiera è cominciata oggi.
The fair began today.

La fiera comincia oggi.
The fair begins today.

---

la figlia [FEE-lya] noun, fem.   **daughter**

Vorrei presentare mia figlia, Maria.
I would like to present my daughter, Mary.

---

il figlio [FEE-lyo] noun, masc.   **son**

Vorrei presentare mio figlio, Giuseppe.
I would like to present my son, Joseph.

---

la fila [FEE-la] noun, fem.   **row**

Ci sono quattro file di posti nella stanza.
There are four rows of seats in the room.

---

il film [FEELM] noun, masc   **film, movie**

Hanno girato un nuovo film a Hollywood.
They have made a new film in Hollywood.

---

finalmente [fee-nal-MEHN-teh] adverb   **finally, at last**

Fa bel tempo, finalmente.
It is good weather, finally.

---

la fine [FEE-neh] noun, fem.   **end**

È la fine della lezione.
It is the end of the lesson.

---

la finestra [fee-NEHS-tra] noun, fem.   **window**

Al cane piace guardare dalla finestra.
The dog likes to look out of the window.

---

finire [fee-NEE-reh] verb   **to finish**

io finisco	noi finiamo
tu finisci	voi finite
Lei finisce	Loro finiscono

Finisco il mio lavoro prima di uscire.
I finish my work before going out.

---

fino a [FEE-no-a] preposition   **until**

Noi siamo a scuola fino alle tre.
We are in school until three o'clock.

---

il fiore [FEEOH-reh] noun, masc.   **flower**

Noi abbiamo molti fiori nel giardino.
We have many flowers in the garden.

---

fischiare [fees-KEEA-reh] verb   **to whistle**

io fischio	noi fischiamo
tu fischi	voi fischiate
Lei fischia	Loro fischiano

Quando io fischio, il mio amico sa che sono alla porta.
When I whistle, my friend knows I am at the door.

fitto [FEE-toh] adjective   **thick**
Il fumo è fitto.
The smoke is thick.

il fiume [FEEU-meh] noun, masc.   **river**
Come possiamo attraversare il fiume?
How can we cross the river?

il focolare [fo-co-LA-reh] noun, masc.   **fireplace**
I libri sono vicino al focolare.
The books are near the fireplace.

la foglia [fo-LYA] noun, fem.   **leaf**
Questa foglia è grande.
This leaf is large.

il foglio (di carta) [FOH-lyo] noun, masc.   **sheet (of paper)**
Dammi un foglio di carta, per piacere.
Give me a sheet of paper, please.

folle [FOH-leh] adjective   **mad, insane, crazy**
L'uomo è folle.
The man is mad.

il fonografo [fo-NO-gra-fo] noun, masc.   **phonograph**
Io ho un nuovo fonografo.
I have a new phonograph.

le forbici [FOR-bee-chee] noun, fem., pl.   **scissors**
Io taglio la carta con le forbici.
I cut the paper with the scissors.

la forchetta [for-CHEH-ta] noun, fem.   **fork**
Io mangio la carne con una forchetta.
I eat meat with a fork.

la foresta [fo-REH-sta] noun, fem.   **forest, woods**
Ci sono cento alberi nella foresta.
There are one hundred trees in the forest.

---

il formaggio [for-MA-jo] noun, masc.   **cheese**

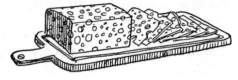

Mi piace il formaggio.
I like cheese.

---

formare [for-MA-reh] verb   **to form (to make up)**

io formo	noi formiamo
tu formi	voi formate
Lei forma	Loro formano

Noi formiano una classe d'italiano.
We form an Italian class.

---

formare un numero   **to dial a number**
    [for-MA-reh-un-NU-meh-ro] idiom
Io formo il numero per la donna.
I dial the number for the lady.

---

la formica [for-MEE-ka] noun, fem.   **ant**

La formica è molto piccola.
The ant is very small.

---

forse [FOR-seh] adverb   **perhaps**
Forse verrà anche lui.
Perhaps he will come also.

---

forte [FOR-teh] adjective   **loud**

Lui ha una voce forte.
He has a loud voice.

ad alta voce adverb   **in a loud voice, aloud**

Lui parla ad alta voce.
He speaks in a loud voice.

troppo forte adverb   **loudly**

Lui suona il tamburo troppo forte.
He plays the drum loudly.

forte [FOR-teh] adjective   **strong**

Mio padre è molto forte.
My father is very strong.

---

la fortuna [for-TU-na] noun, fem.   **luck, fortune**

*Prima dell'esame il mio amico dice, "Buona
fortuna!"*
Before the exam my friend says, "Good luck!"

essere fortunato idiom   **to be lucky**

Il ragazzo vince un premio. È fortunato.
The boy wins a prize. He is lucky.

---

la fotografia   **photograph,**
      [fo-to-gra-FEEA] noun, fem.   **picture**

Guarda la mia fotografia. È comica, non è vero?
Look at my picture. It's funny, isn't it?

---

fra [FRA] preposition   **between,**
                                       among

Qual'è il numero fra quattordici e sedici?
What is the number between fourteen and sixteen?

---

la fragola [FRA-go-la] noun, fem.   **strawberry**

Le fragole sono rosse.
Strawberries are red.

---

francese [fran-CHEH-seh] adjective   **French**
Io leggo un libro francese.
I read a French book.

---

la Francia [FRAN-cha] noun, fem.   **France**
Ecco una carta geografica della Francia.
Here is a map of France.

---

il franco [FRAN-ko] noun, masc.   **franc (French
monetary unit)**

Il franco è moneta francese.
The franc is French money.

---

il francobollo   **stamp (postage)**
       [fran-ko-BOH-lo] noun, masc.
Io metto un francobollo sulla busta.
I put a stamp on the envelope.

---

la frase [FRA-seh] noun, fem.   **sentence, phrase**
Io scrivo una frase nel mio quaderno.
I write a sentence in my notebook.

---

il fratello [fra-TEH-lo] noun, masc.   **brother**
Io sono piccolo ma mio fratello è grande.
I am small, but my brother is big.

---

il freddo [FREH-do] noun, masc.   **cold**

Il freddo quest' inverno è terribile.
The cold this winter is terrible.

avere freddo idiom   **to be cold**

Io ho sempre freddo.
I am always cold.

Fa freddo idiom   **It is cold**

Oggi fa freddo.
It is cold today.

il raffreddore noun, masc.   **cold (illness)**

Io ho un raffreddore.
I have a cold.

---

fresco [FREHS-ko] adjective   **cool**

Fa fresco   **It is cool**

Fa fresco in casa.
It is cool in the house.

---

il frigorifero [free-go-REE-feh-ro] noun, masc.   **refrigerator**

Il frigorifero è nella cucina.
The refrigerator is in the kitchen.

---

la frutta [FRU-ta] noun, fem.   **fruit**

Ecco della frutta.
Here is some fruit.

---

il fulmine [FUL-mee-neh] noun, masc.   **lightning**

Ho paura dei fulmini.
I am afraid of lightning.

---

fumare [fu-MA-reh] verb   **to smoke**

io fumo	noi fumiamo
tu fumi	voi fumate

Lei fuma   Loro fumano

Il babbo dice che è pericoloso fumare.
Dad says it is dangerous to smoke.

Vietato Fumare! [vyeh-TA-to-fu-MA-re] idiom   **No Smoking!**

Vietato fumare a scuola.
No smoking in school.

il fumo [FU-moh] noun, masc.   **smoke**

Dove c'è il fumo, c'è il fuoco.
Where there is smoke, there is fire.

---

la fune [FU-neh] noun, fem.   **rope**

La fune non è abbastanza lunga.
The rope is not long enough.

---

funzionare [fun-tseeoh-NAH-reh] verb   **to operate, to function, to work**

io funziono   noi funzioniamo
tu funzioni   voi funzionate
Lei funziona   Loro funzionano

La radio non funziona bene.
The radio does not work well.

---

il fuoco [FUO-ko] noun, masc.   **fire**

Il fucco è caldo.
The fire is hot.

---

fuori [FUO-ree] adverb   **outside**

Il mio amico mi aspetta fuori.
My friend is waiting for me outside.

---

furbo [FUR-bo] adjective   **cunning**
Il ladro è furbo; sale un albero.
The thief is clever; he climbs a tree.

il futuro [fu-TU-ro] noun, masc.   **future**
In futuro, visiterò l'Italia.
In the future, I shall visit Italy.

G

il gallo [GA-lo] noun, masc.   **rooster**

Il gallo si alza presto.
The rooster rises early.

la gamba [GAM-ba] noun, fem.   **leg**
L'uomo ha due gambe.
Man has two legs.

la gara [GHA-rah] noun, fem.   **contest**
Chi vincerà la gara?
Who will win the contest?

garbato [gar-BA-to] adjective   **polite**
Giovanni è un ragazzo molto garbato.
John is a very polite boy.

il gas [GAZ] noun, masc.   **gas**
Voi avete un fornello a gas? Noi abbiamo un fornello elettrico.
Do you have a gas stove? We have an electric stove.

il gattino [ga-TEE-no] noun, masc.   **kitten**
Il gattino è bianco.
The kitten is white.

---

il gatto [GA-to] noun, masc.   **cat**
Ai gatti piace il latte.
Cats like milk.

---

il gelato [jeh-LA-to] noun, masc.   **ice cream**
Ti piace il gelato vaniglia?
Do you like vanilla ice cream?

---

il genere [jeh-NEH-reh] noun, masc.   **sort**
Che genere di cosa è questo?
What sort of thing is this?

---

i genitori [jeh-nee-TOH-ree] noun, masc., pl.   **parents**
I miei genitori vanno al lavoro la mattina.
My parents go to work in the morning.

---

gennaio [jeh-NA-yo] noun   **January**
Il sei gennaio è festa in Italia.
January 6th is a holiday in Italy.

---

la gente [JEHN-teh] noun, fem.   **people**
Nel negozio c'è molta gente.
There are many people in the store.

---

gentile [jehn-TEE-leh] adjective   **gentle, kind, polite**
Lei è molto gentile.
You are very kind.

---

gentilmente [jehn-teel-MEHN-teh] adverb   **gently**
Cammina gentilmente. La mamma ha un dolor di testa.
Walk gently. Mother has a headache.

---

la geografia [jeh-o-gra-FEEA] noun, fem.   **geography**

Mi piace studiare la geografia.
I like to study geography.

---

il gesso [JEH-so] noun, masc.   **chalk**

Il ragazzo scrive alla lavagna con il gesso.
The boy writes on the blackboard with chalk.

---

gettare [jeh-TA-reh] verb   **to throw**

io getto	noi gettiamo
tu getti	voi gettate
Lei getta	Loro gettano

Tu getti la carta nel cestino.
You throw the paper in the basket.

---

il ghiaccio [GEEA-cho] noun, masc.   **ice**

Andiamo a pattinare sul ghiaccio.
Let's go ice-skating.

---

già [gee-A] adverb   **already**

Lui è già arrivato.
He has already arrived.

---

la giacca [JA-ka] noun, fem.   **jacket**

Mio nonno indossa pantaloni e giacca.
My grandfather is wearing pants and a jacket.

---

giallo [JA-lo] adjective   **yellow**

Il granturco è giallo.
Corn is yellow.

---

il giardino [jar-DEE-no] noun, masc.   **garden, park**

Il giardino è pieno di fiori in giugno.
The garden is full of flowers in June.

il giardino zoologico   **zoo**
       [jar-DEE-no-zo-o-LO-jee-ko] noun, masc.

Mi piace guardare le tigri al giardino zoologico.
I like to look at the tigers in the zoo.

---

il gigante [jee-GAN-teh] noun, masc.   **giant**

Leggimi una storia di un gigante.
Read me a story about a giant.

---

il ginocchio [jee-NO-cheeo] noun, masc.   **knee**

Ti fa male il ginocchio? Che peccato!
Does your knee hurt? What a pity!

---

giocare [jo-KA-reh] verb   **to play (a game)**

io gioco	noi giochiamo
tu giochi	voi giocate
Lei gioca	Loro giocano

Giochiamo alla palla.
Let's play ball.

giocare a cavalletta idiom	**to play leapfrog**
giocare a dama idiom	**to play checkers**
giocare a palla idiom	**to play ball**
giocare a rimpiattino idiom	**to play hide and seek**
giocare a scacchi idiom	**to play chess**

---

il giocattolo [jo-ka-TO-lo] noun, masc.   **toy**

Che tipo di giocattoli hai tu?
What kind of toys do you have?

---

il gioiello [jo-YEH-lo] noun, masc., sing.   **jewel**

Questo gioiello costa molto.
This jewel is expensive.

---

i gioielli [jo-YEH-lee] noun, masc., pl.   **jewelry**

Ci sono molti gioielli nel baule.
There are many jewels in the trunk.

---

il giornale [jor-NA-leh] noun, masc.   **newspaper**

Dopo pranzo mio zio legge il giornale.
After dinner my uncle reads the newspaper.

---

la giornata [jor-NA-ta] noun, fem.   **day**

Passerò la giornata a casa di mia cugina.
I shall spend the day at my cousin's house.

---

il giorno [JOR-no] noun, masc.   **day**

Che giorno della settimana è?
What day of the week is it?

ogni giorno [O-nee-JOR-no] adverb   **every day**

Io leggo ogni giorno.
I read every day.

---

il giorno di festa [JOR-no dee FEHS-tah] noun, masc.   **holiday**

Il giorno di festa è oggi, non domani.
The holiday is today, not tomorrow.

---

il giorno di riposo   **day off**
    [JOR-no dee ree-POH-so] noun, masc.

Giovedi è un giorno di riposo per gli studenti francesi.
Thursday is a day off for French students.

---

la giostra [JOS-tra] noun, fem.   **merry-go-round**

Guarda i cavalli della giostra!
Look at the horses on the merry-go-round!

---

giovane [JO-va-ne] adjective   **young**

Mi dicono sempre, "Sei troppo giovane!"
They always say to me, "You are too young!"

---

il giovedì [jo-veh-DEE] noun, masc.   **Thursday**

Giovedì, andiamo al cinema.
We are going to the movies on Thursday.

---

girare [jee-RA-reh] verb   **to turn**

io giro	noi giriamo
tu giri	voi girate
Lei gira	Loro girano

Il fiume gira a sinistra.
The river turns to the left.

---

il giro [JEE-ro] noun, masc.   **turn**

Il giro è a destra non a sinistra.
The turn is to the right not to the left.

---

il giuoco [JUOH-koh] noun, masc.   **game**

Quale giuoco preferisce Lei?
Which game do you prefer?

---

il giudice [JU-dee-cheh] noun, masc.   **judge**

Il giudice è intelligente.
The judge is intelligent.

---

giugno [JU-no] noun   **June**

Quanti giorni ci sono nel mese di giugno?
How many days are there in the month of June?

---

il giuoco [ju-OH-ko] noun, masc.   **game**

Quale giuoco preferisce Lei?
What game do you prefer?

---

giusto [JUS-to] adjective   **fair, just, right**

Ma è il mio turno. Non è giusto.
But it's my turn. It's not fair.

---

la gola [GOH-la] noun, fem.   **throat**

La maestra dice pian piano, "Ho mal di gola."
The teacher says softly, "I have a sore throat."

---

la gomma [GOH-ma] noun, fem.   **eraser**

Devo cancellare questa frase con la gomma.
I must erase this sentence with an eraser.

---

la gonna [GOH-na] noun, fem.   **skirt**

Non posso scegliere. Quale gonna preferisci tu?
I can't decide. Which skirt do you prefer?

---

gradevole [gra-DEH-vo-leh] adjective   **pleasant**

La primavera è una stagione gradevole.
Spring is a pleasant season.

---

il gradino [gra-DEE-no] noun, masc.   **step**

Ci sono molti gradini davanti a questo palazzo.
There are many steps in front of this building.

---

grande [GRAN-deh] adjective   **great**

Madama Curie era una grande scienziata.
Madam Curie was a great scientist.

---

grande [GRAN-deh] adjective   **big, tall, large**

L'elefante è grande.
The elephant is big.

---

il grano [GRA-no] noun, masc.   **wheat**

Io vedo il grano nei campi.
I see the wheat in the fields.

---

il granturco [gran-TUR-ko] noun, masc.   **corn**

Il granturco è buono.
The corn is good.

---

grasso [GRA-so] adjective   **fat**

Il maiale è grasso.
The pig is fat.

---

gratis [GRAH-tees] adjective   **free (no cost)**

Il cartello dice: Entrata Gratis.
The sign says: *Free Entrance.*

---

il grattacielo [gra-ta-CHEH-lo] noun, masc.   **skyscraper**

La città di New York ha molti grattacieli.
New York City has many skyscrapers.

---

grazie [GRA-zeh] interjection   **thank you**

*Quando la nonna mi dà un pasticcino
io dico, "Grazie."*
When my grandmother gives me a cookie
I say, "Thank you."

---

grazioso [gra-ZEEO-so] adjective   **cute, gracious, pretty**

La ragazza è graziosa.
The girl is cute.

---

il grembiule [grehm-BEEU-leh] noun, masc.   **apron**

Marta porta il grembiule a scuola.
Martha wears an apron at school.

---

gridare [gree-DA-reh] verb   **to scream, to shout**

io grido	noi gridiamo
tu gridi	voi gridate
Lei grida	Loro gridano

La mamma grida, "Vieni subito!"
Mother shouts, "Come quickly!"

---

grigio [GREE-jo] adjective   **gray**

Il topo è grigio.
The mouse is gray.

---

grosso [GRO-so] adjective   **thick, big**

La buccia del limone è grossa.
The lemon's skin is thick.

---

guadagnare [gwa-da-NA-reh] verb   **to earn**

io guadagno	noi guadagniamo
tu guadagni	voi guadagnate
Lei guadagna	Loro guadagnano

Lui guadagna molto denaro.
He earns a lot of money.

---

il guanciale [gwan-CHEEA-leh] noun, masc.   **pillow**

Il guanciale è molle.
The pillow is soft.

---

il guanto [GWAN-to] noun, masc.　　　　　**glove**

Ho perso il guanto.
I lost my glove.

---

guardare [gwar-DA-reh] verb　　　**to look (at), to watch**

io guardo	noi guardiamo
tu guardi	voi guardate
Lei guarda	Loro guardano

Mi piace guardare la televisione.
I like to watch TV.

Guarda le stelle!
Look at the stars!

---

la guardia [GWAR-deea] noun, fem.　　　　**guard**

La guardia è al suo posto.
The guard is at his place.

---

la guerra [GWEH-ra] noun, fem.　　　　　**war**

Mio zio è stato in guerra.
My uncle was in the war.

---

il gufo [GU-fo] noun, masc.　　　　　　**owl**

Il gufo si sente di notte.
An owl is heard at night.

---

guidare [gwee-DA-reh] verb　　　**to drive, to guide**

io guido	noi guidiamo
tu guidi	voi guidate
Lei guida	Loro guidano

Peccato. Sono troppo giovane per guidare la macchina.
Too bad. I am too young to drive the car.

I

l'idea [ee-DEH-a] noun, fem.   **idea**

Che buona idea andare alla piscina!
What a good idea to go to the swimming pool!

---

ieri [YE-ree] adverb   **yesterday**

Oggi è il dieci maggio; ieri, il nove maggio.
Today is the 10th of May; yesterday, the 9th of May.

---

imbrogliare [eem-bro-LYA-reh] verb   **to cheat**

io imbroglio	noi imbrogliamo
tu imbrogli	voi imbrogliate
Lei imbroglia	Loro imbrogliano

Nel film, il ladro imbroglia il poliziotto.
In the film, the thief cheats the policeman.

---

imbucare una lettera   **to mail a letter**
       [eem-bu-KA-reh-u-na-LEH-teh-ra] verb

io imbuco	noi imbuchiamo
tu imbuchi	voi imbucate
Lei imbuca	Loro imbucano

Io imbuco molto lettere ogni giorno.
I mail many letters every day.

---

immediatamente   **immediately, quickly**
       [ee-meh-deea-ta-MEHN-teh] adverb

Lui fa tutto immediatamente.
He does everything immediately.

---

imparare [eem-pa-RA-reh] verb   **to learn**

io imparo	noi impariamo
tu impari	voi imparate
Lei impara	Loro imparano

A Lei piace imparare il francese.
She likes to learn French.

---

l'impermeabile   **raincoat**
     [eem-pehr-meh-A-bee-leh] noun, masc.

Lui porta l'impermeabile perchè piove.
He is wearing a raincoat because it is raining.

---

importante [eem-por-TAN-teh] adjective   **important**

È importante mangiare l'insalata.
It is important to eat the salad.

---

impossibile [eem-po-SEE-bee-leh] adjective   **impossible**

È impossibile rotolare questo macigno.
It's impossible to roll this rock.

---

improvvisamente   **suddenly**
     [eem-pro-vee-sa-MEHN-teh] adverb

Lui apparì improvvisamente.
He appeared suddenly.

---

in [EEN] preposition   **in, into**

Vanno in città.
They are going to the city.

---

in apparecchio [ee-na-pa-REH-keeo] idiom   **by air, by plane**

Il viaggiare in apparecchio è piacevole.
Traveling by plane is pleasant.

---

in automobile [ee-nau-to-MO-bee-leh] idiom   **by car**

Lui è arrivato in automobile.
He arrived by car.

in onore di idiom   **in honor of**

Pranziamo a un ristorante in onore di mia figlia.
We are dining in a restaurant in honor of my daughter.

---

incantato [een-kan-TA-to] adjective   **delighted, happy, enchanted**

La ragazza fu incantata dalla storia.
The girl was delighted by the story.

---

incollare [een-ko-LA-reh] verb   **to glue, to paste**

io incollo	noi incolliamo
tu incolli	voi incollate
Lei incolla	Loro incollano

Io incollo una fotografia a una pagina del mio quaderno.
I glue a photograph to a page in my notebook.

---

incontrare [een-kon-TRA-reh] verb   **to meet, to encounter**

io incontro	noi incontriamo
tu incontri	voi incontrate
Lei incontra	Loro incontrano

Chi incontra Cappuccetto Rosso nella foresta?
Who meets Little Red Riding Hood in the forest?

---

indicare [een-dee-KA-reh] verb   **to indicate, to point out**

io indico	noi indichiamo
tu indichi	voi indicate
Lei indica	Loro indicano

Il poliziotto indica che dobbiamo andare per questa strada.
The policeman indicates that we must go by this road.

---

l'indirizzo [een-dee-REE-tzo] noun, masc.   **address**

Qual 'è il vostro indirizzo?
What is your address?

---

indovinare [een-doh-vee-NA-reh] verb   **to guess**

Puoi indovinare quanti soldi ho?
Can you guess how much money I have?

---

l'infermiera [een-fehr-MYEH-ra] noun, fem.   **nurse**

La mia vicina è infermiera.
My ncighbor is a nurse.

---

l'informatica   **computer science**
          [leen-for-MA-tee-ka] noun, fem.

L'informatica è un nuovo campo.
Computer science is a new field.

---

ingannare [een-ga-NA-reh] verb   **to deceive**

io inganno	noi inganniamo
tu inganni	voi ingannate
Lei inganna	Loro ingannano

Il ragazzo inganna il maestro.
The boy deceives the teacher.

---

l'ingegnere [een-jeh-NEH-reh] noun, masc.   **engineer**

Vorrei essere ingegnere.
I would like to be an engineer.

---

inglese [een-GLEH-seh] adjective   **English**

Lui è inglese.
He is English.

---

l'insalata [een-sa-LA-ta] noun, fem.   **salad**

Mi piace l'insalata mista.
I like a mixed salad.

---

insegnare [een-seh-NA-reh] verb   **to teach**

io insegno	noi insegniamo
tu insegni	voi insegnate
Lei insegna	Loro insegnano

Chi insegna la musica in questa classe?
Who teaches music in this class?

---

l'insetto [een-SE-to] noun, masc.   **insect**

Gli insetti non mi piacciono.
I hate insects.

---

insieme [EEN-sye-meh] adverb   **together**

Noi andiamo insieme alla drogheria.
We go to the grocery store together.

---

intelligente   **clever, intelligent**
    [een-teh-lee-JEHN-teh] adjective

La maestra dice, "Che classe intelligente."
The teacher says, "What an intelligent class."

---

intenzionalmente   **intentionally**
    [een-tehn-zeeo-nal-MEHN-teh] adverb

Mio fratello mi fa dispetti intenzionalmente.
My brother teases me intentionally.

interessante **interesting**
[een-teh-reh-SAN-teh] adjective

Lei trova che il film è interessante.
She finds that the film is interesting.

---

intero [een-TEH-ro] adjective **whole**

Certo che vorrei mangiare l'intera torta!
Certainly I would like to eat the whole cake!

---

l'interruttore **light switch**
[een-teh-ru-TOH-reh] noun, masc.

L'interruttore è rotto.
The light switch is broken.

---

intorno [een-TOR-no] preposition **around, about**

C'è sempre gente intorno a lei.
There are always people around her.

---

l'inverno [een-VEHR-no] noun, masc. **winter**

Fa freddo d'inverno.
It's cold in winter.

---

invitare [een-vee-TA-reh] verb **to invite**

io invito	noi invitiamo
tu inviti	voi invitate
Lei invita	Loro invitano

Mia zia mi invita a casa sua.
My aunt invites me to her house.

---

io [EEO] pronoun **I, me**

Chi bussa alla porta? Sono io, Michele.
Who is knocking at the door? It's me, Michael.

---

l'isola [E-zo-la] noun, fem.   **island**

Capri è una bell'isola.
Capri is a beautiful island.

L

là [LA] adverb   **over there**
Vedi tuo fratello là alla stazione?
Do you see your brother over there at the station?

---

il labbro [LA-bro] noun, masc., sing.   **lip**
Il labbro del ragazzo è gonfiato.
The boy's lip is swollen.

le labbra [LA-bra] noun, fem., pl.   **lips**
Lui ha le labbra sottili.
He has thin lips.

---

la lacrima [LA-kree-ma] noun, fem.   **tear**
Il nonno dice, "Basta con le lacrime."
Grandfather says, "Enough tears."

---

il ladro [LA-dro] noun, masc.   **thief, burglar, robber**
Cercano il ladro alla banca.
They are searching for the thief at the bank.

---

laggiù [la-JU] preposition   **down there**
Non vedo niente laggiù.
I don't see anything down there.

---

il lago [LA-go] noun, masc.   **lake**

Io vado a pescare alla costa del lago.
I go fishing at the lakeshore.

---

lamentarsi [la-mehn-TAR-see] verb   **to lament, to complain**

io mi lamento   noi ci lamentiamo
tu ti lamenti   voi vi lamentate
Lei si lamenta   Loro si lamentano

Il mio amico dice che io mi lamento sempre.
My friend says that I am always complaining.

---

la lampada [LAM-pa-da] noun, fem.   **lamp**

La lampada è nel salone.
The lamp is in the living room.

---

la lana [LA-na] noun, fem.   **wool**

Il mio soprabito è fatto di lana.
My overcoat is made of wool.

---

lanciare [lan-CHA-reh] verb   **to throw, to hurl**

io lancio   noi lanciamo
tu lanci   voi lanciate
Lei lancia   Loro lanciano

Io lancio la palla al ragazzo.
I throw the ball to the boy.

---

il lapis [LA-pees] noun, masc.   **pencil**

Per piacere mi dia un lapis.
Please give me a pencil.

---

largo [LAR-go] adjective   **broad, wide**

Il corso è una strada larga.
The boulevard is a wide street.

---

lasciare [la-SCHEEA-reh] verb   **to leave**

io lascio	noi lasciamo
tu lasci	voi lasciate
Lei lascia	Loro lasciano

Io lascio spesso i miei libri alla casa di Michele.
I often leave my books at Michael's house.

---

il lato [LA-to] noun, masc.   **side**

al lato di [al-LA-toh-dee] preposition   **alongside, at the side of**

Al lato del fiume c'e un parco.
Alongside the river is a park.

---

il latte [LA-teh] noun, masc.   **milk**

Io bevo il latte e il babbo beve il caffè con latte.
I drink milk and Dad drinks coffee with milk.

---

la lattuga [la-TU-ga] noun, fem.   **lettuce**

La mamma fa l'insalata con la lattuga.
Mother makes a salad with the lettuce.

---

la lavagna [la-VA-na] noun, fem.   **blackboard**

L'alunno scrive alla lavagna.
The student writes at the blackboard.

---

il lavandino [la-van-DEE-no] noun, masc.   **washstand, sink**

Il lavandino è bianco.
The sink is white.

---

lavare [la-VA-reh] verb   **to wash**

io lavo	noi laviamo
tu lavi	voi lavate
Lei lava	Loro lavano

Io lavo il cane.
I wash the dog.

---

lavarsi [la-VAR-see] verb   **to wash (oneself)**

io mi lavo	noi ci laviamo
tu ti lavi	voi vi lavate
Lei si lava	Loro si lavano

Io mi lavo le mani prima di mangiare.
I wash my hands before eating.

---

la lavastoviglie   **dishwasher**
      [la-vas-to-VEE-lyeh] noun, fem.

La lavastoviglie è nuova.
The dishwasher is new.

---

la lavatrice   **washing machine**
      [la-va-TREE-cheh] noun, fem.

La mamma vuole una lavatrice.
Mother wants a washing machine.

---

lavorare [la-vo-RA-reh] verb   **to work**

io lavoro	noi lavoriamo
tu lavori	voi lavorate
Lei lavora	Loro lavorano

L'agricoltore lavora all'aperto.
The farmer works outdoors.

---

lavorare a maglia idiom   **to knit**

Sto imparando a lavorare a maglia.
I am learning to knit.

fare la calza idiom   **to knit**

Faccio la calza.
I am knitting socks.

---

il lavoro [la-VO-ro] noun, masc.   **work**

La mamma ha molto lavoro da fare.
Mother has a great deal of work to do.

Le [LEH] pronoun   **you**

Io Le do del latte.
I give you some milk.

---

leggere [leh-JEH-reh] verb   **to read**

io leggo	noi leggiamo
tu leggi	voi leggete
Lei legge	Loro leggono

Noi andiamo a leggere nella biblioteca.
We go into the library to read.

---

leggiero [leh-JEH-ro] adjective   **light**

La giacca è leggiera.
The jacket is light.

---

il legno [LEH-no] noun, masc.   **wood**

Il lapis è fatto di legno.
The pencil is made of wood.

---

lei [LAY] pronoun   **she**

Lei è intelligente.
She is intelligent.

---

lentamente [lehn-ta-MEHN-teh] adverb   **slowly**

Il nonno cammina lentamente.
Grandfather walks slowly.

---

il leone [leh-o-neh] noun, masc.   **lion**

Il leone non è un animale docile.
The lion is not a gentle animal.

il leopardo [leh-o-PAR-do] noun, masc.   **leopard**
Il leopardo è nella foresta.
The leopard is in the forest.

la lettera [LEH-teh-ra] noun, fem.   **letter**
Io metto la lettera nella busta.
I put the letter in the envelope.

la buca per le lettere noun, fem.   **letter box**

il letto [LEH-to] noun, masc.   **bed**

Il gatto è nel mio letto.
The cat is in my bed.

andare a letto verb   **to go to bed**

la camera da letto noun, fem.   **bedroom**

Questo appartamento ha tre camere da letto.
This apartment has three bedrooms.

la lezione [leh-TZO-ne] noun, fem.   **lesson**
La lezione di oggi è difficile, non è vero?
Today's lesson is difficult, isn't it?

la libreria [la-LEE-bre-reea] noun, fem.   **bookstore**

Ci sono molti libri nella libreria.
There are many books in the bookstore.

---

il libro [LEE-bro] noun, masc.   **book**

Cerchiamo dei libri interessanti.
We are looking for some interesting books.

---

il limone [lee-MO-neh] noun, masc.   **lemon**

Il limone è giallo.
The lemon is yellow.

---

la lingua [LEEN-gwa] noun   **tongue**

Mi brucio la lingua con la minestra calda.
I burn my tongue on the hot soup.

---

la lira [LEE-rah] noun, fem.   **lira**

La lira aumenta in valore.
The lira increases in value.

---

la lista [LEES-ta] noun, fem.   **menu**

La lista non è completa.
The menu is not complete.

---

litigare [lee-tee-GA-re] verb   **to quarrel**

io litigo	noi litighiamo
tu litighi	voi litigate
Lei litiga	Loro litigano

Mio padre qualche volta litiga con mia madre.
My father sometimes argues with my mother.

---

lontano [lohn-TA-no] adverb   **far, distant**

Roma è lontano da Washington.
Rome is far from Washington.

109

loro [LO-roh] pronoun   **them**

Dia loro i biglietti.
Give them the tickets.

loro [LO-roh] adjective   **their**

Il loro maestro è qui.
Their teacher is here.

la luce [LU-che] noun, fem.   **light**

La luna non dà molta luce.
The moon does not give much light.

luglio [LU-lyo] noun   **July**

Nel mese di luglio fa molto caldo in Italia.
In the month of July it is very hot in Italy.

lui [LU-ee] pronoun   **he, him**

Lui mi piace.
I like him.

lei [LAY] pronoun   **she**

Lei è in ritardo.
She is late.

la luna [LU-na] noun, fem.   **moon, light**

La luna è piena stanotte.
The moon is full tonight.

lunedì [lu-neh-DEE] noun, masc.   **Monday**

Che fai tu il lunedì?
What do you do on Mondays?

lungo [LUN-go] adjective   **long**

Lei porta un vestito lungo.
She is wearing a long dress.

il lupo [LU-po] noun, masc.   **wolf**

Chi ha paura del cattivo lupo?
Who is afraid of the bad wolf?

M

ma [MA] conjunction   **but**

Lei è qui, ma lui no.
She is here, but he is not.

la macchia [MA-cheea] noun, fem.   **spot, stain**

C'è una macchia sul tappeto.
There is a spot on the carpet.

macchiato [ma-CHEEA-to] adjective   **spotted**

La mia tartaruga è macchiata.
My turtle is spotted.

la macchina [MA-chee-na] noun, fem.   **machine**

La macchina è rotta.
The machine is broken.

la macchina [MA-chee-na] noun, fem.   **car**

La macchina è nell'autorimessa.
The car is in the garage.

la macchina fotografica   **camera**
         [MA-chee-na-fo-to-GRA-fee-cha] noun, fem.

Guarda la mia macchina fotografica. È nuova.
Look at my camera. It's new.

la macchina per scrivere   typewriter
[MA-chee-na-pehr-SCREE-veh-reh] noun, fem.

La macchina per scrivere è nuova.
The typewriter is new.

---

il macellaio [ma-cheh-LA-yo] noun, masc.   butcher

Il macellaio vende la carne.
The butcher sells meat.

---

la macelleria   butcher shop
[ma-cheh-leh-REE-a] noun, fem.

Si va alla macelleria per comparare la carne.
We go to the butcher shop to buy meat.

---

la madre [MA-dreh] noun, fem.   mother
Oggi è il compleanno di mia madre.
Today is my mother's birthday.

---

il maestro [ma-EH-stro] noun, masc.   teacher
Il maestro è gentile.
The teacher is kind.

la maestra [ma-EH-stra] noun, fem.   teacher
La maestra è pronta.
The teacher is ready.

---

magari [ma-GA-ree] exclamation   **Would that it were so**
Sembra più fresco oggi. Magari.
It seems a bit cooler today. Would that it were so.

maggio [MA-jo] noun, masc **May**
Ci sono trentuno giorni in maggio.
There are 31 days in May.

---

la maglia [MA-lya] noun, fem. **sweater**
Io porto una maglia perchè fa freddo.
I wear a sweater because it is cold.

---

magro [MA-gro] adjective **thin, skinny**
Sei troppo magro. Devi mangiare.
You are too thin. You must eat.

---

mai [MAEE] adverb **never**
Non voglio mai giocare con te.
I never want to play with you.

---

il maiale [ma-YA-le] noun, masc. **pig**
L'agricoltore ha tre maiali.
The farmer has three pigs.

---

malato [ma-LA-to] adjective **sick, ill**

Che hai tu? Io sono malato.
What's the matter with you? I am sick.

---

la mamma [MA-ma] noun, fem. **mom**
Mamma, dove sono le calze?
Mom, where are my socks?

---

la mancia [MAN-cha] noun, fem. **tip**
L'uomo lascia una mancia per il cameriere.
The man leaves a tip for the waiter.

---

mandare [man-DA-reh] verb   **to send**

io mando	noi mandiamo
tu mandi	voi mandate
Lei manda	Loro mandano

Mio zio mi manda un regalo.
My uncle sends me a gift.

---

mangiare [man-JA-reh] verb   **to eat**

io mangio	noi mangiamo
tu mangi	voi mangiate
Lei mangia	Loro mangiano

La domenica noi mangiamo il tacchino.
On Sundays we eat turkey.

---

la mano [MA-no] noun, fem.   **hand**
Ho le mani sporche.
My hands are dirty.

la mano destra idiom   **the right hand**
La mano destra è pulita.
My right hand is clean.

la mano sinistra idiom   **the left hand**
La mano sinistra è sporca.
My left hand is dirty.

---

il manzo arrostito   **roast beef**
    [MAN-zo-a-ros-TEE-to] noun, masc.
il rosbif [rohz-BEEF] noun, masc.   **roast beef**

Io vorrei un panino con rosbif, per piacere.
I would like a roast beef sandwich, please.

---

il marciapiede [mar-cha-PYE-deh] noun, masc.   **sidewalk**
Il marciapiede è molto stretto.
The sidewalk is very narrow.

il mare [MA-reh] noun, masc. **sea**

Ci sono molti pesci nel mare?
Are there many fish in the sea?

per mare [pehr-MA-reh] idiom **by sea**

Lei viaggia per mare.
You travel by sea.

---

il margine [MAR-jee-neh] noun, masc. **edge, margin**

Il margine del libro è grande.
The margin of the book is large.

---

la marionetta [ma-ree-o-NEH-ta] noun, fem. **marionette**

Le marionette sono comiche.
Puppets are funny.

---

il marito [ma-REE-to] noun, masc. **husband**

Il marito di mia zia è mio zio.
My aunt's husband is my uncle.

---

la marmellata **jam, marmalade**
  [mar-me-LA-ta] noun, fem.

*Per piacere, mi dia una fetta di pane con marmellata
di fragole.*
Please give me a piece of bread with strawberry jam.

---

marrone [ma-ROH-neh] adjective **brown**

Il tappeto è marrone.
The carpet is brown.

---

martedì [mar-teh-DEE] noun, masc.   **Tuesday**

Martedì è un giomo libero.
Tuesday is a day off.

---

il martello [mar-TEH-lo] noun, masc.   **hammer**

Carlo lavora con un martello.
Charles works with a hammer.

---

marzo [MAR-tzo] noun, masc.   **March**

Tira vento in marzo.
It is windy in March.

---

la masseria [ma-seh-REEA] noun, fem.   **farm**

Ci sono delle vacche e dei cavalli alla masseria.
There are cows and horses at the farm.

---

la matita [ma-TEE-ta] noun, fem.   **pencil**

Per piacere mi dia una matita.
Please give me a pencil.

---

la mattina [ma-TEE-na] noun, fem.   **morning**

Che mangi tu la mattina?
What do you eat in the morning?

---

matto [MA-to] adjective   **mad, crazy**

L'uomo è matto.
The man is crazy.

maturo [ma-TU-ro] adjective   **ripe**

Quando la banana è gialla, è matura.
When the banana is yellow, it is ripe.

me [MEH] pronoun   **me**

Lui chiama me, non loro.
He is calling me, not them.

me stesso [MEH-STEH-so] pronoun   **myself**

Lo faccio per me stesso.
I am doing it for myself.

il meccanico [me-KA-nee-ko] noun, masc.   **mechanic**

Io vorrei diventare meccanico.
I would like to become a mechanic.

la medicina [meh-dee-CHEE-na] noun, fem.   **medicine**

La medicina è buona per Lei.
The medicine is good for you.

il medico [MEH-dee-ko] noun, masc.   **doctor**

Il medico entra l'ospedale.
The doctor enters the hospital.

la mela [ME-la] noun, fem.   **apple**

Io mangio una mela ogni giorno.
I eat an apple every day.

il melone [meh-LOH-neh] noun, masc.   **watermelon**

Il melone è una frutta squisita.
Watermelon is a delicious fruit.

il membro [MEM-bro] noun, masc.   **member**
Lui è membro della nostra squadra.
He is a member of our team.

---

meno [MEH-no] adjective   **less**
Cinque meno tre fanno due.
Five less three is two.

---

il mento [MEHN-to] noun, masc.   **chin**
Ecco il mento della pupa.
Here is the doll's chin.

---

il "menu" [meh-NOO] noun, masc.   **menu**
Il menù non è completo.
The menu is not complete.

---

la menzogna [mehn-ZO-na] noun, fem.   **lie**
La menzogna ritorna a chi la dice.
The lie comes back to the person who says it.

---

meraviglioso   **marvelous, great**
        [meh-ra-vee-LYO-so] adjective
Tu vai al circo? Meraviglioso.
You are going to the circus? Marvelous.

---

il mercato [mehr-KA-to] noun, masc.   **market**
Che vendono al mercato?
What do they sell at the market?

il supermercato   **supermarket**
        [soop-ehr-mehr-KA-to] noun, masc.

---

mercoledì [mehr-ko-leh-DEE] noun, masc.   **Wednesday**
Oggi è mercoledì; servono il pollo.
Today is Wednesday; they are serving chicken.

---

mescolare [mehs-ko-LA-reh] verb   **to mix, to blend**

io mescolo	noi mescoliamo
tu mescoli	voi mescolate
Lei mescola	Loro mescolano

L'artista mescola i vari colori.
The artist mixes the various colors.

---

il mese [MEH-seh] noun, masc.   **month**

I mesi dell'estate sono giugno, luglio, e agosto.
The summer months are June, July, and August.

---

la metà [meh-TA] noun, fem.   **half**
Dammi la metà della pera, per piacere.
Give me half of the pear, please.

---

la metropolitana   **subway**
       [meh-tro-po-lee-TA-na] noun, fem.
Prendiamo la metropolitana per andare al museo.
We take the subway to go to the museum.

---

mettere [MEH-teh-reh] verb   **to put, to place**

io metto	noi mettiamo
tu metti	voi mettete
Lei mette	Loro mettono

Io metto il libro sulla tavola.
I put the book on the table.

---

mettere in ordine   **to put in order**
       [MEH-teh-reh-een-or-dee-neh] verb
Il professore mette in ordine le carte.
The professor puts his papers in order.

mettersi [MEH-tehr-see] verb   **to put on, to wear**

io mi metto	noi ci mettiamo
tu ti metti	voi vi mettete
Lei si mette	Loro si mettono

Mia sorella si mette i guanti.
My sister puts on her gloves.

---

la mezzanotte [meh-tza-NO-te] noun, fem.   **midnight**

È mezzanotte. Perchè non dormi?
It is midnight. Why aren't you sleeping?

---

mezzo [MEH-tzo] noun, masc.   **half**

Sono le due e mezzo.
It is half past two.

in mezzo a [EEN-MEH-tzo-a] idiom   **in the middle of**

Lui è in mezzo a una folla.
He is in the middle of a crowd.

---

il mezzogiorno [meh-tzo-JOR-no] noun, masc.   **noon**

È mezzogiorno. È ora di colazione.
It's noon. It is lunchtime.

---

mezz'ora [meh-TZO-rah] adverb   **half an hour**

Ti aspetto da mezz'ora.
I have been waiting for you for half an hour.

---

mi [MEE] pronoun   **me**

Lui mi dà del pane.
He gives me some bread.

---

mia [MEEA] adjective, fem., sing.   **my**

Mia sorella è bella.
My sister is pretty.

mie [MEE-yee] adjective, fem., pl.   **my**
Le mie sorelle sono qui.
My sisters are here.

mio [MEEO] adjective, masc., sing.   **my**
Mio fratello è bello.
My brother is handsome.

miei [MEE-yee] adjective, masc., pl.   **my**
I miei fratelli sono qui.
My brothers are here.

---

il miglio [MEE-lyo] noun, masc.   **mile**
Il mio amico abita a un miglio da qui.
My friend lives a mile from here.

---

migliore [mee-LYOH-reh] adjective   **better**
Questo libro è migliore di quello.
This book is better than that one.

---

il milione [mee-LYO-neh] noun, masc.   **million**
Quanti dischi hai tu? Un milione!
How many records do you have? A million!

---

mille [MEE-leh] adjective   **thousand**
Quanto costa questo libro? Mille lire.
How much does this book cost? One thousand lire.

---

la minestra [mee-NEH-stra] noun, fem.   **soup**

Mia sorella serve la minestra a mio fratello.
My sister serves soup to my brother.

---

il minuto [mee-NU-to] noun, masc.   **minute**
Quanti minuti ci sono in un'ora?
How many minutes are there in an hour?

---

la misura [mee-ZU-ra] noun, fem.   **size**
In un negozio mi domandano, "Che misura ha Lei?"
In a store they ask me, "What size are you?"

---

la moglie [MO-lyeh] noun, fem.   **wife**
Mia moglie è bella.
My wife is beautiful.

---

molle [MO-leh] adjective   **soft**
La terra è molle.
The earth is soft.

---

molto [MOL-to] adverb   **very**
Lui è molto alto.
He is very tall.

molto [MOL-to] adjective   **lot of, many**
Maria ha molti libri.
Mary has many books.

---

il momento [mo-MEHN-to] noun, masc.   **moment**
Io entro nell'ufficio postale per un momento.
I enter the post office for a moment.

---

il mondo [MON-do] noun, masc.   **world**

Quante nazioni ci sono al mondo?
How many nations are there in the world?

---

la montagna [mon-TA-na] noun, fem.   **mountain**

Le montagne al nord dell'Italia son le Alpi.
The mountains to the north of Italy are the Alps.

> Francesco Petrarca, 1304–1374, may be the most
> widely imitated poet in the world, but he also
> has achieved recognition for being the first
> man to record a mountain climb. He did it
> simply because the mountain was there.

morbido [MOR-bee-do] adjective   **gentle, soft**

Questo soprabito è molto morbido.
This coat is very soft.

mordere [MOR-deh-reh] verb   **to bite**

io mordo	noi mordiamo
tu mordi	voi mordete
Lei morde	Loro mordono

I gatti non mordano.
Cats do not bite.

morto [MOR-to] adjective   **dead**

Lei piange? Sì, la mia tartaruga è morta.
You are crying? Yes, my turtle is dead.

la mosca [MOS-ka] noun, fem.   **fly**

Ci sono delle mosche nella cucina.
There are some flies in the kitchen.

mostrare [mos-TRA-reh] verb   **to show**

io mostro	noi mostriamo
tu mostri	voi mostrate
Lei mostra	Loro mostrano

Io mostro la nuova penna a Maria.
I show the new pen to Mary.

---

muovere [MUO-veh-reh] verb   **to move**

io muovo	noi muoviamo
tu muovi	voi muovete
Lei muove	Loro muovono

Lei muove le dita rapidamente quando suona il pianoforte.
You move your fingers rapidly when you play the piano.

---

le mura [MU-ra] noun, fem., pl.   **walls (of a city)**

Le mura della città sono grandi.
The walls of the city are large.

---

il muro [MU-ro] noun, masc.   **wall (of a house)**

Il muro della casa è caduto.
The wall of the house has fallen.

---

il museo [mu-ZEH-o] noun, masc.   **museum**

Il museo è aperto dalle due alle cinque.
The museum is open from two to five.

---

la musica [MU-zee-ka] noun, fem.   **music**

Sai leggere le note musicali?
Can you read musical notes?

la nota [NO-ta] noun, fem.   **musical note**

---

il musicista [mu-zee-CEES-tah] noun, masc.   **musician**

Il ragazzo vuole diventare musicista.
The boy wants to become a musician.

N

il nailon [NAEE-lon] noun, masc.   **nylon**

Mia sorella porta le calze di nailon.
My sister wears nylon stockings.

---

nascondere [nas-KON-deh-reh] verb   **to hide**

io nascondo	noi nascondiamo
tu nascondi	voi nascondete
Lei nasconde	Loro nascondono

Il ragazzo nasconde i fiori dietro di se.
The boy hides the flowers behind him.

---

il naso [NA-zo] noun, masc.   **nose**

Il naso della mia bambola è carino.
My doll's nose is cute.

---

il nastro [NAS-tro] noun, masc.   **ribbon, recording tape**

Lei porta un bel nastro nei capelli.
She wears a pretty ribbon in her hair.

---

il Natale [nah-TAH-leh] noun, masc.   **Christmas**

Il Natale è il ventocinque dicembre.
Christmas comes on December twenty-fifth.

---

nato [NA-to] past participle   **born**

Io sono nato il due marzo.
I was born on March 2nd.

---

la nave [NA-veh] noun, fem.   **ship**
Si attraversa l'oceano in nave.
You cross the ocean by ship.

---

nazionale [na-zeeo-NA-leh] adjective   **national**
Il quattro luglio è la festa nazionale degli Stati Uniti.
July 4th is the national holiday of the United States.

---

la nazione [na-ZEEO-neh] noun, fem.   **nation**
L'Italia è una nazione.
Italy is a nation.

---

la nebbia [NEH-beea] noun, fem.   **fog**
È difficile vedere a causa della nebbia.
It is difficult to see because of the fog.

è necessario   **it is necessary**
   [EH-neh-cheh-SA-reeo] idiom
È necessario andare a scuola.
It is necessary (We have) to go to school.

---

il negozio [neh-GO-zeeo] noun, masc.   **store**

Io vado al negozio con il mio amico.
I go to the store with my friend.

---

nel mezzo di [nehl-MEH-tso-dee] idiom   **in the middle of**
La mamma mette i dolci nel mezzo del tavolo.
Mother puts the candy in the middle of the table.

---

nero [NEH-ro] adjective   **black**

Porto le scarpe nere.
I am wearing black shoes.

---

la neve [NEH-veh] noun, fem.   **snow**

Mi piace giocare nella neve.
I like to play in the snow.

---

nevicare [neh-vee-KA-reh] verb   **to snow**

nevica [neh-VEE-ka]   **it is snowing**

Nevicherà domani?
Will it snow tomorrow?

l'uomo di neve   **snowman**
    [UO-mo-dee-NEH-veh] noun, masc.

L'uomo di neve porta un cappello.
The snowman wears a hat.

---

il nido [NEE-do] noun, masc.   **nest**

Quante uova vedi tu nel nido?
How many eggs do you see in the nest?

---

niente [NYEN-teh] pronoun   **nothing**

Che hai nella tasca? Niente!
What do you have in your pocket? Nothing!

---

il nipote [nee-PO-teh] noun, masc.   **grandson, nephew**
Lui è il nipote del Signor Napoli.
He is Mr. Napoli's nephew.

la nipote [nee-PO-teh] noun, fem.   **granddaughter, niece**
È la nipote dell'avvocato.
She is the lawyer's granddaughter.

---

no [NO] exclamation   **no**
Alzati! No, non voglio alzarmi.
Get up! No, I do not want to get up.

---

noi [NOEE] pronoun   **we, us**
Noi siamo bravi ragazzi.
We are good boys.

---

il nome [NO-meh] noun, masc.   **name**
Che è il nome di questa cosa?
What is the name of this thing?

chiamarsi [keea-MAR-see] verb   **...name is (call oneself)**

io mi chiamo	noi ci chiamiamo
tu ti chiami	voi vi chiamate
Lei si chiama	Loro si chiamano

Come ti chiami? Io mi chiamo Enrico.
What's your name? My name is Henry.

---

non [NON] adverb   **not**
Io vado a scuola. Il mio nonno non va a scuola.
I go to school. My grandfather does not go to school.

---

non è vero [NON-eh-VEH-ro] idiom   **isn't that true?**
isn't that so?
don't you agree?

Fa cattivo tempo, non è vero?
It's bad weather, isn't it?

Il mio professore è bello, non è vero?
My professor is handsome, don't you agree?

---

non importa [NON-eem-POR-ta] idiom   **no matter,
never mind**

*Non hai una matita? Non importa. Ecco
una penna.*
Don't you have a pencil? No matter. Here
is a pen.

---

non...mai [NON-mahee] idiom   **never**
Non voglio mai giocare con te.
I never want to play with you.

---

non...più [NON-PEEU] adverb   **no longer**
Io vado a scuola. Mio fratello non va più a scuola.
I go to school. My brother no longer goes to school.

---

la nonna [NO-na] noun, fem.   **grandmother**
Andiamo dalla nonna domenica.
Let's go to grandmother's on Sunday.

---

il nonno [NO-no] noun, masc.   **grandfather**
Al mio nonno, piace guidare la macchina.
My grandfather likes to drive a car.

i nonni [NO-nee] noun, masc., pl.   **grandparents**
I miei nonni vivono qui.
My grandparents live here.

---

il nord [NORD] noun, masc.   **north**
*Quando vado da Roma a Milano, vado verso
il nord.*
When I go from Rome to Milan, I am going
toward the north.

---

nostro, nostra　　　　　　　　　　　　　　　**our**
　　　[NOS-tro, NOS-tra] pronoun, masc., fem.
La nostra maestra ci rimprovera oggi.
Our teacher is scolding us today.

---

la nota [NO-ta] noun, fem.　　　　　　**musical note**
Le note formano la musica.
The notes make up the music.

---

la notte [NO-teh] noun, fem.　　　　　　　**night**

Di notte si possono vedere le stelle.
The stars can be seen by night.

---

novanta [no-VAN-ta] adjective　　　　　　**ninety**
Qualcuno ha novant'anni d'età?
Someone is ninety years old?

---

nove [NO-veh] adjective　　　　　　　　**nine**
Quanto fanno nove e due?
How much are nine and two?

---

novembre [no-VEM-breh] noun　　　　**November**
Novembre non è l'ultimo mese dell'anno.
November is not the last month of the year.

---

nulla [NU-lah] noun, masc.　　　　　　**nothing**
Che hai nella tasca? Nulla.
What do you have in your pocket? Nothing.

---

il numero [NU-meh-ro] noun, masc.   **number**

Qual'è il suo numero di telefono?
What is your telephone number?

---

nuotare [nuo-TA-reh] verb   **to swim**

io nuoto	noi nuotiamo
tu nuoti	voi nuotate
Lei nuota	Loro nuotano

A Giovanni piace nuotare ogni giorno.
John likes to swim every day.

---

nuovo [NUO-vo] adjective   **new**

La mia bicicletta è nuova.
My bicycle is new.

---

la nuvola [NU-voh-la] noun, fem.   **cloud**

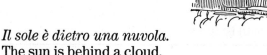

Il sole è dietro una nuvola.
The sun is behind a cloud.

---

nuvoloso [NU-voh-LO-soh] adjective   **cloudy**

È nuvoloso oggi.
It is cloudy today.

O

o [o] conjunction   **or**
Vuole delle pesche o delle mele?
Do you want some peaches or some apples?

---

l'occhio [o-chyo] noun, masc., sing.   **eye**
Il gatto ha un occhio azzurro e uno verde.
The cat has one blue eye and one green one.

gli occhi [o-chee] noun, masc. pl.   **eyes**
Di che colore sono i tuoi occhi?
What color are your eyes?

gli occhiali [o-CHYA-lee] noun, masc., pl.   **eyeglasses**
Attenzione! Tu ti rompi gli occhiali.
Be careful! You will break your glasses.

---

occupato [o-ku-PA-to] past participle   **busy, occupied**

Mio fratello è occupato adesso; fa i suoi compiti.
My brother is busy now; he is doing his homework.

---

l'oceano [o-CHE-a-no] noun, masc.   **ocean**
L'Oceano Atlantico è all'ovest della Francia?
Is the Atlantic Ocean to the west of France?

---

odiare [o-DEEA-reh] verb   **to hate, to detest**

io odio	noi odiamo
tu odi	voi odiate
Lei odia	Loro odiano

Io odio le mosche.
I hate flies.

132

offeso [o-FEH-so] adjective

offended, angry, displeased

Lui si è offeso oggi.
He was offended today.

---

oggi [o-jee] noun, masc.

today

Oggi è il dodici gennaio.
Today is January 12th.

---

ogni [o-nee] adjective

each, every

Io metto una forchetta a ogni posto.
I put a fork at each place.

---

ogni giorno [o-nee-JOR-no] adverb

every day

Io vado a scuola ogni giorno.
I go to school every day.

---

ognuno [o-NU-no] pronoun

everybody, everyone

Ognuno ama il sabato sera.
Everyone loves Saturday night.

---

l'olio [o-leeo] noun, masc.

oil

Mamma, tu metti l'olio nell'insalata?
Mother, are you putting oil in the salad?

---

l'ombra [OM-bra] noun, fem.

shadow

Gli alberi fanno ombra a mezzogiorno.
The trees make shade at noon.

---

l'ombrello [om-BREH-lo] noun, masc.

umbrella

Non dimenticare l'ombrello.
Do not forget your umbrella.

l'onda [ON-da] noun, fem.   **wave**

Io vedo le onde alla spiaggia.
I see the waves at the beach.

---

l'ora [O-ra] noun, fem.   **hour, time**

Che ora è? È ora di pranzo.
What time is it? It is the dinner hour.

Sono le sette e trenta.
It is 7:30.

---

ora [O-ra] adverb   **now**

Devo andare ora.
I must go now.

---

ordinare [or-dee-NA-reh] verb   **to order**

io ordino	noi ordiniamo
tu ordini	voi ordinate
Lei ordina	Loro ordinano

Nel ristorante, il babbo ordina il pranzo.
In the restaurant, Dad orders the meal.

---

l'orecchio [o-REH-cheeo] noun, masc.   **ear**

Le orecchie del lupo sono lunghe.
The wolf's ears are long.

---

l'orlo [OR-lo] noun, masc.   **edge**

L'orlo del fazzoletto è stracciato.
The edge (border) of the handkerchief is torn.

---

l'oro [O-ro] noun, masc.   **gold**

Vorrei avere un anello d'oro.
I would like to have a gold ring.

---

l'orologio [o-ro-LO-jo] noun, masc.   **watch**

Che peccato, il mio orologio non funziona.
What a pity, my watch doesn't work.

---

l'orso [OR-so] noun, masc.   **bear**
Gli orsi giocano nell'acqua.
The bears play in the water.

---

l'ospedale [os-peh-DA-leh] noun, masc.   **hospital**
L'infermiera lavora nell'ospedale.
The nurse works in the hospital.

---

ottanta [o-TAN-ta] adjective   **eighty**
Io ho attanta libri.
I have eighty books.

---

otto [o-to] adjective   **eight**
Io ho otto insetti.
I have eight insects.

---

ottobre [o-TO-bre] noun   **October**
Fa fresco in ottobre.
It's cool in October.

---

l'ovest [o-vehst] noun, masc.   **west**
*Quando vado da Venezia verso Milano, vado
verso l'ovest.*
When I go from Venice toward Milan, I go
toward the west.

---

ovunque [o-VUN-kweh] adverb   **everywhere**

Ovunque vado trovo la stessa cosa.
Everywhere I go, I find the same thing.

P

il pacco [PA-ko] noun, masc.   **package**

Un pacco per me?
A package for me?

---

il padre [PA-dreh] noun, masc.   **father**

Mio padre è postino.
My father is a mailman.

---

il paese [pa-E-zeh] noun, masc.   **country, town**

Come si chiama il paese all' est d'Italia?
What is the name of the country to the east of Italy?

---

pagare [pa-GA-reh] verb   **to pay (for)**

io pago	noi paghiamo
tu paghi	voi pagate
Lei paga	Loro pagano

La mamma paga la carne al macellaio.
Mother pays the butcher for the meat.

---

la pagina [PA-jee-na] noun, fem.   **page**

La carta geografica dell'Italia è a pagina dieci.
The map of Italy is on page ten.

la paglia [PA-lya] noun, fem.   **hay, straw**

La paglia è bagnata.
The straw is wet.

---

il palo [PA-yo] noun, masc.   **pair**

Io vorrei comprare un paio di guanti.
I would like to buy a pair of gloves.

---

la pala [PA-la] noun, fem.   **shovel**

Mio fratello gioca con una pala.
My brother is playing with a shovel.

---

il palazzo [pa-LA-tso] noun, masc.   **palace**

Il palazzo è grande!
The palace is big!

---

la palla [PA-la] noun, fem.   **ball**

La palla è tonda.
The ball is round.

---

la pallacanestro   **basketball**
    [pa-la-ka-NES-tro] noun, fem.

Il mio amico gioca a pallacanestro.
My friend plays basketball.

---

il pallone [pa-LOH-neh] noun, masc.   **balloon**

Il pallone della ragazza è rosso.
The girl's balloon is red.

---

il pane [PA-neh] noun, masc.   **bread**

Il pane è fresco.
The bread is fresh.

pane e burro [PA-neh-eh-BOO-roh]   **bread and butter**

*Io mangio il pane e burro ogni
giorno.*
I eat bread and butter every day.

il pane tostato noun, masc.   **toast**

Mia sorella preferisce il pane tostato.
My sister prefers toast.

---

il panino [pa-NEE-no] noun, masc.   **roll**

Un panino, per piacere.
A roll, please.

Si vendono molti panini nella panetteria.
They sell many rolls in the bakery.

il panino imbottito (tramezzino)   **sandwich**
      noun, masc.

Io ho un panino imbottito di prosciutto.
I have a ham sandwich.

---

la panetteria   **bakery**
      [pa-neh-teh-REE-a] noun, fem.

Si va alla panetteria per comprare il pane.
One goes to the bakery to buy bread.

---

il panettiere [pa-neh-TYE-reh] noun, masc.   **baker**

Il panettiere fa il pane.
The baker makes bread.

---

i pantaloni   **pants, trousers**
  [pan-ta-LOH-nee] noun, masc., pl.

I pantaloni del ragazzo sono lunghi.
The boy's pants are long.

---

il papà [pa-PA] noun, masc.   **dad**
Papà vieni qua, per piacere.
Dad, come here please.

---

il pappagallo [pa-pa-GA-lo] noun, masc.   **parrot**

Un pappagallo è il mio animale preferito.
A parrot is my favorite animal.

---

il paracadute [pa-re-ka-DU-to] noun, masc.   **parachute**
*È pericoloso saltare da un apparecchio in
paracadute?*
Is it dangerous to jump from a plane with a
parachute?

---

la parata [pa-RA-ta] noun, fem.   **parade**
Noi marciamo nella parata.
We are marching in the parade.

---

il parco [PAR-ko] noun, masc.   **park**
Il parco è qui vicino.
The park is near here.

il parco di ricreazione   **playground**
[par-ko-dee-ree-krey-A-tzeeoh-neh] noun, masc.

Il parco di ricreazione è vicino a casa mia.
The playground is near my house.

---

parecchi [pa-REH-chee] adjective   **several**

Ci sono parecchie macchine nella strada.
There are several cars in the street.

---

il (la) parente [pah-RHEN-teh] noun, masc., fem.   **relative**

Giovanni è un mio parente.
John is a relative of mine.

---

la parete [pa-REH-teh] noun, fem.   **wall (of a room)**

C'è un quadro della "Mona Lisa" sulla parete del salotto.
There is a picture of the "Mona Lisa" on the living room wall.

---

parlare [par-LA-reh] verb   **to speak, to talk**

io parlo	noi parliamo
tu parli	voi parlate
Lei parla	Loro parlano

Noi parliamo del film alla televisione.
We are talking about the film on television.

---

la parola [pa-ROH-la] noun, fem.   **word**

Io penso a una parola che comincia con la lettera "A."
I'm thinking of a word that begins with the letter "A."

il parrochetto [pa-ro-KEH-to] noun, masc.   **parakeet**

Noi abbiamo due bei parrochetti.
We have two beautiful parakeets.

---

la parte [PAR-teh] noun, fem.   **part**

Voglio interpretare la parte del principe.
I want to play the part of the prince.

---

partire [par-TEE-reh] verb   **to go, to leave**

io parto	noi partiamo
tu parti	voi partite
Lei parte	Loro partono

Mia zia parte alle cinque.
My aunt is leaving at 5 o'clock.

---

passare [pa-SA-reh] verb   **to pass, to spend**

io passo	noi passiamo
tu passi	voi passate
Lei passa	Loro passano

L'automobile passa il camion.
The car passes the truck.

Lei passa due settimane in campagna.
You spend two weeks in the country.

---

passeggiare [pa-seh-JA-reh] verb   **to stroll, to walk**

io passeggio	noi passeggiamo
tu passeggi	voi passeggiate
Lei passeggia	Loro passeggiano

Io passeggio con Marta ogni giorno.
I stroll with Martha every day.

---

il passeggiero [pas-eh-GYEH-roh] noun, masc.   **passenger**

Ci sono sei passeggieri sull' autobus.
There are six passengers on the bus.

la pasta [PAS-ta] noun, fem.   **macaroni (pasta)**

La pasta piace a tutti gl'Italiani.
All Italians like pasta.

---

il pasticcino [pas-tee-CHEE-no] noun, masc.   **cookie**

Il pasticcino è buono.
The cookie is good.

---

il pasto [PAS-to] noun, masc.   **meal**

Quale pasto preferisce Lei?
Which meal do you prefer?

---

la patata [pa-TA-ta] noun, fem.   **potato**

La patata è pesante.
The potato is heavy.

---

pattinare [pa-tee-NA-reh] verb   **to skate**

io pattino	noi pattiniamo
tu pattini	voi pattinate
Lei pattina	Loro pattinano

Andiamo a pattinare!
Let's go skating!

pattinare sul ghiaccio verb   **to ice skate**

Durante l'inverno si può pattinare sul ghiaccio.
During the winter, one can ice skate.

i pattini a ghiaccio   **ice skates**
      [PA-tee-nee-a-GEEA-cho] noun, masc., pl.

I pattini a ghiaccio sono nuovi.
The ice skates are new.

i pattini a rotelle   roller skates
    [PA-tee-nee-a-roh-TEH-le] noun, masc., pl.

Io non ho i pattini a rotelle.
I do not have roller skates.

---

la paura [pa-U-ra] noun, fem.   **fear**
avere paura idiom   **to be frightened**

Lei ha paura della tempesta?
Are you afraid of the storm?

---

il pavimento [pa-vee-MEHN-to] noun, masc.   **floor**

La penna cade sul pavimento pulito.
The pen falls on the clean floor.

---

pazzo [PA-tso] adjective   **mad, crazy**

L'uomo è pazzo.
The man is mad.

---

la pecora [PEH-ko-ra] noun, fem.   **sheep**

La pecora è nel campo.
The sheep is in the field.

---

la pelle [PEH-leh] noun, fem.   **skin**

Il sole mi brucia la pelle quando mi faccio un bagno di sole.
The sun burns my skin when I take a sunbath.

---

la pellicola [peh-lee-KOH-la] noun, fem.   **film, movie**

La pellicola è nuova.
The film is new.

143

la penna [PEH-na] noun, fem.   **pen**

Io lascio sempre la penna a casa.
I always leave my pen home.

---

la penna a sfera   **ballpoint pen**
    [PEH-na-SFEH-rah] noun, fem.

Io scrivo con la penna a sfera.
I write with a ballpoint pen.

---

pensare [pen-SA-reh] verb   **to think**

  io penso   noi pensiamo
  tu pensi   voi pensate
  Lei pensa   Loro pensano

Io penso andare alla casa del mio amico. Va bene?
I am thinking of going to my friend's house. Is that
all right?

---

per [PEHR] preposition   **by**

Lui arriverà per le tre.
He will arrive by three o'clock.

per [PEHR] preposition   **for**

Per dolce, lei prende gelato di cioccolato.
For dessert, she is having chocolate ice cream.

Lui lesse il libro per più di un'ora.
He read the book for more than an hour.

per [PEHR] preposition   **in order to**

Va al negozio per comprare le calze.
She goes to the store to buy stockings.

per piacere [pehr-peea-CHEH-reh] idiom   **please**

Per piacere mi dia un lapis, Signor Romano.
Please give me a pencil, Mr. Romano.

per sempre [pehr-SEM-preh] adverb   **forever**

Lui disse "Addio, per sempre."
He said "Good-bye forever."

---

la pera [PEH-ra] noun, fem.   **pear**

È matura la pera?
Is the pear ripe?

---

perchè [pehr-KEH] conjunction   **because**

Non vado al cinema perchè non ho soldi.
I'm not going to the movies because I have no money.

perchè [pehr-KEH] interrogative   **why**

Perchè sei in ritardo?
Why are you late?

---

perdere [PEHR-deh-reh] verb   **to lose**

io perdo	noi perdiamo
tu perdi	voi perdete
Lei perde	Loro perdono

Giovanni perde sempre il cappello.
John always loses his hat.

---

pericoloso [peh-ree-ko-LO-so] adjective   **dangerous**

È pericoloso correre nella strada a prendere la palla.
It is dangerous to run into the street to get the ball.

---

permesso [pehr-MEH-so] exclamation   **excuse me**

Permesso, posso entrare?
Excuse me, may I enter?

---

il permesso   **permission, permit**
    [pehr-MEH-so] noun, masc.

Hai il permesso di andare in campagna?
Do you have permission to go to the country?

---

permettere   **to let, to permit, to allow**
     [pehr-MEH-teh-reh] verb

io permetto   noi permettiamo
tu permetti   voi permettete
Lei permette   Loro permettono

Mio fratello mi permette di andare con lui.
My brother lets me go with him.

---

la persona [pehr-SOH-na] noun, fem.   **person, people**
Ci sono sette persone nella mia famiglia.
There are seven people in my family.

---

pesante [peh-ZAN-teh] adjective   **heavy**
La valigia è molto pesante.
The suitcase is very heavy.

---

la pesca [PEH-ska] noun, fem.   **peach**
Le pesche si mangiano d'estate.
People eat peaches in the summer.

---

la pesca [PEH-ska] noun, fem.   **fishing, fish (catch of)**
La pesca non è andata bene oggi.
Fishing was not good today.

andare a pescare   **to go fishing**
     [an-DA-reh-a-peh-SKA-reh] verb
Noi andiamo a pescare.
We go fishing.

la vasca da pesci [VA-sca-da-PE-shee] noun, fem.   **fish tank**
Ci sono alcuni pesci nella vasca da pesci.
There are some fish in the fish tank.

---

il pesce [PEH-scheh] noun, masc.   **fish**
Ci sono molti pesci in questo lago.
There are many fish in this lake.

---

il pesce rosso [PEH-scheh-RO-so] noun, masc.   **goldfish**

Io ho cinque pesci rossi.
I have five goldfish.

la peschiera [pehs-KEEH-ra] noun, fem.   **aquarium**

Ci sono dei pesci nella peschiera.
There are some fish in the aquarium.

pettinarsi [peh-tee-NAR-see] verb   **to comb one's hair**

io mi pettino	noi ci pettiniamo
tu ti pettini	voi vi pettinate
Lei si pettina	Loro si pettinano

Lui si pettina i capelli.
He combs his hair.

il pettine [PEH-tee-neh] noun, masc.   **comb**

Dov'è il mio pettine?
Where is my comb?

il pezzo [PEH-tzo] noun, masc.   **piece**

Voglio un pezzo di formaggio.
I want a piece of cheese.

piacciono [peea-CHEEOH-no] verb   **to like (pleasing to)**

Mi piacciono i libri.
I like the books.

piacere [peea-CHEH-reh] verb   **to like (pleasing to)**

All'uomo piace il vino.
The man likes wine.

il piacere [peea-CHEH-reh] noun, masc.   **pleasure**

Viene con noi? Con piacere!
Are you coming with us? With pleasure!

---

piacevole [peea-CHEH-voh-leh] adjective   **nice, pleasing**

Quella è una canzone piacevole.
That is a pleasing song.

---

il pianeta [peea-NEH-ta] noun, masc.   **planet**

Conosci tu i nomi di tutti i pianeti?
Do you know the names of all the planets?

---

piangere [PEEAN-jeh-reh] verb   **to cry, to weep**

io piango	noi piangiamo
tu piangi	voi piangete
Lei piange	Loro piangono

Io piango quando qualcuno mi fa dispetti.
I cry when somebody teases me.

---

piano [pee-A-noh] adjective   **flat**

Il campo è piano.
The field is flat.

---

piano [PEEA-no] adverb   **softly, quietly**

pian piano [PEEAN-PEEAH-noh] adverb   **softly**

Cammina pian piano. La mamma ha un mal di testa.
Walk softly. Mother has a headache.

---

il piano [PEEA-no] noun, masc.   **floor (of a building)**

Il nostro appartamento è al primo piano.
Our apartment is on the first floor.

il pianterreno noun, masc.   **ground floor**

Il pianterreno è sempre pulito.
The ground floor is always clean.

---

il pianoforte [peea-no-FOR-teh] noun, masc.   **piano**
suonare il pianoforte verb   **to play the piano**

Chi suona il pianoforte in tua famiglia?
Who plays the piano in your family?

---

la pianta [PEEAN-ta] noun, fem.   **plant**

Ci sono cinque piante nell'aula.
There are five plants in the classroom.

---

il piattino [peea-TEE-no] noun, masc.   **saucer**

La donna mette la tazza sul piattino.
The lady puts the cup on the saucer.

---

il piatto [PEEA-to] noun, masc.   **dish, plate**

Tu lavi i piatti a casa tua?
Do you wash the dishes at your house?

---

la piazza [PEEA-tsa] noun, fem.   **plaza, square**

Piazza Navona ha tre grandi fontane.
Piazza Navona has three large fountains.

---

la piccola colazione   **breakfast**
      [PEE-ko-la ko-la-TZEEOH-neh] noun, fem.

La piccola colazione si mangia presto.
Breakfast is eaten early.

---

piccolo [PEE-ko-lo] adjective   **little, small**

Il ragazzo è piccolo.
The boy is small.

---

il picnic [peek-NEEK] noun, masc.   **picnic**

Noi facciamo un picnic in campagna.
We have a picnic in the country.

---

il piede [PYEH-deh] noun, masc.   **foot**

andare a piedi verb   **to walk, to go on foot**

Noi andiamo al museo a piedi.
We walk to the museum.

avere male al piede verb   **to have a sore foot**

Non posso camminare, ho un male al piede.
I cannot walk, I have a sore foot.

---

pieno [PYEH-no] adjective   **full**

La valigia è piena di panni.
The suitcase is full of clothes.

---

la pietra [PYEH-tra] noun, fem.   **stone, rock**

Ci sono molte pietre nel parco di ricreazione.
There are many stones in the playground.

150

i pigiama [pee-JA-ma] noun, masc., pl.　　　**pajamas**
Io mi metto i pigiama alle dieci di sera.
I put on my pajamas at 10 o'clock at night.

---

pigro [PEE-gro] adjective　　　　　　　　　　**lazy**
Il ragazzo è pigro.
The boy is lazy.

---

il pilota [pee-LOH-ta] noun, masc.　　　　**pilot**
Mio cugino è pilota.
My cousin is a pilot.

---

piove [PEEOH-veh] idiom　　　　　**it is raining**

Piove molto nel mese di aprile.
It rains a great deal in the month of April.

---

piovere [PEEO-veh-reh] verb　　　　　　**to rain**
Crede Lei che pioverà?
Do you think it will rain?

---

il piroscafo [pee-ROS-ka-fo] noun, masc.　　**steamship**
Il piroscafo attraversa l'oceano Atlantico.
The steamship crosses the Atlantic Ocean.

---

la piscina [pee-SHEE-na] noun, fem.　　**swimming pool**
La piscina è grande.
The pool is large.

---

i piselli [pee-SEH-lee] noun, masc., pl.　　　**peas**
I piselli sono verdi.
Peas are green.

151

un poco, un po' [PO-ko] adjective   **little, a bit of**

Vuole della minestra? Un po', per piacere.
Do you want any soup? A little, please.

---

poi [POEE] adverb   **then**

Arrivò prima Maria, poi arrivò Giovanni.
First Mary arrived, then John arrived.

---

il pollo [POH-lo] noun, masc.   **chicken**

Che si mangia stasera? Il pollo.
What are we eating tonight? Chicken.

---

la poltrona [pol-TROH-na] noun, fem.   **armchair**

Mi piace usare la poltrona rossa.
I like to use the red armchair.

---

il pomeriggio [po-meh-REE-jo] noun, masc.   **afternoon**

Sono le due del pomeriggio.
It is 2 o'clock in the afternoon.

---

il pomo [POH-mo] noun, masc.   **knob, doorknob**

Il pomo è d'argento.
The doorknob is made of silver.

---

il pomodoro [po-mo-DO-ro] noun, masc.   **tomato**

Il pomodoro è rosso quando è maturo.
The tomato is red when it is ripe.

---

la pompa antincendio   **fire truck**
        [pom-pan-teen-CHEHN-deeo] noun, fem.

La pompa antincendio fa molto rumore.
The fire truck makes a lot of noise.

---

il pompelmo [pom-PEHL-mo] noun, masc.   **grapefruit**

Il pompelmo non è dolce.
The grapefruit is not sweet.

---

il ponte [PON-teh] noun, masc.   **bridge**

Dov'è il Ponte dei Sospiri?
Where is the Bridge of Sighs?

---

porporino [por-po-REE-no] adjective   **purple**

Il porporino è il mio colore preferito.
Purple is my favorite color.

---

la porta [POR-ta] noun, fem.   **door**

Per piacere, chiuda la porta.
Please close the door.

---

portare [por-TA-reh] verb   **to bring, to carry**

io porto	noi portiamo
tu porti	voi portate
Lei porta	Lora portano

Portano le loro valige all'aeroporto.
They bring their suitcases to the airport.

portare [por-TA-reh] verb   **to wear**

io porto	noi portiamo
tu porti	voi portate
Lei porta	Loro portano

Lei porta il cappello.
You are wearing a hat.

---

possedere [poh-seh-DE-reh] verb   **to own, to possess**

io possiedo	noi possediamo
tu possiedi	voi possedete
Lei possiede	Loro possiedono

Lui possiede una buona memoria.
He possesses a good memory. .

---

il postino [pos-TEE-no] noun, masc.   **mailman**

Il postino porta le lettere e i pacchi.
The mailman delivers letters and packages.

---

il posto [POS-to] noun, masc.   **setting (table)**

Mio cugino mette un coltello a ogni posto.
My cousin puts a knife at each setting.

---

potere [po-TEH-reh] verb   **to be able, "can"**

io posso	noi possiamo
tu puoi	voi potete
Lei può	Loro possono

Non posso fare il compito. Le lezioni sono troppo difficili.
I can't do the homework. The lessons are too difficult.

---

povero [PO-veh-ro] adjective   **poor**

Questo ragazzo è povero. Non ha molto denaro.
This child is poor. He doesn't have much money.

---

il pranzo [PRAN-zo] noun, masc.   **dinner**

Facciamo pranzo alle otto.
We have dinner at eight o'clock.

---

preferire [preh-feh-REE-reh] verb   **to prefer**

io preferisco	noi preferiamo
tu preferisci	voi preferite
Lei preferisce	Loro preferiscono

Preferisci la città o la campagna?
Do you prefer the city or the country?

154

preferito [preh-feh-REE-to] adjective

preferred, favorite

Qual'è il tuo giocattolo preferito?
Which is your favorite toy?

prego [PREH-go] interjection

you are welcome

Grazie per la gentilezza! Prego!
Thank you for the kindness! You're welcome!

prendere [PREHN-deh-reh] verb

to have (food), to take

io prendo	noi prendiamo
tu prendi	voi prendete
Lei prende	Loro prendono

*La mamma prende il pane tostato per
prima colazione.*
Mother has toast for breakfast.

preparare [preh-pa-RA-reh] verb

to prepare

io preparo	noi prepariamo
tu prepari	voi preparate
Lei prepara	Loro preparano

Mia sorella prepara l'insalata.
My sister prepares the salad.

presentare
    [preh-zehn-TA-reh] verb

to introduce, to present

io presento	noi presentiamo
tu presenti	voi presentate
Lei presenta	Loro presentano

Ti vorrei presentare mio nipote.
I would like to present my nephew to you.

presente [preh-ZEHN-teh] adjective   **here, present**

*La mia amica Giovanna è presente; la mia
amica Susanna è assente.*
My friend Joan is present; my friend Susan is absent.

---

il presidente [preh-zee-DEHN-teh] noun, masc.   **president**

Il presidente degli Stati Uniti abita a Washington.
The President of the U.S. lives in Washington.

---

prestare [prehs-TA-reh] verb   **to lend, to borrow**

io presto	noi prestiamo
tu presti	voi prestate
Lei presta	Loro prestano

Mi puoi prestare la gomma?
Can you lend me the eraser?

---

presto [PREHS-to] adverb   **early**

Noi ci alziamo presto per andare in città.
We get up early to go into the city.

presto [PREHS-to] adverb   **quickly, soon**

Lui finirà il lavoro presto.
He will finish the work quickly.

---

il prezzo [PREH-tso] noun, masc.   **price**

Il prezzo del libro è trenta dollari.
The price of the book is thirty dollars.

---

prima di [PREE-ma-dee] adverb   **before**

Il professore arriva prima degli studenti.
The professor arrives before the students.

---

la primavera [pree-ma-VEH-ra] noun, fem.   **spring**

Si vedono molti fiori di primavera.
We can see many spring flowers.

---

primo [PREE-mo] adjective   **first**

La piccola colazione è il primo pasto del giorno.
Breakfast is the first meal of the day.

il principe [PREEN-chee-peh] noun, masc.   **prince**

> Machiavelli, the author of *The Prince*, is
> considered the father of political science.

la principessa [preen-chee-PEH-sa] noun, fem.   **princess**

Il principe e la principessa sono nel giardino.
The prince and the princess are in the garden.

prodigioso   **wonderful, prodigious**
      [pro-dee-JO-so] adjective

Lui ha fatto una cosa prodigiosa.
He did a wonderful thing.

il professore [pro-feh-SO-reh] noun, masc.   **professor**

Il professore è in classe.
The professor is in class.

la professoressa [pro-feh-so-REH-sa] noun, fem.   **professor**

La professoressa non è qui oggi.
The professor is not here today.

profondo [pro-FON-do] adjective   **deep**

È profonda la piscina?
Is the pool deep?

è proibito [eh-proee-BEE-to] idiom   **it is forbidden**

È proibito fare questo.
It is forbidden to do this.

157

promettere [pro-MEH-teh-re] verb   **to promise**

io prometto	noi promettiamo
tu prometti	voi promettete
Lei promette	Loro promettono

Io prometto di fare i miei compiti.
I promise to do my homework.

---

pronto [PRON-to] adjective   **ready**

È pronto Lei? Noi siamo in ritardo.
Are you ready? We are late.

---

proprio [PROH-preeo] adjective   **own**

Non è il libro di mia sorella; è il mio proprio libro.
It is not my sister's book; it is my own book.

---

il prosciutto [pro-SHU-to] noun, masc.   **ham**

Vuole un po' di prosciutto nel suo panino?
Do you want some ham on your roll?

---

prossimo [PROH-see-mo] adjective   **next**

*La maestra dice, "La prossima settimana faremo
un esame."*
The teacher says, "Next week we will have an exam."

---

proteggere [pro-TEH-jeh-reh] verb   **to protect, to guard**

io proteggo	noi proteggiamo
tu proteggi	voi proteggete
Lei protegge	Loro proteggono

La polizia protegge la gente.
The police protect the people.

---

provare [pro-VA-reh] verb   **to try**

io provo	noi proviamo
tu provi	voi provate

Lei prova   Loro provano

Lei prova di portare il pacco pesante.
You try to carry the heavy package.

---

pulire [pu-LEE-reh] verb   **to clean**

io pulisco	noi puliamo
tu pulisci	voi pulite
Lei pulisce	Loro puliscono

Aiuti tu a tua madre a pulire la casa?
Do you help your mother to clean the house?

---

pulito [pu-LEE-toh] adjective   **clean**

Le mie mani sono pulite.
My hands are clean.

---

pungere [PUN-jeh-reh] verb   **to bite (insect), to sting**

io pungo	noi pungiamo
to pungi	voi pungete
Lei punge	Loro pungono

Alle zanzare piace pungermi.
Mosquitoes like to bite me.

---

punire [pu-NEE-reh] verb   **to punish**

io punisco	nou puniamo
tu punisci	voi punite
Lei punisce	Loro puniscono

La madre punisce il ragazzo.
The mother punishes the boy.

---

può darsi [puo-DAR-see] idiom   **maybe**

Andiamo a cavallo stamani? Può darsi!
Are we going horseback riding this morning? Maybe!

può essere [puo-EH-seh-reh] idiom   **perhaps**
Può essere che arriveremo a tempo.
Perhaps we shall arrive on time.

Q

---

il quaderno [kwa-DEHR-no] noun, masc.   **notebook**
Lei fa i suoi compiti in un quaderno.
She does her homework in a notebook.

---

quadro [KWA-dro] adjective   **square**
La scatola è quadra.
The box is square.

---

qualche [KWAL-keh] adjective   **some, several**
C'è qualche sedia nel salotto.
There are several chairs in the living room.

---

qualche cosa [KWAL-keh-KO-za] pronoun   **something**
C'è qualche cosa in questo cassetto.
There is something in this drawer.

---

qualche volta [KWAL-keh-VOL-ta] adverb   **sometimes**
Qualche volta non sono beneducato.
Sometimes, I am not well-behaved.

---

qualcuno [kwal-KU-no] pronoun   **somebody, someone**
Qualcuno è nel ristorante.
Somebody is in the restaurant.

---

quale [KWA-leh] pronoun   **which**
Quale preferisce?
Which do you prefer?

---

la qualità [kwa-lee-TA] noun, fem.   **quality**

Questa stoffa è di buona qualità.
This material is of good quality.

---

quando [KWAN-do] pronoun   **when**

Io leggo un libro quando piove.
I read a book when it rains.

---

quanti [KWAN-tee] interrogative   **how many**

Quanti giocattoli hai?
How many toys do you have?

Quanti anni ha Lei? Io ho otto anni.
How old are you? I am eight years old.

Quanti anni hai?   **How old are you?**
       [KWAN-tee-ahnee-ay] idiom

Quanti anni hai?
How old are you?

---

la quantità [kwan-tee-TA] noun, fem.   **quantity**

Lui ha una gran quantità di libri a casa.
He has a large quantity of books at home.

---

quanto [KWAN-to] interrogative   **how much**

Quanto lavoro ha finito?
How much work have you finished?

---

quaranta [kwa-RAN-ta] adjective   **forty**

Conosce Lei la storia dei quaranta briganti?
Do you know the story of the forty thieves?

---

il quarto [KWAR-to] noun, masc.   **quarter**

Sono le sette e un quarto.
It is a quarter past seven.

---

quasi [KWA-zee] adverb   **almost**

Sono quasi le sei.
It is almost 6 o'clock.

---

quattordici [kwa-TOR-dee-chee] adjective   **fourteen**

Il quattordici luglio è la festa nazionale francese.
July 14th is the French national holiday.

---

quattro [KWA-tro] adjective   **four**

Ci sono quattro persone nella mia famiglia.
There are four people in my family.

---

quello [KWEH-lo] pronoun   **that of, the one**

Ecco una penna rossa. Quella di mio padre è gialla.
Here is a red pen. My father's is yellow.

---

quello, questo [KWEHS-to] pronoun   **this, that**

Non mi piace questo.
I don't like this.

---

questa [KWEHS-ta] adjective, fem., sing.   **this**
queste [KWEHS-teh] adjective, fem., pl.   **these**
questo [KWEHS-to] adjective, masc., sing.   **this**
questi [KWEHS-tee] adjective, masc., pl.   **these**

Questa ragazza è beneducata.
This girl is well-behaved.

Questo libro è nuovo.
This book is new.

Questi ragazzi sono bravi.
These boys are nice.

Queste tavole sono rotte.
These tables are broken.

---

qui [KWEE] adverb   **here**

La mia amica Giovanna è qui.
My friend Joan is here.

---

quieto [KYE-to] adjective   **quiet**

La ragazza è quieta.
The girl is quiet.

---

quindici [KWEEN-dee-chee] adjective   **fifteen**

Oggi è il quindici luglio.
Today is July 15th.

R

raccontare [ra-kon-TA-reh] verb   **to tell, to recount**

io racconto	noi raccontiamo
tu racconti	voi raccontate
Lei racconta	Loro raccontano

Io racconto la storia del mio viaggio.
I tell the story of my trip.

---

il racconto [ra-KON-to] noun, masc.   **story, tale**

Leggimi il racconto di "I tre gattini."
Read me the story of "The Three Kittens."

---

la radio [RA-deeo] noun, masc.   **radio**

La radio non funziona.
The radio doesn't work.

---

il raffreddore [ra-freh-DO-reh] noun, masc.   **cold (illness)**

Ho un terribile raffreddore.
I have a terrible cold.

---

la ragazza [ra-GA-tza] noun, fem.   **girl**
La ragazza gioca con la bambola.
The little girl plays with the doll.

---

i ragazzi [ra-GA-tsee] noun, masc., pl.   **children**
I ragazzi sono a letto.
The children are in bed.

---

il ragazzo [ra-GA-tzo] noun, masc.   **boy**
Il ragazzo gioca con la sorella.
The boy plays with his sister.

---

la ragione [ra-JO-neh] noun, fem.   **reason, right**
La nonna ha sempre ragione.
Grandmother is always right.

---

il ragno [RA-no] noun, masc.   **spider**

Chi ha paura di un ragno?
Who is afraid of a spider?

---

il ramo [RA-mo] noun, masc.   **branch (of a tree)**
Il ramo dell'albero è caduto.
The tree branch has fallen.

---

la rana [RA-na] noun, fem.   **frog**

La rana è verde.
The frog is green.

---

rapido [RA-pee-do] adjective   **fast, rapid**

Il treno è rapido.
The train is fast.

---

rappresentare [ra-preh-sehn-TA-reh] verb   **to represent**

io rappresento	noi rappresentiamo
tu rappresenti	voi rappresentate
Lei rappresenta	Loro rappresentano

Lui rappresenta il governo.
He represents the government.

---

raschiare [ra-SKEEA-reh] verb   **to erase, to scrape**

io raschio	noi raschiamo
tu raschi	voi raschiate
Lei raschia	Loro raschiano

Il ragazzo raschia lo sbaglio.
The boy erases the mistake.

---

il razzo [RA-tzo] noun, masc.   **rocket ship**

Vanno alla luna in un razzo.
They go to the moon in a rocket ship.

---

il re [REH] noun, masc.   **king**

C'è un re in Italia? No, c'è un presidente.
Is there a king in Italy? No, there is a president.

---

il regalo [re-GA-lo] noun, masc.   **gift, present**

Ecco un regalo per il tuo compleanno.
Here is a present for your birthday.

la regina [re-JEE-na] noun, fem.   **queen**

La regina è seduta vicino al re.
The queen is sitting next to the king.

---

il registratore   **tape recorder**
        [reh-jees-tra-TOH-reh] noun, masc.

Il maestro usa un registratore in classe.
The teacher uses a tape recorder in class.

---

la regola [REH-go-la] noun, fem.   **rule**

Dobbiamo obbedire le regole.
We must obey the rules.

---

restare [reh-STA-reh] verb   **to stay, to remain**

io resto	noi restiamo
tu resti	voi restate
Lei resta	Loro restano

Noi restiamo a casa oggi.
We stay at home today.

---

restituire [reh-stee-TUEE-reh] verb   **to give back, to return**

io restituisco	noi restituiamo
tu restituisci	voi restituite
Lei restituisce	Loro restituiscono

Lui mi restituisce i pattini a rotelle.
He gives me back my roller skates.

---

ricco [REE-ko] adjective   **rich, wealthy**

La donna ricca porta i gioielli.
The rich woman wears jewels.

---

ricevere [ree-CHEH-veh-reh] verb   **to receive, to get**

io ricevo	noi riceviamo
tu ricevi	voi ricevete
Lei riceve	Loro ricevono

Io ricevo una cartolina da mia sorella.
I receive a card from my sister.

---

ricordare [ree-kor-DA-reh] verb   **to remember**

io ricordo	noi ricordiamo
tu ricordi	voi ricordate
Lei ricorda	Loro ricordano

Non posso ricordare il nome di quest'edificio.
I cannot remember the name of this building.

---

ridere [REE-deh-reh] verb   **to laugh**

io rido	noi ridiamo
tu ridi	voi ridete
Lei ride	Loro ridono

Lui ride quando quarda gli orsi.
He laughs when he looks at the bears.

---

riempire [ryem-PEE-reh] verb   **to fill**

io riempio	noi riempiamo
tu riempi	voi riempite
Lei riempie	Loro riempiono

Stefano riempie la scatola di carta.
Stephen fills the box with paper.

---

la riga [REE-ga] noun, fem.   **ruler**

La riga è lunga.
The ruler is long.

---

rimanere [ree-ma-NEH-reh] verb   **to remain, to stay**

io rimango	noi rimaniamo
tu rimani	voi rimanete
Lei rimane	Loro rimangono

Lui rimane a scuola fino a tardi.
He remains at school until late.

---

rimproverare [reem-pro-veh-RA-reh] verb   **to scold**

io rimprovero	noi rimproveriamo
tu rimproveri	voi rimproverate
Lei rimprovera	Loro rimproverano

Lui ha vergogna perchè la madre lo rimprovera.
He is ashamed because his mother scolds him.

---

rimuovere [ree-MUO-veh-reh] verb   **to remove**

io rimuovo	noi rimoviamo
tu rimuovi	voi rimovete
Lei rimuove	Loro rimuovono

Io rimuovo la sedia da qui e la metto là.
I remove the chair from here and I put it there.

---

riparare [ree-pa-RA-reh] verb   **to fix, to repair**

io riparo	noi ripariamo
tu ripari	voi riparate
Lei ripara	Loro riparano

Mio fratello ripara il giradischi.
My brother fixes the record player.

---

ripetere [ree-PEH-teh-reh] verb   **to repeat**

io ripeto	noi ripetiamo
tu ripeti	voi ripetete
Lei ripete	Loro ripetono

La maestra dice, "Ripetete la frase."
The teacher says, "Repeat the phrase."

---

riposarsi [ree-po-ZAR-see] verb   **to rest**

io mi riposo	noi ci riposiamo
tu ti riposi	voi vi riposate
Lei si riposa	Loro si riposano

Il ragazzo corre. Lui non vuole riposarsi.
The boy is running. He does not want to rest.

il ripostiglio [ree-pos-TEE-lyo] noun, masc.   **closet**

Il ripostiglio è vuoto.
The closet is empty.

---

risiedere [ree-ZYE-deh-reh] verb   **to reside, to live**

io risiedo	noi risediamo
tu risiedi	voi risedete
Lei risiede	Loro risiedono

Dove risiede Lei?
Where do you live?

---

il riso [REE-zo] noun, masc.   **rice**

Il riso è delizioso.
The rice is delicious.

---

rispondere [rees-PON-deh-reh] verb   **to answer, to reply**

io rispondo	noi rispondiamo
tu rispondi	voi rispondete
Lei risponde	Loro rispondono

La ragazzina non può rispondere alla domanda.
The little girl cannot answer the question.

---

la risposta [rees-POS-ta] noun, fem.   **answer, reply**

Io scrivo la risposta corretta nel quaderno.
I write the correct answer in the notebook.

---

il ristorante [rees-to-RAN-te] noun, masc.   **restaurant**

Il cameriere lavora in questo ristorante.
The waiter works in this restaurant.

---

ritornare [ree-tor-NA-reh] verb   **to return, to go back**

io ritorno	noi ritorniamo
tu ritorni	voi ritornate
Lei ritorna	Loro ritornano

Lui va alla lavagna e poi ritorna al suo posto.
He goes to the blackboard and then returns to his place.

---

il ritratto [re-TRA-to] noun, masc.   **photograph, picture**

Ci sono molti ritratti in questo libro.
There are many photographs in this book.

---

riuscire [ree-us-SCHEE-reh] verb   **to succeed**

io riesco	noi riusciamo
tu riesci	voi riuscite
Lei riesce	Loro riescono

Lui riesce a prendere un pesce.
He succeeds in catching a fish.

---

rivedere [ree-veh-DEH-reh] verb   **to see again**

io rivedo	noi rivediamo
tu rivedi	voi rivedete
Lei rivede	Loro rivedono

Io voglio rivedere il film.
I want to see the movie again.

---

la rivoltella [ree-vol-TEH-la] noun, fem.   **revolver, gun**

Il poliziotto ha una rivoltella.
The policeman has a revolver.

---

rompere [ROM-peh-reh] verb   **to break**

io rompo	noi rompiamo
tu rompi	voi rompete
Lei rompe	Loro rompono

Il ragazzo rompe il bicchiere.
The boy breaks the glass.

---

rosa [ROH-za] adjective   **pink**

Il colore rosa ti sta bene.
You look good in pink.

---

il rosbif [rohz-BEEF] noun, masc.   **roast beef**

Io vorrei un panino con rosbif, per piacere.
I would like a roast beef sandwich, please.

---

rosso [RO-so] adjective   **red**

Le automobili si fermano quando il semaforo è rosso.
The cars stop when the light is red.

---

rotolare [ro-to-LA-reh] verb   **to roll**

io rotolo	noi rotoliamo
tu rotoli	voi rotolate
Lei rotola	Loro rotolano

Lui fa rotolare un barile lungo la strada.
He rolls a barrel along the road.

---

la rotta [ROH-ta] noun, fem.   **route**

Che rotta fece Colombo per arrivare al nuovo mondo?
What route did Columbus take to reach the New World?

---

rovesciare [ro-veh-SCHEEA-reh] verb   **to overturn, to spill**

io rovescio	noi rovesciamo
tu rovesci	voi rovesciate
Lei rovescia	Loro rovesciano

Il bambino rovescia il piatto.
The child overturns the dish.

---

rubare [ru-BA-reh] verb   **to steal**

io rubo	noi rubiamo
tu rubi	voi rubate
Lei ruba	Loro rubano

Chi ha rubato la mia penna?
Who has stolen my pen?

---

il rumore [ru-MO-reh] noun, masc.   **noise**

I tuoni fanno un gran rumore.
Thunder makes a loud noise.

---

la ruota [ROU-ta] noun, fem.   **wheel**

Mio zio aggiusta la ruota della mia bicicletta.
My uncle fixes the wheel on my bicycle.

S

il sabato [sa-BA-toh] noun, masc.   **Saturday**

Facciamo un "pin-nic" sabato.
Let's have a picnic Saturday.

---

la sabbia [SA-bya] noun, fem.   **sand**

Alla spiaggia, io mi siedo sulla sabbia.
At the beach, I sit on the sand.

---

il sacco [SA-ko] noun, masc.   **sack**

Il sacco è bucato.
The sack has a hole in it.

---

saggio [SA-jo] adjective   **wise**

Il nonno è saggio.
Grandfather is wise.

---

la sala da bagno   **bathroom**
[sa-lah-dah-BA-nyoh] noun, fem.

La sala da bagno è grande.
The bathroom is large.

---

la sala da pranzo   **dining room**
[sa-la-da PRAN-zo] noun, fem.

La sala da pranzo è grande.
The dining room is large.

---

il sale [SA-leh] noun, masc.   **salt**

Mi passi il sale per piacere.
Please pass me the salt.

---

salire [sa-LEE-reh] verb   **to go up, to climb**

io salgo   noi saliamo
tu sali   voi salite
Lei sale   Loro salgono

Noi saliamo la scala della casa.
We climb up the stairs of the house.

---

il salone [sa-LO-neh] noun, masc.   **meeting room, hall**

Il salone è scuro.
The meeting room is dark.

---

il salotto [sa-LOH-to] noun, masc.   **living room**

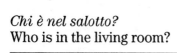

Chi è nel salotto?
Who is in the living room?

---

saltare [sal-TA-reh] verb   **to jump, to leap**

io salto	noi saltiamo
tu salti	voi saltate
Lei salta	Loro saltano

Il ragazzo salta dalle scale.
The boy jumps from the stairs.

---

la salute [sa-LU-teh] noun, fem.   **health**

La mamma dice, "I dolci non sono buoni per la salute."
Mother says, "Sweets are not good for your health."

---

salvare [sal-VA-reh] verb   **to rescue, to save**

io salvo	noi salviamo
tu salvi	voi salvate
Lei salva	Loro salvano

Lo zio mi salva quando io cado nell'acqua.
My uncle saves me when I fall into the water.

---

il sangue [SAN-gweh] noun, masc.   **blood**

Mi fa male il ginocchio. Guarda il sangue.
My knee hurts. Look at the blood.

---

sano e salvo [SA-no-eh-SAL-vo] idiom   **safe and sound**

Io ritorno a casa sano e salvo.
I return home safe and sound.

---

sapere [sa-PEH-reh] verb   **to know,**
to know how to

io so	noi sappiamo
tu sai	voi sapete
Lei sa	Loro sanno

Io so andare in bicicletta.
I know how to ride a bicycle.

---

il sapone [sa-POH-ne] noun, masc.   **soap**

Non dimenticare il sapone.
Don't forget the soap.

---

il sarto [SAR-to] noun, masc.   **tailor**

Il mio vicino è sarto.
My neighbor is a tailor.

---

sbagliare [sba-LYA-reh] verb   **to mistake, to make a mistake**

io sbaglio	noi sbagliamo
tu sbagli	voi sbagliate
Lei sbaglia	Loro sbagliano

Lei sbaglia quando dice questo.
You are mistaken when you say this.

---

lo sbaglio [SBA-lyo] noun, masc.   **mistake**

Faccio degli sbagli quando scrivo in italiano.
I make mistakes when I write in Italian.

---

scagliare [ska-LYA-reh] verb   **to throw**

io scaglio	noi scagliamo
tu scagli	voi scagliate
Lei scaglia	Loro scagliano

Lui mi scaglia un guanciale.
He throws a pillow at me.

---

la scala [SKA-la] noun, fem.   **staircase**

Io scendo la scala.
I am going down the staircase.

---

lo scantinato   **basement, cellar**
[skan-tee-NA-to] noun, masc.

Ci sono alcuni pacchi nello scantinato.
There are some packages in the basement.

---

la scarpa [SKAR-pa] noun, fem.   **shoe**
Le mie scarpe sono bagnate.
My shoes are wet.

---

la scatola [SKA-toh-la] noun, fem.   **box**
La scatola è grande.
The box is large.

---

scegliere [SHEH-lyeh-reh] verb   **to choose**

io scelgo	noi scegliamo
tu scegli	voi scegliete
Lei sceglie	Loro scelgono

Nell'esame, scegliete la risposta corretta.
In the exam, choose the correct answer.

---

scendere [SHEHN-deh-reh] verb   **to go down, to descend**

io scendo	noi scendiamo
tu scendi	voi scendete
Lei scende	Loro scendono

L'uomo scende le scale.
The man goes down the stairs.

---

la schiena [SKYEH-na] noun, fem.   **back**
È Roberto? Non lo so. Vedo solamente la schiena.
Is it Robert? I don't know. I only see his back.

---

la scienza [SHYEHN-za] noun, fem.   **science**
Mi piace andare alla classe di scienza.
I like to go to the science class.

---

la scienziata [shyehn-ZEEA-ta] noun, fem.   **scientist**

La scienziata ha fatto una grande scoperta.
The scientist made a great discovery.

lo scienziato [shyehn-ZEEA-to] noun, masc.   **scientist**

Io vorrei diventare scienziato.
I would like to become a scientist.

la scimmia [SHEE-meea] noun, fem.   **monkey**

La scimmia mangia una banana.
The monkey eats a banana.

sciocco [SHEEO-ko] adjective   **silly, foolish, stupid**

È una storia sciocca.
It is a silly story.

scivolare [shee-vo-LA-reh] verb   **to slip, to slide**

io scivolo	noi scivoliamo
tu scivoli	voi scivolate
Lei scivola	Loro scivolano

Noi scivoliamo sul ghiaccio d'inverno.
We slip on the ice in winter.

scontento [skon-TEHN-to] adjective   **unhappy**

Lui è scontento perchè non può giocare alla palla.
He is unhappy because he cannot play ball.

la scopa [SKOH-pa] noun, fem.   **broom**

Maria pulisce il pavimento con la scopa.
Mary cleans the floor with a broom.

la scrivania [skree-va-NEEA] noun, fem.   **desk**

La scrivania della maestra è grande.
The teacher's desk is large.

scrivere [SKREE-veh-reh] verb   **to write**

io scrivo	noi scriviamo
tu scrivi	voi scrivete
Lei scrive	Loro scrivono

La maestra dice, "Scrivi la data alla lavagna."
The teacher says, "Write the date on the blackboard."

---

la scuola [SKUOH-la] noun, fem.   **school**

Il giovedì non andiamo a scuola.
We do not go to school on Thursdays.

---

scuotere [SKUO-teh-reh] verb   **to shake**

io scuoto	noi scuotiamo
tu scuoti	voi scuotete
Lei scuote	Loro scuotono

La maestra scuote il dito verso il ragazzo.
The teacher shakes her finger at the child.

---

scuro [SKU-ro] adjective   **dark**

Ella porta un vestito azzurro scuro.
She is wearing a dark blue suit.

---

scusi [SKU-zee] idiom   **pardon me,**
                                                           excuse me

Mi scusi! È Sua la borsa, non è vero?
Pardon me! It's your bag, isn't it?

---

se [SEH] conjunction   **if, whether**

Voglio sapere se vieni o no.
I want to know whether you're coming or not.

---

sè [SAY] pronoun   **herself**

Venne da sè.
She came by herself.

sè [SAY] pronoun   **himself**

Lui l'ha fatto de sè.
He did it by himself.

---

il secchio [SEH-kyo] noun, masc.   **pail, bucket**

Il contadino riempie il secchio di latte.
The farmer fills the pail with milk.

---

secondo [seh-KON-do] preposition   **according to**

Secondo mio fratello, nevicherà domani.
According to my brother, it will snow
tomorrow.

secondo [seh-KON-do] adjective   **second**

Come si chiama il secondo mese dell'anno?
What is the name of the second month of
the year?

---

il sedano [SEH-da-no] noun, masc.   **celery**

Chi fa l'insalata con il sedano?
Who is making a salad with celery?

---

sedersi [seh-DEHR-see] verb   **to sit**

io mi siedo	noi ci sediamo
tu ti siedi	voi vi sedete
Lei si siede	Loro si siedono

La nonna si siede su una sedia.
Grandmother sits on a chair.

---

la sedia [SEH-deea] noun, fem.   **chair**

Questa sedia è troppo grande per me.
This chair is too large for me.

---

sedici [SEH-dee-chee] adjective   **sixteen**

Devo leggere sedici pagine stasera.
I must read sixteen pages tonight.

---

il sedile [seh-DEE-leh] noun, masc.   **seat**

Il sedile è rotto.
The seat is broken.

---

seduto [seh-DU-to] adjective   **seated**

Lui è seduto in una poltrona.
He is seated in an armchair.

---

la segretaria [seh-greh-TA-reea] noun, fem.   **secretary**

Ci è una segretaria in questo ufficio.
There is a secretary in this office.

---

il segreto [seh-GREH-to] noun, masc.   **secret**

Dimmi il segreto.
Tell me the secret.

---

seguire [seh-GWEE-reh] verb   **to follow**

io seguo	noi seguiamo
tu segui	voi seguite
Lei segue	Loro seguono

Gli studenti nella classe seguono la maestra.
The students in the class follow the teacher.

---

sei [seh-EE] adjective   **six**

Quante matite hai tu? Sei.
How many pencils do you have? Six.

selvaggio [sehl-VA-jo] adjective   **wild**

Gli animali selvaggi abitano nella foresta.
The wild animals live in the woods.

---

il semaforo [seh-MA-fo-ro] noun, masc.   **traffic light**

Si attraversa la strada quando il semaforo è verde.
One crosses the street when the traffic light is green.

---

sempre [SEHM-preh] adverb   **always**

Le foglie cadono sempre in autunno.
The leaves always fall in autumn.

---

il sentiero [sehn-TYEH-ro] noun, masc.   **path**

Il sentiero conduce al ponte.
The path leads to the bridge.

---

sentire [sehn-TEE-reh] verb   **to hear**

io sento   noi sentiamo
tu senti   voi sentite
Lei sente   Loro sentono

Io sento suonare il telefono.
I hear the telephone ring.

sentire l'odore di   **to smell**
        [sen-TEE-reh-loh-DO-reh-dee] idiom

Sento l'odore di un fiore.
I smell a flower.

---

sentirsi [sen-TEER-see] verb   **to feel**

io mi sento   noi ci sentiamo
tu ti senti   voi vi sentite
Lei si sente   Loro si sentono

Io non mi sento bene.
I don't feel well.

sentirsi di [sen-TEER-see-dee] idiom   **to feel like**

Non mi sento di fare questo lavoro.
I do not feel like doing this work.

---

senza [SEHN-za] preposition   **without**

Io vado in classe senza il mio amico. Lui è malato.
I go to class without my friend. He is ill.

---

la sera [SEH-ra] noun, fem.   **evening**

La sera io ascolto la musica.
In the evening I listen to music.

buona sera [BUO-na-SEH-ra] idiom   **good evening**

---

serio [SEH-reeo] adjective   **serious**

C'è un film serio al cinema.
There is a serious film at the movies.

---

la serpe [SEHR-peh] noun, fem.   **snake**

Io ho paura delle serpi.
I am afraid of snakes.

---

servire [sehr-VEE-reh] verb   **to serve**

io servo	noi serviamo
tu servi	voi servite
Lei serve	Loro servono

Io servo il pranzo.
I serve the dinner.

sessanta [seh-SAN-ta] adjective   **sixty**

Ci sono sessanta minuti in un'ora.
There are sixty minutes in an hour.

---

la seta [SEH-ta] noun, fem.   **silk**

Un abito di seta è costoso.
A silk suit is expensive.

---

la sete [SEH-teh] noun, fem.   **thirst**
avere sete [a-VEH-reh-SEH-teh] idiom   **to be thirsty**

Ha sete Lei? Sì, ho sete.
Are you thirsty? Yes, I am thirsty.

---

settanta [seh-TAN-ta] adjective   **seventy**

La nonna di Nunziata ha settant'anni.
Nancy's grandmother is seventy years old.

---

sette [SE-teh] adjective   **seven**

Ci sono sette mele.
There are seven apples.

---

settembre [seh-TEHM-breh] noun   **September**

Noi ritorniamo a scuola il primo settembre?
Do we return to school on September first?

---

la settimana [seh-tee-MA-na] noun, fem.   **week**

Ci sono sette giorni in una settimana.
There are seven days in a week.

---

sì [SEE] adverb   **yes**

Vuole dolci? Sì, certo!
Do you want any candy? Yes, of course!

---

sicuro [see-KU-ro] adjective   **sure, certain**

Sono sicuro che il treno arriverà in anticipo.
I am sure the train will arrive early.

---

si deve [see-DEH-veh] idiom   **one must**

Si deve andare a scuola.
One must go to school.

---

la sigaretta [see-ga-REH-ta] noun, fem.   **cigarette**

Fuma le sigarette tuo zio?
Does your uncle smoke cigarettes?

---

la signora [see-NO-ra] noun, fem.   **Mrs., madam, the lady**

La signora è molto gentile.
The lady is very kind.

il signore [see-NO-reh] noun, masc.   **Mr., the man**

Il droghiere si chiama Signor Palermo.
The grocer's name is Mr. Palermo.

---

la signorina [see-no-REE-na] noun, fem.   **Miss**

Signorina Marino? Lei è una buona maestra.
Miss Marino? You are a good teacher.

---

silenzioso [see-lehn-ZEEO-zo] adjective   **silent**

Il ragazzo è silenzioso.
The boy is silent.

---

simile [SEE-mee-leh] adjective   **similar, alike**

Le nostre cravatte sono simili.
Our ties are similar.

---

simpatico [seem-PA-tee-ko] adjective   **pleasant**

Lui è un uomo simpatico.
He is a pleasant man.

---

la sinistra [see-NEES-tra] adjective   **left**

Io also la mano sinistra.
I raise my left hand.

a sinistra [a-see-NEES-tra] idiom   **on the left,**
                                    to the left

L'albero è a sinistra della casa.
The tree is on the left of the house.

---

la slitta [SLEE-ta] noun, fem.   **sled**

Mi piace la mia slitta.
I like the sled.

---

snello [SNEH-lo] adjective   **thin**

La ragazza è snella.
The girl is thin.

---

il socio [SO-cho] noun, masc.   **member**

Lui è l'ultimo socio ad arrivare.
He is the last member to arrive.

---

la soda [SO-da] noun, fem.   **soda**

Io bevo la soda.
I drink soda.

---

il soffitto [SO-FEE-to] noun, masc.   **ceiling**

Il soffitto del castello è molto interessante.
The ceiling of the castle is very interesting.

---

sognare [SO-NA-reh] verb   **to dream**

io sogno	noi sogniamo
tu sogni	voi sognate
Lei sogna	Loro sognano

Io sogno di andare alla luna.
I dream of going to the moon.

---

il sogno [SOH-gno] noun, masc   **dream**
Non mi piace quel sogno.
I do not like that dream.

---

solamente [so-la-MEHN-teh] adverb   **only**
Ho solamente una lira.
I have only one lira.

---

il soldato [sol-DA-to] noun, masc.   **soldier**
Mio cugino è soldato.
My cousin is a soldier.

---

il sole [SOH-leh] noun, masc.   **sun**

A che ora sorge il sole?
At what time does the sun rise?

---

solo [SOH-lo] adjective   **alone**
Sono solo nel salone.
I am alone in the living room.

---

il sonno [SOH-no] noun, masc.   **sleep**
avere sono idiom   **to be sleepy**
Chi ha sonno?
Who is sleepy?

---

il soprabito [so-PRA-bee-to] noun, masc.   **overcoat**

Lei porta un soprabito caldo nell'inverno.
You wear a warm overcoat in the winter.

---

le soprascarpe   **overshoes**
    [so-pra-SKAR-peh] noun, fem., pl.

Piove. Devo mettermi le soprascarpe.
It's raining. I must put on my overshoes.

---

soprattutto [so-pra-TU-to] adverb   **above all**

Mi piace leggere soprattutto.
I like to read above all.

---

la sorella [so-REH-la] noun, fem.   **sister**

Mia zia è la sorella di mia madre.
My aunt is my mother's sister.

---

sorprendente   **surprising**
    [sor-prehn-DEHN-teh] adjective

È sorprendente ricevere una lettera da uno straniero.
It is surprising to receive a letter from a stranger.

---

la sorpresa [sor-PREH-sa] noun, fem.   **surprise**

Una sorpresa per me?
A surprise for me?

---

sorridere [so-REE-deh-reh] verb   **to smile**

io sorrido	noi sorridiamo
tu sorridi	voi sorridete
Lei sorride	Loro sorridono

Tu sorridi sempre quando ti do un pasticcino.
You always smile when I give you a cookie.

---

la sorta [SOR-tah] noun, fem.   **sort**
Che sorta di cosa è questa?
What sort of thing is this?

---

sorvegliare [sor-veh-LYA-reh] verb   **to look after,**
to watch over,
to supervise

io sorveglio   noi sorvegliamo
tu sorvegli   voi sorvegliate
Lei sorveglia   Loro sorvegliano

Lui sorveglia il lavoro.
He supervises the work.

---

sotto [SOH-to] adverb   **under**
La carota cresce sotto la terra.
The carrot grows under the ground.

---

la spalla [SPA-la] noun, fem.   **shoulder**
A Carlo gli fa male la spalla.
Carlo's shoulder hurts.

---

spartire [spar-TEE-reh] verb   **to divide, to separate**
io sparto   noi spartiamo
tu sparti   voi spartite
Lei sparte   Loro spartono

I ragazzi spartono i dolci.
The children divide the sweets.

---

spaventevole   **frightening**
            [spa-vehn-TEH-voh-leh] adjective
I tuoni sono spaventevoli.
Thunder is frightening.

---

lo spazio [SPA-tzyo] noun, masc.   **space**
Gli astronauti viaggiano nello spazio.
Astronauts travel in space.

---

lo spazzino [spa-TZEE-no] noun, masc.   **street cleaner**

Lo spazzino porta una scopa.
The street cleaner carries a broom.

---

la spazzola [SPA-tzoh-la] noun, fem.   **brush**
la spazzola per capelli noun, fem.   **hairbrush**
la spazzola da denti noun, fem.   **toothbrush**

*La spazzola per capelli è più grande della
spazzola da denti.*
The hairbrush is larger than the toothbrush.

---

spazzolarsi [spa-tzo-LAR-see] verb   **to brush oneself off**

io mi spazzolo	noi ci spazzoliamo
tu ti spazzoli	vo vi spazzolate
Lei si spazzola	Loro si spazzolano

Lui si spazzola il vestito ogni giorno.
He brushes off his suit every day.

---

lo spazzolino [spa-tzo-LEE-no] noun, masc.   **toothbrush**

Lo spazzolino è bianco.
The toothbrush is white.

---

lo specchio [SPEH-kyo] noun, masc.   **mirror**

Hai uno specchio?
Do you have a mirror?

---

specialmente [speh-chal-MEHN-te] adverb   **especially**

*Mi piace guardare la televisione, specialmente il
sabato mattina.*
I like to watch television, especially Saturday morning.

---

la specie [SPEH-che] noun, fem.   **kind**

Che specie di carne è questa?
What kind of meat is this?

---

spegnere [SPEH-neh-re] verb   **to turn off**

io spengo	noi spegniamo
tu spegni	voi spegnete
Lei spegne	Loro spengono

Io spengo la luce.
I turn off the light.

---

spendere [SPEHN-deh-reh] verb   **to spend (money)**

io spendo	noi spendiamo
tu spendi	voi spendete
Lei spende	Loro spendono

Spendiamo troppo per il divertimento.
We spend too much for entertainment.

---

sperare [speh-RA-reh] verb   **to hope**

io spero	noi speriamo
tu speri	voi sperate
Lei spera	Loro sperano

Io spero di ricevere un buon voto nella storia.
I hope to receive a good grade in History.

---

spesso [SPEH-so] adverb   **often**

Vado spesso in autobus.
I often take the bus.

---

la spiaggia [spee-A-ja] noun, fem.   **beach, shore**

Andiamo alla spiaggia in estate.
We go to the beach in summer.

---

spiegare [spye-GA-reh] verb   **to explain**

io spiego	noi spieghiamo
tu spieghi	voi spiegate
Lei spiega	Loro spiegano

Giovanna, mi puoi spiegare questa frase?
Joan, can you explain this sentence to me?

---

lo spillo [SPEE-lo] noun, masc.   **pin**

Il sarto usa molti spilli.
The tailor uses many pins.

---

gli spinaci [spee-NA-chee] noun, masc., pl.   **spinach**

Gli spinaci sono verdi.
Spinach is green.

---

spingere [SPEEN-jeh-reh] verb   **to push**

io spingo	noi spingiamo
tu spingi	voi spingete
Lei spinge	Loro spingono

Lui mi spinge!
He is pushing me!

---

sporco [SPOR-ko] adjective   **dirty**

Le scarpe sono sporche.
The shoes are dirty.

---

lo sport [SPORT] noun, masc.   **sport**

Qual'è il tuo sport preferito?
What is your favorite sport?

---

sposare [spo-ZA-reh] verb   **to marry**

io sposo	noi sposiamo
tu sposi	voi sposate
Lei sposa	Loro sposano

Il principe sposa la principessa.
The prince marries the princess.

---

la spremuta di arancia   **orange juice**
    [spreh-MU-ta-dee-ARAN-cha] noun, fem.

Io bevo la spremuta di arancia ogni mattina.
I drink orange juice every morning.

---

lo spuntino [spun-TEE-no] noun, masc.   **snack**

Ciao, mamma! Avete uno spuntino per noi?
Hello, Mother! Do you have a snack for us?

---

la squadra [SKWA-dra] noun, fem.   **team**

Siamo tutti membri della stessa squadra.
We are all members of the same team.

---

squisito [skwee-ZEE-to] adjective   **exquisite, delicious**

La torta è squisita.
The cake is delicious.

---

la stagione [sta-JEEOH-neh] noun, fem.   **season**

La primavera è una bella stagione.
Spring is a beautiful season.

---

stanco [STAN-ko] adjective   **tired**

Dopo due ore di lavoro nel giardino sono stanco.
After two hours of work in the garden I am tired.

---

la stanza [STAN-za] noun, fem.   **room**

Ci sono due stanze nel nostro appartamento.
There are two rooms in our apartment.

---

stare [STA-reh] verb   **to stay, to be**

io sto	noi stiamo
tu stai	voi state
Lei sta	Loro stanno

Io vorrei stare alla casa della nonna.
I would like to stay at my grandmother's house.

---

stare in piedi   **standing (to be)**
    [STA-reh-een-PYEH-dee] idiom

Nella classe la maestra sta in piedi.
The teacher stands in the classroom.

---

stare zitto [STA-reh-ZEE-to] idiom   **to be quiet**

Mi dicono sempre, "Stai zitto."
They always tell me, "Be quiet."

---

lo stato [STA-to] noun, masc.   **state**

Da quale stato viene Lei?
Which state do you come from?

---

la stazione [sta-ZEEOH-neh] noun, fem.   **station**

Quante stazioni ci sono?
How many stations are there?

---

la stella [STEH-la] noun, fem.   **star**

Quante stelle ci sono nel cielo?
How many stars are there in the sky?

stesso [STEH-so] adjective **same**

La mia amica ed io portiamo lo stesso vestito.
My friend and I are wearing the same dress.

---

stirare [stee-RA-reh] verb **to iron, to press**

io stiro	noi stiriamo
tu stiri	voi stirate
Lei stira	Loro stirano

Mia madre stira la camicia del babbo con un ferro.
My mother presses my father's shirt with an iron.

---

lo stivale [stee-VA-leh] noun, masc. **boot**

Quando nevica, mi metto gli stivali.
When it snows, I put my boots on.

---

stolto [STOL-to] adjective **foolish, stupid**

Il ragazzo è stolto.
The boy is foolish.

---

la storia [STOH-reea] noun, fem. **history, story**

Ti piace studiare la storia?
Do you like to study history?

---

la strada [STRA-da] noun, fem. **road, street**

Come si chiama questa strada?
What is the name of this road?

---

lo straniero [stra-NYEH-ro] noun, masc. **stranger**

La mamma dice, "Non parlare agli stranieri."
Mother says, "Do not speak to strangers."

---

straniero [stra-NYEH-roh] adjective **foreign**

Vorrei viaggiare a paesi stranieri.
I would like to travel to foreign countries.

---

strano [STRA-no] adjective   **odd, strange**
Ecco un animale strano.
Here is a strange animal.

---

straordinario   **extraordinary, great**
    [stra-or-dee-NA-reeo] adjective
Noi faremo un viaggio straordinario in un razzo.
We will take an extraordinary trip in a rocket.

---

stretto [STREH-to] adjective   **narrow, tight**
La strada è stretta.
The road is narrow.

---

lo studente [stu-DEHN-tee] noun, masc.   **student**
Mio cugino è studente all'università.
My cousin is a student at the university.

la studentessa [stu-dehn-TEH-sa] noun, fem.   **student**
La studentessa è molto intelligente.
The student is very smart.

---

studiare [stu-DEEA-reh] verb   **to study**

  io studio   noi studiamo
  tu studi   voi studiate
  Lei studia   Loro studiano

Devo studiare stasera.
I must study tonight.

---

la stufa [STU-fa] noun, fem.   **stove**
La mamma cucina su una stufa nuova.
Mother cooks on a new stove.

---

stupido [STU-pee-do] adjective   **stupid, foolish**
L'elefante è stupido o intelligente?
Is the elephant stupid or intelligent?

---

stuzzicare [stu-tzee-KA-reh] verb   **to tease**

io stuzzico	noi stuzzichiamo
tu stuzzichi	voi stuzzicate
Lei stuzzica	Loro stuzzicano

I ragazzi si stuzzicano.
The boys tease one another.

su [SU] preposition   **on**

La riga è sulla scrivania.
The ruler is on the desk.

subito [SU-bee-to] adverb   **immediately,**
quickly

Vieni qua, subito.
Come here, quickly.

succede [su-CHEH-deh] idiom   **happens**

Che succede?
What is happening?

il sud [SUD] noun, masc.   **south**

Napoli è nel sud dell'Italia.
Naples is in the south of Italy.

il sugo [SU-go] noun, masc.   **juice, sauce**
sugo di mela   **apple juice**
sprematura d'arancia   **orange juice**

Mi piace la sprematura d'arancia.
I like orange juice.

Il sugo è rosso.
The juice is red.

suo, Suo [SU-o] adjective, masc, sing.   **his, your**
suoi, Suoi [SUO-ee] adjective, masc., pl.   **his, your**

sua, Sua [SU-a] adjective, fem., sing.   **her, your**
sue, Sue [SU-eh] adjective, fem., pl.   **her, your**

Dov'è il Suo registratore?
Where is your tape recorder?

I Suoi libri sono qui.
Your books are here.

La Sua casa è nuova.
Your house is new.

Le sue scarpe sono belle.
Her shoes are pretty.

---

suonare [su-o-NA-reh] verb   **to play (an instrument)**

io suono	noi suoniamo
tu suoni	voi suonate
Lei suona	Loro suonano

Il mio amico suona il pianoforte.
My friend plays the piano.

suonare verb   **to ring**

Il telefono suona.
The telephone rings.

---

il supermercato   **supermarket**
       [su-pehr-mehr-KA-to] noun, masc.

Il supermercato è un gran mercato.
The supermarket is a large market.

---

la sveglia [SVEH-lya] noun, fem.   **clock**

La sveglia suona troppo forte.
The clock rings too loudly.

---

svegliarsi [sveh-LYAR-see] verb   **to wake up**

io mi sveglio	noi ci svegliamo
tu ti svegli	voi vi svegliate
Lei si sveglia	Loro si svegliano

Noi ci svegliamo presto.
We wake up early.

svelto [SVEHL-to] adverb   **quickly, fast**
Mio fratello cammina troppo svelto.
My brother walks too fast.

T

il tacchino [ta-KEE-no] noun, masc.   **turkey**
Ti piace mangiare il tacchino?
Do you like to eat turkey?

tagliare [ta-LYA-reh] verb   **to cut**

io taglio	noi tagliamo
tu tagli	voi tagliate
Lei taglia	Loro tagliano

Il babbo taglia il pane con un coltello.
Father cuts the bread with a knife.

il tamburo [tam-BU-ro] noun, masc.   **drum**

Faccio chiasso quando suono il tamburo.
I make noise when I play the drum.

tanto [TAN-to] adverb   **so much**
Tanto lavoro!
So much work!

tanti [TAN-tee] adjective   **so many**
Tanti libri!
So many books!

il tappeto [ta-PEH-to] noun, masc.   **rug**

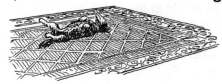

Il tappeto è sul pavimento.
The rug is on the floor.

---

tardi [TAR-dee] adjective   **late**
Lui è arrivato tardi.
He arrived late.

essere in ritardo (personal)   **to be late**
Sono in ritardo. Devo affrettarmi.
I am late. I must hurry.

essere tardi (impersonal)   **to be late**
È tardi. Affrettiamoci.
It is late. Let's hurry.

---

la tartaruga [tar-ta-RU-ga] noun, fem.   **tortoise, turtle**
La tartaruga cammina lentamente.
The turtle walks slowly.

---

la tasca [TAS-ka] noun, fem.   **pocket**
Ho della moneta in tasca.
I have some money in my pocket.

---

il tassì [ta-SEE] noun, masc.   **taxi**
Mio fratello porta un tassì.
My brother drives a taxi.

---

la tavola [TA-vo-la] noun, fem.   **table**
Il piatto è sulla tavola.
The dish is on the table.

---

la tazza [TA-tza] noun, fem.   **cup**

Io metto la tazza sul piattino.
I put the cup on the saucer.

---

il tazzone [ta-TZOH-neh] noun, masc.   **bowl**

Il tazzone è giallo.
The bowl is yellow.

---

il tè [TAY] noun, masc.   **tea**

Lei vuole il tè o il caffè?
Would you like tea or coffee?

---

il teatro [teh-A-tro] noun, masc.   **theater**

Il teatro è grande.
The theater is large.

---

il technico di computer   **computer technician**
        [TEK-ni-ko] noun, masc.

Il technico di computer è un esperto nel campo.
The computer technician is an expert in the field.

---

il telefono [teh-LEH-fo-no] noun, masc.   **telephone**

Mi piace parlare al telefono.
I like to talk on the telephone.

---

la televisione   **television**
        [teh-leh-vee-ZEEO-neh] noun, fem.

Mio fratello e io guardiamo la televisione.
My brother and I watch television.

l'antenna [an-TE-na] noun, fem.   **TV antenna**

*Le antenne delle televisioni sono sul tetto
dell' edificio.*
The TV antennas are on the roof of the building.

---

il televisore [teh-leh-vee-soH-reh] noun, masc.   **TV set**

Il televisore non funziona.
The TV set does not work.

il temperino   **pocketknife**
     [tem-peh-REE-no] noun, masc.

Hai un temperino?
Do you have a pocketknife?

la tempesta [tehm-PEHS-ta] noun, fem.   **storm**

Non ci sono classi a causa della tempesta.
There are no classes because of the storm.

il tempo [TEHM-po] noun, masc.   **weather**

Che tempo fa? Il sole splende.
What is the weather? The sun is shining.

la tenda [TEHN-da] noun, fem.   **tent**

Quando vado in campeggio, io dormo in una tenda.
When I go camping, I sleep in a tent.

la tendina [tehn-DEE-na] noun, fem.   **curtain**

Le tendine nella mia camera sono troppo lunghe.
The curtains in my room are too long.

tenero [TEH-neh-ro] adjective   **soft, tender**

La carne è tenera.
The meat is tender.

la terra [TEH-ra] noun, fem.   **earth, dirt, soil, ground**

Quando l'astronauta è sulla luna, lui vede la terra.
When the astronaut is on the moon, he sees the earth.

---

il terremoto [te-reh-MO-toh] noun, masc.   **earthquake**

Il terremoto fu terribile.
The earthquake was terrible.

---

terribile [teh-REE-bee-leh] adjective   **dreadful, terrible**

Ho un cattivo voto. Terribile!
I have a bad grade. Dreadful!

---

la testa [TEH-sta] noun, fem.   **head**

Il soldato gira la testa.
The soldier turns his head.

---

il tetto [TEH-to] noun, masc.   **roof**

Io guardo la città dal tetto della casa.
I look at the city from the roof of the house.

---

ti [TEE] pronoun   **you**

Ti do un po' di latte.
I give you a little milk.

---

la tigre [TEE-greh] noun, fem.   **tiger**

La tigre è svelta.
The tiger is swift.

---

il tipo [TEE-po] noun, masc.   **type, kind**

Mi piace questo tipo di macchina.
I like this type of car.

---

tirare [tee-RA-reh] verb **to pull**

io tiro	noi tiriamo
tu tiri	voi tirate
Lei tira	Loro tirano

Lei tira un sacco di patate.
You pull a sack of potatoes.

---

toccare [to-KA-reh] verb **to touch**

io tocco	noi tocchiamo
tu tocchi	voi toccate
Lei tocca	Loro toccano

"Vietato Toccare le Pitture."
"Do Not Touch the Paintings."

---

togliersi [to-LYER-see] verb **to remove, to take off**

io mi tolgo	noi ci togliamo
tu ti togli	voi vi togliete
Lei si toglie	Loro si tolgono

Lui si toglie il cappello in casa.
He removes his hat in the house.

---

tondo [TON-do] adjective **round**

Il piatto è tondo.
The plate is round.

---

il topo [TOH-po] noun, masc. **mouse, rat**

Ci sono dei topi in questo campo.
There are mice in this field.

---

la torre [TOH-reh] noun, fem. **tower**

La Torre Pendente di Pisa è bella.
The Leaning Tower of Pisa is beautiful.

---

la torta [TOR-ta] noun, fem.   **cake, pie**

Ti piace la torta di mele?
Do you like apple pie?

---

torto [TOR-to] adjective   **wrong**
avere torto idiom   **to be wrong**

Voi dite che fa bel tempo? Avete torto, piove.
You say it's nice weather? You're wrong, it's raining.

---

tossire [to SEE-reh] verb   **to cough**

io tossisco	noi tossiamo
tu tossisci	voi tossite
Lei tossisce	Loro tossiscono

Il ragazzo tossisce. Ha un raffreddore.
The boy is coughing. He has a cold.

---

la tovaglia [to-VA-lya] noun, fem.   **tablecloth**

Mia zia mette la tovaglia sulla tavola.
My aunt puts the tablecloth on the table.

---

il tovagliolo [to-va-LYO-lo] noun, masc.   **napkin**

Ci sono quattro tovaglioli sul tavolo.
There are four napkins on the table.

---

il traffico [TRA-fee-ko] noun, masc.   **traffic**

Il traffico si ferma per il segnale rosso.
Traffic stops for the red light.

---

tramontare [tra-mon-TA-reh] verb   **to set (sun)**

io tramonto	noi tramontiamo
tu tramonti	voi tramontate
Lei tramonta	Loro tramontano

Il sole tramonta presto d'inverno.
The sun sets early in winter.

---

tranquillo [tran-KWEE-lo] adjective   **tranquil, quiet, calm**

Mi piace andare a pescare quando l'acqua è tranquilla.
I like to go fishing when the water is calm.

---

il transatlantico   **ocean liner**
    [tran-zat-LAN-tee-ko] noun, masc.

Il transatlantico non funziona più.
The ocean liner does not run anymore.

---

tra poco [tra-PO-ko] adverb   **soon**

Il postino arriverà tra poco.
The mailman will arrive soon.

---

trascinare [tras-chee-NA-reh] verb   **to drag**

io trascino	noi trasciniamo
tu trascini	voi trascinate
Lei trascina	Loro trascinano

Lui trascina un sacco di patate.
He drags a sack of potatoes.

---

la trasmissione   **broadcast**
    [trahs-MEESS-sion-eh] noun, fem.

A che ora è la trasmissione?
At what time is the broadcast?

---

tre [TREH] adjective   **three**

Ci sono tre bicchieri sulla tavola.
There are three glasses on the table.

---

tredici [TREH-dee-chee] adjective   **thirteen**

Ci sono tredici scalini nella scala.
There are thirteen steps in the stairs.

---

il treno [TREH-no] noun, masc.   **train**

Giochiamo con il mio treno elettrico.
Let's play with my electric train.

---

trenta [TREHN-ta] adjective   **thirty**

Quali mesi hanno trenta giorni?
Which months have thirty days?

---

triste [TREE-steh] adjective   **sad**

Perchè sei triste?
Why are you sad?

---

troppo [TROH-po] adverb   **too much, too many**

La ragazza dice, "Questo è troppo per me."
The girl says, "This is too much for me."

---

trovare [tro-VA-reh] verb   **to find**

io trovo	noi troviamo
tu trovi	voi trovate
Lei trova	Loro trovano

Dov'è l'altro guanto? Non lo posso trovare.
Where is the other glove? I cannot find it.

---

tuo [TU-oh] adjective, masc., sing.   **your**
tuoi [TUO-ee] adjective, masc., pl.   **your**
tua [TU-ah] adjective, fem., sing.   **your**
tue [TU-eh] adjective, fem., pl.   **your**

Tuo cugino è arrivato.
Your cousin has arrived.

Tua cugina è alta.
Your cousin is tall.

I tuoi cugini sono pronti.
Your cousins are ready.

Le tue cugine sono belle.
Your cousins are pretty.

il tuono [TUOH-no] noun, masc.   **thunder**

Dopo il fulmine si sente il tuono.
After the lightning, we hear the thunder.

---

il turno [TUR-no] noun, masc.   **turn**

È il mio turno.
It is my turn.

---

tutti [TU-tee] pronoun   **everybody, all**

Tutti sono arrivati.
Everybody has arrived.

tutto [TU-to] pronoun   **everything, all**

Tutto è pronto.
Everything is ready.

U

ubbidire [u-bee-DEE-reh] verb   **to obey**

io ubbidisco	noi ubbidiamo
tu ubbidisci	voi ubbidite
Lei ubbidisce	Loro ubbidiscono

Quando sono beneducato, ubbidisco ai miei genitori.
When I am well-behaved, I obey my parents.

---

l'uccello [u-CHEH-lo] noun, masc.   **bird**

L'uccello canta molto bello.
The bird sings very beautifully.

---

uccidere [u-CHEE-deh-reh] verb   **to kill**

io uccido	noi uccidiamo
tu uccidi	voi uccidete
Lei uccide	Loro uccidono

La mamma uccide la mosca.
Mother kills the fly.

---

l'ufficio [u-FEE-cho] noun, masc.   **office**

Ecco l'ufficio di una grande ditta.
Here is the office of a large company.

---

l'ufficio postale noun, masc.   **post office**

Tu vai all'ufficio postale per spedire un pacco.
You go to the post office to mail a package.

---

uguale [u-GWA-leh] adjective   **equal**

Queste due cose sono uguali.
These two things are equal.

---

ultimo [UL-tee-moo] adjective   **last**

Paolo è l'ultimo a sedersi al tavolo.
Paul is the last one to sit down at the table.

---

umido [U-mee-do] adjective   **humid,**
                                                                   damp

Il mio costume da bagno è umido.
My bathing suit is damp.

---

un [UN] indefinite article, masc.   **a, an**
un' [UN] indefinite article, fem.   **a, an**
uno [U-no] indefinite article, masc.   **a, an**
una [U-na] indefinite article, fem.   **a, an**

Un gatto è nell'albero.
A cat is in the tree.

Io porto una cravatta.
I am wearing a tie.

---

uno [U-no] adjective, masc.   **one**
una [U-na] adjective, fem.   **one**

C'è soltanto una scimmia sull'albero.
There is only one monkey in the tree.

---

un'altra volta [u-NAL-tra-VOHL-ta] adverb   **once again**

Vado al cinema un'altra volta.
I go to the movies once again.

---

undici [UN-dee-chee] adjective   **eleven**

Il contadino ha undici galline.
The farmer has eleven chickens.

---

l'unghia [UN-gya] noun, fem.   **nail (finger)**

Le mie unghie sono sporche.
My fingernails are dirty.

---

unito [u-NEE-to] adjective   **united**

Queste due nazioni sono unite.
These two countries are united.

le Nazioni Unite   **United Nations**
        [na-ZEEOH-nee-u-NEE-teh] noun, fem., pl.

Il palazzo delle Nazioni Unite è a New York.
The United Nations building is in New York.

gli Stati Uniti   **United States**
        [STA-tee-u-NEE-tee] noun, masc., pl.

Io sono cittadino degli Stati Uniti.
I am a citizen of the United States.

---

l'università [u-nee-vehr-see-TA] noun, fem.   **university**

Quest' università è grande.
This university is large.

209

l'uomo [UO-mo] noun, masc., sing.   **man**
gli uomini [UO-mee-nee] noun, masc., pl.   **men**
L'uomo viene ad aggiustare il televisore.
The man comes to fix the TV set.

---

l'uovo [UO-vo] noun, masc., sing.   **egg**
L'uovo è bianco.
The egg is white.

le uova [UO-va] noun, fem., pl.   **eggs**

Quante uova vedi tu nel nido?
How many eggs do you see in the nest?

---

usare [u-SA-reh] verb   **to use**

io uso	noi usiamo
tu usi	voi usate
Lei usa	Loro usano

Io uso questo libro ogni giorno.
I use this book every day.

---

utile [U-tee-leh] adjective   **useful**
Alcuni insetti sono utili.
Some insects are useful.

---

l'uva [U-va] noun, fem.   **grape**
Abbiamo l'uva.
We have grapes.

V

va bene [va-BEH-neh] idiom   **alright, okay**
Vuoi giocare con me? Va bene.
Do you want to play with me? Alright.

---

le vacanze [va-KAN-zeh] noun, fem., pl.   **vacation**
vacanze estive noun, fem., pl.   **summer vacation**
Dove vai durante le vacanze estive?
Where do you go during summer vacation?

---

la vacca [VA-ka] noun, fem.   **cow**
La vacca è nel campo.
The cow is in the field.

---

vaccinare [va-chee-NA-reh] verb   **to vaccinate**

io vaccino	noi vacciniamo
tu vaccini	voi vaccinate
Lei vaccina	Loro vaccinano

Io ho paura quando il dottore mi vaccina.
I am afraid when the doctor vaccinates me.

---

la vaccinazione   **vaccination**
    [va-chee-na-TSEE-o-neh] noun, fem.
Le vaccinazioni sono importanti.
Vaccinations are important.

---

il vagone [va-GOH-neh] noun, masc.   **wagon, car (train)**
Questo treno ha cinque vagoni.
This train has five cars.

---

la valigia [va-LEE-ja] noun, fem.   **suitcase**
Io metto i panni nella valigia.
I put my clothes in the suitcase.

---

la valle [VA-leh] noun, fem.   **valley**

Ci sono molti fiori nella valle.
There are many flowers in the valley.

---

vaniglia [va-NEE-lya] adjective   **vanilla**

Mi piace il gelato vaniglia.
I like vanilla ice cream.

---

la vasca da pesci   **fish tank**
    [VA-sca-da-PE-shee] noun, fem.

Ci sono alcuni pesci rossi nella vasca da pesci.
There are some goldfish in the fish tank.

---

vecchio [VEH-kyo] adjective   **old**

Il libro è vecchio e la penna anche è vecchia.
The book is old and the pen, too, is old.

---

vedere [veh-DEH-reh] verb   **to see**

  io vedo   noi vediamo
  tu vedi   voi vedete
  Lei vede   Loro vedono

Io vedo l'aeroplano nel cielo.
I see the plane in the sky.

---

veloce [veh-LOH-cheh] adjective   **fast**

Il cane è veloce quando corre appresso a un gatto.
The dog is fast when it runs after a cat.

---

vendere [VEHN-deh-reh] verb   **to sell**

  io vendo   noi vendiamo
  tu vendi   voi vendete
  Lei vende   Loro vendono

Vendono medicine in questo negozio.
They sell medicine in this store.

212

---

venerdi [veh-nehr-DEE] noun, masc.   **Friday**

Cosa mangiamo il venerdi? Il pesce!
What do we eat on Friday? Fish!

---

venire [veh-NEE-reh] verb   **to come**

io vengo	noi veniamo
tu vieni	voi venite
Lei viene	Loro vengono

Mio padre viene dal lavoro alle sei.
My father comes home from work at 6 o'clock.

---

venti [VEHN-tee] adjective   **twenty**

Dieci più dieci fanno venti.
Ten and ten make twenty.

---

il ventilatore [vehn-tee-la-TOH-reh] noun, masc.   **fan**

Quando fa caldo usiamo il ventilatore.
When it is warm we use the fan.

---

il vento [VEHN-to] noun, masc.   **wind**

Tira vento e io perdo il cappello.
The wind is blowing and I lose my hat.

---

verde [VEHR-deh] adjective   **green**

Quando la banana non è matura, è verde.
When the banana is not ripe, it is green.

---

la verdura [vehr-DU-ra] noun, fem.   **vegetables**

La verdura è squisita con la carne.
Vegetables are delicious with meat.

---

il verme [VEHR-meh] noun, masc.   **worm**

C'è un verme nella mela.
There is a worm in the apple.

---

verniciare   **to paint (walls of a home)**
   [vehr-nee-CHA-reh] verb

io vernicio	noi verniciamo
tu vernici	voi verniciate
Lei vernicia	Loro verniciano

Mio padre vernicia la cucina.
My father paints the kitchen.

---

vero [VEH-ro] adjective   **true**

È una storia vera.
It's a true story.

---

versare [vehr-SA-reh] verb   **to pour**

io verso	noi versiamo
tu versi	voi versate
Lei versa	Loro versano

Margherita versa il caffè in una tazza.
Marguerite pours coffee in a cup.

---

verso [VEHR-so] preposition   **toward**

Noi andiamo verso l'albergo.
We go toward the hotel.

---

vestirsi [vehs-TEER-see] verb   **to dress**

io mi vesto	noi ci vestiamo
tu ti vesti	voi vi vestite
Lei si veste	Loro si vestono

Io mi alzo, io mi vesto, io vado a scuola.
I get up, I dress, I go to school.

---

il vestito [vehs-TEE-to] noun, masc.   **dress, suit**

Il vestito della mia bambola è sporco.
My doll's dress is dirty.

---

la vetrina [veh-TREE-na] noun, fem.   **store window**

Andiamo a vedere le cose nella vetrina.
Let's go and look at the things in the store window.

---

il vetro [VEH-tro] noun, masc.   **glass**

Il vetro è rotto.
The glass is broken.

---

la via [VEE-a] noun, fem.   **street, road, way**

La Via Appia Nuova è a Roma.
The New Appian Way is in Rome.

---

via aerea [VEE-a-AEH-reea] idiom   **airmail**

La lettera fu spedita via aerea.
The letter was sent by airmail.

---

viaggiare [veea-JA-reh] verb   **to travel**

io viaggio	noi viaggiamo
tu viaggi	voi viaggiate
Lei viaggia	Loro viaggiano

Tu viaggi in automobile o in apparecchio?
Do you travel by car or by plane?

---

il viaggiatore [veea-ja-TOH-reh] noun, masc.   **traveler**

Il viaggiatore è stanco.
The traveler is tired.

---

il viaggio [VEEA-jo] noun, masc.   **trip**

Noi facciamo un viaggio al castello.
We take a trip to the castle.

il giro [JEE-ro] noun, masc.   **trip**

Io vorrei fare un giro del mondo.
I would like to take a trip around the world.

---

il viale [VEEA-leh] noun, masc.   **boulevard**

A Firenze, si va a passeggio a Viale Michelangelo.
In Florence, one goes strolling on Michelangelo Boulevard.

il vicino [vee-CHEE-no] noun, masc.   **neighbor**

Il mio vicino Bernardo abita vicino a me.
My neighbor Bernard lives near me.

vicino a [vee-CHEE-no-a] adjective   **near**

Milano non è vicino al mare.
Milan is not near the sea.

è vietato [EH-vyeh-TA-to] idiom   **it is forbidden**

È vietato passare qui.
It is forbidden to pass here.

vietato entrare   **no admittance**
    [vyeh-TA-to-ehn-TRA-reh] idiom

"Vietato Entrare." Non possiamo entrare.
"No Admittance." We cannot enter.

il vigile del fuoco   **fireman**
    [VEE-jee-leh-dehl-FUO-ko] noun, masc.

Il vigile del fuoco è forte.
The fireman is strong.

il villaggio [vee-LA-jo] noun, masc.   **village**

Mio cugino abita in un villaggio in campagna.
My cousin lives in a village in the country.

vincere [VEEN-cheh-reh] verb   **to win**

io vinco	noi vinciamo
tu vinci	voi vincete
Lei vince	Loro vincono

La nostra squadra vince.
Our team wins.

il vincitore [veen-chee-TOH-reh] noun, masc.   **winner**

Giovanni è il vincitore della corsa.
John is the winner of the race.

il vino [VEE-no] noun, masc.   **wine**

Il cameriere porta il vino.
The waiter brings the wine.

la violetta [vee-o-LEH-ta] noun, fem.   **violet**

La violetta è un bel fiore.
The violet is a pretty flower.

il violino [vee-o-LEE-no] noun, masc.   **violin**

Il musicista suona il violino.
The musician plays the violin.

visitare [vee-zee-TA-reh] verb   **to visit**

io visito	noi visitiamo
tu visiti	voi visitate
Lei visita	Loro visitano

I miei genitori visitano la mia scuola.
My parents visit my school.

la vita [VEE-ta] noun, fem.   **waist**

Lei ha una bella cinta alla vita.
You have a nice belt around your waist.

la vita [VEE-ta] noun, fem. **life**

La vita è bella.
Life is beautiful.

---

vivere [VEE-veh-reh] verb **to live**

io vivo	noi viviamo
tu vivi	voi vivete
Lei vive	Loro vivono

Viviamo bene in America.
We live well in America.

---

il vocabolario dictionary, vocabulary
[vo-ka-bo-LA-reeo] noun, masc.

Questo vocabolario è nuovo.
This dictionary is new.

---

la voce [VO-cheh] noun, fem. **voice**

La voce di mia zia è dolce.
My aunt's voice is sweet.

ad alta voce idiom **aloud, in a loud voice**

Il ragazzo legge ad alta voce.
The boy reads aloud.

a bassa voce idiom **softly, in a low voice**

Il guidice parla a bassa voce.
The judge speaks softly.

---

volare [VO-LA-reh] verb **to fly**

io volo	noi voliamo
tu voli	voi volate
Lei vola	Loro volano

Il pilota vola nell'apparecchio.
The pilot flies in the plane.

volere [vo-LEH-reh] verb   **to want**

io voglio	noi vogliamo
tu vuoi	voi volete
Lei vuole	Loro vogliono

Il bambino piange perchè vuole il suo giocattolo.
The child cries because it wants its toy.

---

volere dire   **to mean**
    [vo-LEH-reh-DEE-reh] idiomatic expression

Che vuol dire questa parola?
What does this word mean?

---

la volpe [VOHL-peh] noun, fem.   **fox**

La volpe corre velocemente.
The fox runs quickly.

---

la volta [VOHL-ta] noun, fem.   **time**

Bussano alla porta tre volte.
They knock on the door three times.

---

vorrei [vo-REH-ee] verb   **I would like**

Io vorrei fare una passeggiata.
I would like to take a stroll.

vorrebbe [vo-REH-beh] verb   **he, she, you would like**

Vorrebbe Lei venire con me?
Would you like to come with me?

vorrebbero [vo-REH-beh-ro] verb   **they would like**

Vorrebbero loro provare questo?
Would they like to try this?

---

il voto [vo-to] noun, masc.   **mark (in school)**

Tu hai buoni voti?
Do you have good grades?

---

il vulcano [vul-KA-no] noun, masc.   **volcano**

L'Italia ha vari vulcani.
Italy has several volcanoes.

vuoto [VUO-to] adjective   **empty**

Il cassetto è vuoto.
The drawer is empty.

Z

la zampa [ZAM-pa] noun, fem.   **paw**

Il leone ha quattro zampe.
The lion has four paws.

la zanzara [zan-ZA-ra] noun, fem.   **mosquito**

La zanzara mi ha punto.
The mosquito has bitten me.

la zebra [ZEH-bra] noun, fem.   **zebra**

La zebra è una bell'animale.
The zebra is a beautiful animal.

lo zero [ZEH-ro] noun, masc.   **zero**

C'è uno zero nel numero dieci.
There is a zero in the number ten.

la zia [ZEE-a] noun, fem.   **aunt**

Mia zia è commessa.
My aunt is a saleslady.

lo zio [ZEE-o] noun, masc. **uncle**

Mio zio è il fratello di mia madre.
My uncle is my mother's brother.

lo zoo [ZOH] noun, masc. **zoo**

Ai ragazzi piace lo zoo.
Children like the zoo.

il giardino zoologico noun, masc. **zoo**

Mi piace guardare le tigri al giardino zoologico.
I like to look at the tigers at the zoo.

la zucca [ZU-ka] noun, fem. **pumpkin**

Questa è una grande zucca.
This is a large pumpkin.

lo zucchero [ZU-keh-ro] noun, masc. **sugar**

La mamma serve lo zucchero con il tè.
Mother serves sugar with the tea.

English-Italian

(Inglese-Italiano)

Chiave Alla Pronuncia Inglese

(per quelli che parlano italiano)

Note

1. Ci sono alcuni suoni in inglese che non esistono in italiano.

2. Generalmente, i vocali in inglese son molto brevi.

3. Quando si indica che un suono inglese suona un po' come un suono italiano, è una approssimazione…non è esatto.

CONSONANTI		
L'ortografia inglese	Simbolo fonemico	Suona un po' come la parola italiana
b	b	burro
k	c	casa
ch	ch, tch	ciao
d	d	dente
f	f	freddo
g	g	gallo
h	h, wh	—
dj	j, dge	gelo
k	k	casa
l	l	lavoro
m	m	madre
n	n	nota
ng	ng	—
p	p	padre
kw	qu	—
r	r	ricco
s	s	scala
sh	sh, tion	scienza
t	t	tre
v	v	valle
w	w	—
wh, h	wh	—
ks, gs	x	—
y	y	aiutare
z	z, s	rosa
th	th	
th	th (voiced)	

			VOCALI		

L'ortografia inglese	Esemplo in inglese	Simbolo fonemico	Suona un po' come la parola italiana
a e u	but	ɇ	
a	cat	a	
a	cot	a	anche
o			
a	play	ei	bei
ay			
a	father	ah	casa
ah			
ai	air	ehr	
e	get	e	gente
ee	feet	i	
ea			
i	hit	i	di
i	buy	<u>ai</u>	dai
uy			
o			
oa	boat	<u>oh</u>	bocca
ow			
oo			
u	boot	u	duro
ou			
oy	boy	<u>oi</u>	poi
au, ough, o, augh	order	<u>aw</u>	buono
ur	curtain	<u>ur</u>	
ow, ou, ough	how	<u>ow</u>	causa
u, oo	book	auh	

A

a [ɐ] articolo   **un,** masc.
A cat is in the tree.
Un gatto è nell'albero.

articolo   **una,** fem.
I am wearing a tie.
Io porto una cravatta.

---

above all [é-bév-AWL] avverbio   **soprattutto**
I like to read above all.
Mi piace leggere soprattutto.

---

absent [AB-sént] aggettivo   **assente**
George is absent today.
Giorgio è assente oggi.

---

according to [é-KAWR-ding tu] preposizione   **secondo**
According to my brother, it is going to snow tomorrow.
Secondo mio fratello, nevicherà domani.

---

actor [AK-ter] nome   **l'attore,** masc.

The actor is handsome.
L'attore è bello.

---

actress [AK-tres] nome   **l'attrice,** fem.
The actress is beautiful.
L'attrice è bella.

---

addition [é-DI-shén] nome   **l'addizione**

Addition is easy.
L'addizione è facile.

address [é-DRES] nome   **l'indirizzo**

What is your address?
Qual'è il vostro indirizzo?

adventure [ad-VEN-chér] nome   **l'avventura**

I like to read the adventures of Don Juan.
Mi piace leggere le avventure di Don Giovanni.

aerial [EHR-i-él] nome   **l'antenna della televisione**

Television aerials are on the roof of the building.
Le antenne della televisione sono sul tetto dell' edificio.

to be afraid of   **avere paura di**
  [é-freid] expressione idiomatica

Are you afraid of the lion?
Ha paura del leone?

after [AF-tér] avverbio   **dopo**

September is the month after August.
Settembre è il mese dopo agosto.

afternoon [AF-tér-NUN] nome   **il pomeriggio**

It is 2:00 o'clock in the afternoon.
Sono le due del pomeriggio.

---

again [é-GEN] avverbio   **ancora**
Read the letter once again.
Leggi la lettera ancora una volta.

---

against [é-GENST] preposizione   **contra, contro**
Henry puts the mirror against the wall.
Enrico mette lo specchio contra il muro.

---

age [EIDJ] nome   **età**
How old are you? I am eight years old.
Quanti anni ha Lei? Io ho otto anni.

He is big for his age.
È grande per la sua età.

Don't you agree?   **non è vero?**
  [dohnt-yu-e-GRI] espressione idiomatica
She is pretty, don't you agree?
Lei è bella, non è vero?

agreed [e-grid] interiezione   **d'accordo**
We shall go together, agreed?
Andiamo insieme, d'accordo?

---

aid [EID] verbo   **aiutare**
John helps his sister carry the books.
Giovanni aiuta la sorella a portare i libri.

---

air [EHR] nome   **l'aria**
The air is clean today.
L'aria è pulita oggi.

---

airplane [EHR-PLEIN] nome   **l'apparecchio, l'aeroplano**

The airplane is new.
L'apparecchio è nuovo.

airplane pilot [PAI-lét] nome   **il pilota**

My cousin is an airplane pilot.
Mio cugino è pilota.

airport [EHR-pawrt] nome   **l'aeroporto**

There are so many airplanes at the airport!
Ci sono tanti apparecchi all'aeroporto!

by airplane   **in apparecchio**

I go to Italy by airplane.
Io vado in Italia in apparecchio.

alarm clock [é-LAHRM KLAK] nome   **la sveglia**

The alarm clock rings too loudly.
La sveglia suona troppo forte.

Alas! What a pity!   **Che peccato!**
     [A-LAS WAT ei PI-ti] expressione idiomatica

alike (similar) [é-LAIK] aggettivo   **simile**

Our ties are alike.
Le nostre cravatte sono simili.

all [AWL] aggettivo   **tutto,** masc.
     tutta, fem.

It is all finished.
É tutto finito.

all over (everywhere) avverbio   **dappertutto**
I look everywhere for my watch.
Cerco il mio orologio dappertutto.

all right (O.K.) avverbio   **va bene**
Do you want to play with me? All right (O.K.)
Vuoi giocare con me? Va bene!

almost [AWL-mohst] avverbio   **quasi**
It is almost six o'clock.
Sono quasi le sei.

alone [é-LOHN] aggettivo   **solo,** masc.
                                             sola, fem.
I am alone in the living room.
Sono solo nel salone.

alphabet [AL-fa-bet] nome   **l'alfabeto**
Are there twenty-one letters in the Italian alphabet?
Ci sono ventuno lettere nell'alfabeto italiano?

already [awl-RE-di] avverbio   **già**
He has already arrived.
Lui è già arrivato.

also (too) [AWL-soh] avverbio   **anche**
I want some candy also!
Anch'io voglio dei dolci!

always [AWL-weiz] avverbio   **sempre**
The leaves always fall in autumn.
Le foglie cadono sempre in autunno.

ambulance [AM-biu-lans] nome   **l'ambulanza**
The ambulance is going to the hospital.
L'ambulanza va all'ospedale.

American
[e-MER-i-kén] aggettivo

americano, masc.
americana, fem.

It's an American airplane.
È un apparecchio americano.

> Antonin Scalia was the first Italian American
> to be appointed to the U.S. Supreme Court.
> It happened in 1986.

amusing [é MYUZ-ing]   **l'orso**

The bear is amusing.
L'orso è divertente.

an [AN] articolo

un, masc.
una, fem.

I am wearing an old tie.
Io porto una vecchia cravatta.

and [AND] congiunzione   **e**

Andrew and his friend are playing together.
Andrea e il suo amico giocano insieme.

angry [ANG-gri] aggettivo

arrabbiato, masc.
arrabbiata, fem.

She is angry.
Lei è arrabbiata.

animal [AN-i-mél] nome   **la bestia, l'animale**

The animals are in the forest.
Gli animali sono nella foresta.

anniversary (birthday)   **il compleanno**
[an-i-vUR-sér-i] nome
Happy birthday!
Buon compleanno!

---

to annoy [é-NOI] verbo   **annoiare**
I annoy my mother when I make too much noise.
Annoio mia madre quando faccio troppo chiasso.

---

another [é-NETH-ér] aggettivo   **un altro,** masc.
                                                un'altra, fem.

Here is another pencil.
Ecco un'altra matita.

other [é-TH-er] aggettivo   **l'altro,** masc.
                                                   l'altra, fem.

---

answer [AN-sér] nome   **la risposta**
I write the correct answer in my notebook.
Io scrivo la risposta corretta nel quaderno.

---

to answer [AN-sér] verbo   **rispondere**
The little girl cannot answer the question.
La piccola ragazza non può rispondere alla domanda.

---

ant [ANT] nome   **la formica**
The ant is very small.
La formica è molto piccola.

---

any [EN-i] pronome   **qualche, qualche cosa**
anything [EN-i-th-i-ng] pronome
Do you want anything?
Vuole qualche cosa?

233

apartment [é-PART-mént] nome   **l'appartamento**

My apartment is on the third floor.
Il mio appartamento è al terzo piano.

---

appearance (look) [e-PIR-éns] nome   **l'apparenza**

The tiger has a ferocious appearance.
La tigre ha un' apparenza feroce.

---

appetite [AP-é-tait] nome   **l'appetito**

Hearty appetite!
Buon appetito!

---

apple [AP-él] nome   **la mela**

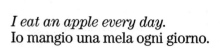

I eat an apple every day.
Io mangio una mela ogni giorno.

---

appointment [e-POINT-mént] nome   **l'appuntamento**

My sister has an appointment to see the doctor at 3 P.M.
Mia sorella ha un appuntamento con il dottore alle tre del
pomeriggio.

---

apricot [A-pri-kat] nome   **l'albicocca**

The apricot is sweet.
L'albicocca è dolce.

April [EI-prél] nome   **aprile**
It rains a lot in April
Piove molto in aprile.

---

apron [EI-prén] nome   **il grembiule**
Martha wears an apron at school.
Marta porta un grembiule a scuola.

---

aquarium (fish tank) [é-KWEHR-i-ém] nome   **la peschiera**
There are some fish in the aquarium.
Ci sono dei pesci nella peschiera.

---

arm [AHRM] nome   **il braccio**
The man has a sore arm.
All'uomo (gli) duole il braccio.

---

armchair [AHRM-chehr] nome   **la poltrona**
I like to use the red armchair.
Mi piace usare la poltrona rossa.

---

army [AHR-mi] nome   **l'esercito**
Soldiers are in the army.
I soldati sono nell'esercito.

---

around [é-ROWND] preposizione   **intorno**
He puts it around the package.
Lui la mette intomo al pacco.

---

to arrange [e-REINDJ] verbo   **mettere in ordine**
The teacher arranges his papers.
Il professore mette le carte in ordine.

---

to arrest [é-REST] verbo   **arrestare**
The policeman arrests the man.
Il poliziotto arresta l'uomo.

---

to arrive [é-R<u>AI</u>V] verbo   **arrivare**

The postman arrives at 10 o'clock.
Il postino arriva alle dieci.

---

artist [AHR-t<u>i</u>st] nome   **l'artista**

My brother is an artist.
Mio fratello è artista.

---

as [AZ] avverbio   **come**

As it happens, I will explain it.
Come succede, io lo spiegherò.

---

to be ashamed   **avere vergogna**
       [é-SHEIMD] espressione idiomatica

I am ashamed of Mary.
Io ho vergogna di Maria.

---

to ask [ASK] verbo   **domandare**

I ask Dad, "May I go to the fair?"
Io domando al papà, "Posso andare alla fiera?"

---

astronaut [AS-tré-n<u>aw</u>t] nome   **l'astronauta**

The astronaut takes a trip in a spaceship.
L'astronauta fa un viaggio in un razzo.

---

at [AT] preposizione   **a, di**

At what time are you coming?
A che ora vieni?

at night   **di notte**

At night you can see the stars.
Di notte si possono vedere le stelle.

---

to attend (to go) [é-TEND] verbo   **assistere**

We attend a soccer game.
Noi assistiamo a una partita di calcio.

---

at the side of [at the SAID af] preposizione   **al lato di**

It is at the side of the table.
Si trova al lato del tavolo.

August [AW-gést] nome   **agosto**

In August it is hot.
In agosto fa caldo.

---

aunt [ANT] nome   **la zia**

My aunt is a salesperson.
Mia zia è commessa.

---

auto(mobile) (car) [AW-toh] nome   **l'automobile**

The automobile goes along the road.
L'automobile va per la strada.

---

autumn [AW-tém] nome   **autunno**

In autumn it is cool.
In autunno fa fresco.

---

avenue (way) [AV-é-nyu] nome   **la via**

The New Appian Way is in Rome.
La Via Appia Nuova è a Roma.

B

baby [BEI-bi] nome   **il bambino**
Mary plays with the baby.
Maria gioca con il bambino.

---

baby carriage [bei-bi-KA-rig] nome   **la corrozzina**
The baby carriage is blue.
La carrozzina è azzurra.

---

back [BAK] nome   **la schiena**
Is it Robert? I don't know. I see only his back.
È Roberto? Non lo so. Vedo solamente la schiena.

to give back [GI-v-bak] verbo   **restituire**
He gives back the money.
Lui restituisce il denaro.

---

bad [BAD] aggettivo   **cattivo,** masc.
                                                        cattiva, fem.

The weather is bad today.
Fa cattivo tempo oggi.

---

bag [BAG] nome   **la borsa**
The bag is new.
La borsa è nuova.

---

baggage [BAG-idj] nome   **il bagaglio**
The baggage is ready for the trip.
Il bagaglio è pronto per il viaggio.

---

baker [BEC-kér] nome   **il panettiere**
The baker makes bread.
Il panettiere fa il pane.

---

bakery nome   **la panetteria**

The baker is in the bakery.
Il panettiere è nella panetteria.

ball [BAWL] nome   **la palla**
The ball is round.
La palle è tonda.

to play ball verbo   **giocare alla palla**
He wants to play ball.
Lui vuole giocare alla palla.

balloon [bé-LUN] nome   **il pallone**
The girl's balloon is red.
Il pallone della ragazza è rosso.

ballpoint pen [BAWL-point PEN] nome   **la penna a sfera**
The ballpoint pen is useful.
La penna a sfera è utile.

banana [bé-NAN-é] nome   **la banana**
The banana is ripe when it is yellow.
La banana è matura quando è gialla.

bank [BANK] nome   **la banca**
Do you have any money in the bank?
Ha denaro in banca?

baseball [BEIS-bawl] nome   **il "baseball"**
My cousin plays baseball.
Mio cugino gioca al baseball.

basement, cellar [BEIS-mént, SE-lar] nome   **lo scantinato**

There are several packages in the basement.
Ci sono alcuni pacchi nello scantinato.

---

basket [BAS-kit] nome   **cestino**

There is much paper in the basket.
C'è molta carta nel cestino.

---

basketball [BAS-kit-bawl] nome   **il pallacanestro**

My friend plays basketball.
Il mio amico gioca a pallacanestro.

---

bath [BATH] nome   **il bagno**

I take my bath at 9:00 in the evening.
Mi faccio il bagno alle nove di sera.

bathroom [BATH-rum] nome   **la sala da bagno**

The bathroom sink is in the bathroom.
Il bacino (lavandino) si trova nella sala da bagno.

sunbath [SUN-bath] nome   **bagno di sole**

I take a sunbath.
Mi faccio un bagno di sole.

bathing suit [BA-th-i-ng-sut] nome   **costume da bagno**

Do you like my new bathing suit?
Ti piace il mio nuovo costume da bagno?

---

to be [BI] verbo   **essere**

Dad, where are we?
Papà, dove siamo?

---

to be able [bi-EI-bél] verbo   **potere**

I am not able to do my homework.
Non posso fare il compito.

beach [BICH] nome   **la spiaggia**

In summer we go to the beach.
Andiamo alla spiaggia in estate.

to be acquainted with   **conoscere**
  [é-KEINT-éd-with] verbo

Do you know (are you acquainted with) my teacher?
Conosci il mio maestro?

to be afraid of [é-FREID-év] verbo   **avere paura di**

Are you afraid of the storm?
Hai paura della tempesta?

beak [BIK] nome   **il becco**

The bird has a yellow beak.
L'uccello ha il becco giallo.

beans [BINS] nome   **il fagiolini**

We are having beans for supper.
Noi abbiamo fagiolini per cena.

bear [BEHR] nome   **l'orso**

Bears are dangerous animals.
Gli orsi sonno animali pericolosi.

beard [BI-e-rd] nome   **la barba**

My brother has a beard.
Mio fratello ha la barba.

to be ashamed [é-SHEIMD] verbo   **avere vergogna**

He is ashamed because he is naughty.
Ha vergogna perchè è cattivo.

---

beast (animal) [BIST] nome   **la bestia**

The lion is a wild animal.
Il leone è una bestia selvaggia.

---

beautiful [BYU-té-fél] aggettivo   **bello,** masc.
                                          bella, fem.

The flower is beautiful.
Il fiore è bello.

---

to be called (name is...) verbo   **chiamarsi**

What is your name? My name is Henry.
Come ti chiami? Mi chiamo Enrico.

---

be careful [KEHR-fél] espressione idiomatica   **attenzione**

Be careful or you will hurt yourself.
Attenzione o ti fai male.

---

because [bi-KAWZ] congiunzione   **perchè**

*I am not going to the movies because I do
not have any money.*
Non vado al cinema perchè non ho soldi.

because of expressione idiomatica   **a cause di**

I have to stay home because of the snow.
Devo restare a casa a causa della neve.

---

to become [bi-KÉM] verbo   **divenire**

She would like to become a doctor.
Vorrebbe divenire medico.

---

bed [BED] nome   **il letto**

The cat is on my bed.
Il gatto è sul mio letto.

to go to bed [verbo]   **andare a letto**

I go to bed at nine o'clock.
Io vado a letto alle nove.

bedroom [BED-rum] nome   **camera da letto**

This apartment has three bedrooms.
Questo appartamento ha tre camere da letto.

---

bee [BI] nome   **l'ape**

The bee is dangerous.
L'ape è pericolosa.

---

beefsteak (steak) [BIF-steik] nome   **la bistecca**

The steak is good.
La bistecca è buona.

---

before [bi-FAWR] avverbio   **prima di**

The teacher arrives before the students.
Il professore arriva prima degli studenti.

---

to be frightened [FRAI-ténd] verbo   **avere paura**

She is frightened to be alone.
Lei ha paura di stare sola.

---

to begin [bi-gin] verbo   **cominciare**

The Italian class begins at 9 o'clock.
La classe d'italiano comincia alle nove.

---

to behave [bi-HEIV] verbo   **comportarsi**
The children are not behaving well.
I ragazzi non si comportano bene.

behind [bi-HAIND] preposizione   **dietro a**
One boy is behind the others.
Un ragazzo è dietro agli altri.

to be hungry [HÉNG-ri] verbo   **avere fame**
Are you hungry? Yes, I'm hungry.
Ha fame Lei? Si, ho fame.

to believe [bi-LIV] verbo   **credere**
I believe I can go to the movies.
Credo di potere andare al cinema.

bell [BEL] nome   **la campana**
The bell rings at noon.
La campana suona a mezzogiorno.

doorbell [DAWR-bel] nome   **il campanello**
The doorbell does not ring.
Il campanello non suona.

belt [BELT] nome   **la cintura**
The man has a blue belt.
L'uomo ha una cintura azzurra.

lifebelt nome   **cintura di salvataggio**
The lifebelt is red.
La cintura di salvataggio è rossa.

to be quiet [KWAI-ét] verbo   **stare zitto**
They always tell me, "Be quiet!"
Mi dicono sempre, "Stai zitto!"

244

to be right [RAIT] verbo   **avere ragione**
Grandmother is always right.
La nonna ha sempre ragione.

---

to be sleepy [SLIP-i] verbo   **avere sonno**
Who is sleepy?
Chi ha sonno?

---

to be successful (to succeed)   **riuscire**
   [sék-SES-fél] verbo
He succeeds in catching a fish.
Lui riesce a prendere un pesce.

---

to be thirsty [THURS-ti] verbo   **avere sete**
Are you thirsty? Yes, I'm thirsty.
Ha sete Lei? Si, ho sete.

---

better [BET-ér] aggettivo   **migliore**
I think that cherries are better than strawberries.
Io credo che le ciliege sono migliori delle fragole.

---

between [bi-TWIN] preposizione   **fra**
What is the number between fourteen and sixteen?
Qual è il numero fra quattordici e sedici?

---

to be wrong [RAWG] verbo   **avere torto**
You say that the weather is good? You are wrong.
Voi dite che fa bel tempo? Avete torto.

---

bicycle (bike) [BAI-sik-él (BAIK)] nome   **la bicicletta**
When the weather is good Bernard rides his bicycle.
Quando fa bel tempo Bernardo va in bicicletta.

to ride a bicycle verbo   **andare in bicicletta**

I ride a bicycle every day.
Io vado in bicicletta ogni giorno.

---

big [BIG] aggettivo   **grande, grosso,** masc.
                                              grossa, fem.

The house is big.
La cassa è grande.

bigger [BIG/r] avverbio   **più grande**

He is bigger than I.
Lui è più grande di me.

---

bill (money) [BIL] nome   **il biglietto**

I am rich. I have a one-thousand lire note.
Sono ricco. Ho un biglietto da mille lire.

---

bird [BURD] nome   **l'uccello**

The bird is on the tree.
L'uccello è nell'albero.

---

birthday [BURTH-dei] nome   **la festa del compleanno**

The birthday party is July eighteenth?
Il giorno della festa del compleanno è il
diciotto luglio?

Happy birthday   **Buon compleanno**

Happy birthday, John!
Buon compleanno, Giovanni!

---

to bite [BAIT] verbo   **mordere**

Cats do not bite.
I gatti non mordono.

---

to bite (insect) verbo   **pungere, pizzicare**

The mosquitoes like to bite me.
Alle zanzare piace pizzicarmi.

---

black [BLAK] aggettivo   **nero,** masc.
                                                            nera, fem.

I am wearing my black shoes.
Porto le scarpe nere.

---

blackboard (chalkboard)   **la lavagna**
   [BLAK-bawrd] nome

The pupil writes on the blackboard.
L'alunno scrive alla lavagna.

---

blanket [BLANG-kit] nome   **la coperta**

In winter I like a warm blanket on my bed.
D'inverno mi piace una coperta calda sul letto.

---

blind [BLAIND] aggettivo   **cieco**

This man is blind.
Quest'uomo è cieco.

---

blonde [BLAND] aggettivo   **biondo,** masc.
                                                          bionda, fem.

Do you have blond hair?
Avete voi i capelli biondi?

---

blood [BLÉD] nome   **il sangue**

My knee hurts. Look at the blood!
Mi fa male il ginocchio. Guarda il sangue!

blue [BLU] nome   **azzurro,** masc.
                                                                                                                                            azzurra, fem.

The sky is blue, isn't it?
Il cielo è azzurro, non è vero?

boat [BOHT] nome   **la barca, la barchetta, il battello**

I see a boat in the water.
Vedo una barca nell'acqua.

book [BAUHK] nome   **il libro**

We are looking for some interesting books.
Cerchiamo dei libri interessanti.

bookstore [BAUHK-stor] nome   **la libreria**

There are many books in the bookstore.
Ci sono molti libri nella libreria.

boot [BUT] nome   **lo stivale**

When it snows I put on my boots.
Quando nevica mi metto gli stivali.

born [BAWRN] aggettivo   **nato,** masc.
                                                  nata, fem.

I was born on March second.
Io sono nato il due marzo.

to borrow [BAR-oh] verb   **prestare**
May I borrow the eraser?
Mi puoi prestare la gomma?

bottle [BAT-l] nome   **la bottiglia**
Be careful! The bottle is made of glass.
Attenzione! La bottiglia è di vetro.

bowl [BOHL] nome   **il tazzone**
Here is a bowl of soup.
Ecco un tazzone di minestra.

box [BAKS] nome   **la scatola**

There is candy in the box.
Ci sono dolci nella scatola.

letter box [LE-tr-BAKS] nome   **la buca per le lettere**
The letter box is white.
La buca per le lettere è bianca.

boy [BOI] nome   **il ragazzo**
The boy is playing with his sister.
Il ragazzo gioca con la sorella.

branch [BRANCH] nome   **il ramo**
The tree has many branches.
L'albero ha molti rami.

brave [BREIV] aggettivo   **coraggioso,** masc.
                                           coraggiosa, fem.

The policeman is brave.
Il poliziotto è coraggioso.

---

bread [BRED] nome   **il pane**
The bread is on the table.
Il pane è sulla tavola.

---

to break [BREIK] verbo   **rompere**
Be careful! Don't break the plate.
Attenzione! Non rompere il piatto.

---

breakfast [BREK-fést] nome   **la piccola colazione**
I have orange juice for breakfast.
Prendo succo d'arancia per la piccola colazione.

---

bridge [BRIDJ] nome   **il ponte**
Where is the Bridge of Sighs?
Dov'è il Ponte dei Sospiri?

---

briefcase [BRIF-keis] nome   **la borsa**
John, don't forget your briefcase.
Giovanni, non dimenticare la borsa.

---

to bring [BRING] verbo   **portare**
They bring their luggage to the airport.
Portano le loro valige all'aeroporto.

---

broadcast [BRAWD-kest] nome   **la trasmissione**
At what time is the broadcast?
A che ora è la trasmissione?

---

broom [BRUM] nome   **la scopa**

The boy cleans the floor with the broom.
Il ragazzo pulisce il pavimento con la scopa.

---

brother [BRÉTH-ér] nome   **il fratello**

I am little, but my brother is big.
Io sono piccolo, ma mio fratello è grande.

---

brown [BROWN] aggettivo   **marrone**

The rug is brown.
Il tappetto è marrone.

---

brush [BRÉSH] nome   **la spazzola**

The brush is new.
La spazzola è nuova.

to brush verbo   **spazzolarsi**

He brushes his suit every day.
Lui si spazzola il vestito ogni giorno.

hairbrush [HEHR-brésh] nome   **la spazzola per i capelli**

The hairbrush is mine.
La spazzola per i capelli è mia.

toothbrush nome   **lo spazzolino da denti**

The toothbrush is blue.
Lo spazzolino da denti è azzurro.

The hairbrush is bigger than the toothbrush.
La spazzola per i capelli è più grande dello
spazzolino da denti.

---

bucket [BƐK-it] nome   **la secchia**

The farmer fills the bucket with milk.
Il contadino riempie la secchia di latte.

---

building [BIL-ding] nome   **l'edificio**

The buildings are very tall in the city.
Gli edifici sono molto alti in città.

---

burglar [BUR-glér] nome   **il ladro**

They are looking for the burglar at the bank.
Cercano il ladro alla banca.

---

to burn [BURN] verbo   **bruciare**

We burn wood in the fireplace.
Noi bruciamo il legno nel focolare.

---

bus [BƐS] nome   **l'autobus**

The children go to school by bus.
I ragazzi vanno a scuola in autobus.

---

busy [BIZ-i] aggettivo   **occupato,** masc.
                               occupata, fem.

My father is always busy.
Mio padre è sempre occupato.

---

but [BƐT] congiunzione   **ma**

I want to go to the park but Dad says "No."
Io voglio andare al parco ma il babbo dice "No."

---

butcher [BAUHCH-ér] nome   **il macellaio**

The butcher sells meat.
Il macellaio vende la carne.

butcher shop [BAUHCH-ér-shop] nome   **la macelleria**

The butcher shop is closed.
La macelleria è chiusa.

---

butter [BÉT-ér] nome   **il burro**

Pass the butter, please.
Passi il burro, per piacere.

---

button [BÉT-én] nome   **il bottone**

This coat has only three buttons.
Questo soprabito ha solamente tre bottoni.

---

to buy [BAI] verbo   **comprare**

The girl is buying an orange.
La ragazza compra un' arancia.

---

by [BAI] preposizione   **per**

For dessert, she is having chocolate ice cream.
Per dolce, lei prende gelato di cioccolato.

by air espressione idiomatica   **in apparecchio**
by airmail espressione idiomatica   **via aerea**
by car espressione idiomatica   **in automobile**
by sea espressione idiomatica   **per mare**

You travel by air.
Lei viaggia in apparecchio.

I send the letter by airmail.
Io mando la lettera via aerea.

You travel by car.
Lei viaggia in automobile.

You travel by sea.
Lei viaggia per mare.

C

cabbage [KAB-idj] nome   **il cavolo**
Do you prefer cabbage or carrots?
Preferisci il cavolo o le carote?

cafe [ka-FEI] nome   **il caffè**
Shall we stop at this cafe?
Ci fermiamo a questo caffè?

cake [KEIK] nome   **la torta**

Mom makes a pretty cake for me.
La mamma mi fa una bella torta.

cookies [KAUHK-ie] nome   **pasticcini**

calendar [KAL-én-dér] nome   **il calendario**
According to the calendar, today is March twelfth.
Secondo il calendario, oggi è il dodici maggio.

to call [KAWL] verbo   **chiamare**
I call my friend.
Io chiamo il mio amico.

calm [KAHM] aggettivo   **calmo,** masc.
                                                        calma, fem.

I like to go fishing when the sea is calm.
Mi piace andare a pescare quando il mare è calmo.

---

camera [KAM-ré] nome   **la macchina fotografica**

Look at my camera. It is new.
Guarda la mia macchina fotografica. È nuova.

---

camp [KAMP] nome   **la colonia**

My cousin spends eight weeks at camp.
Il mio cugino passa otto settimane in colonia.

---

can (to be able to) [KAN] verbo   **potere**

*I am not able to do my homework. The lessons
are too difficult.*
Non posso fare il compito. Le lezioni sono
troppo difficili.

---

candy [KAN-di] nome   **i dolci**

Children like candy.
Ai ragazzi piacciono i dolci.

---

capital [KAP-i-tél] nome   **la capitale**

Do you know the name of the capital of Italy?
Sai il nome della capitale d'Italia?

---

car [KAHR] nome   **l'automobile**

The car goes along the road.
L'automobile va per la strada.

            nome   **la macchina**

The car is in the garage.
La macchina è nell'autorimessa.

car (railroad) [KAHR] nome — **il vagone, la carrozza**

This train has five cars.
Questo treno ha cinque vagoni.

---

card [KAHRD] nome — **la carta**

Do you know how to play cards?
Sai giocare alle carte?

---

carefully [KEHR-fé-li] avverbio — **con cura, diligentemente**

Paul pours water into the glass carefully.
Paolo versa l'acqua nel bicchiere con cura.

---

carrot [KAR-ét] nome — **la carota**

Rabbits eat carrots.
I conigli mangiano le carote.

---

to carry [KAR-i] verbo — **portare**

The dog is carrying a newspaper.
Il cane porta un giornale.

---

castle [KAS-él] nome — **il castello**

The king lives in a large castle.
Il re vive in un gran castello.

---

cat [KAT] nome   **il gatto**

The cat is playing with the ball.
Il gatto gioca con la palla.

kitten [KI-ten] nome   **il gattino**
The kitten is white.
Il gattino è bianco.

---

to catch [KACH] verbo   **afferrare**
Hurray, John catches the ball.
Bravo, Giovanni afferra la palla.

---

ceiling [SI-ling] nome   **il soffitto**
The ceiling of the castle is very interesting.
Il soffitto del castello è molto interresante.

---

celery [SEL-ri] nome   **il sedano**
Mother makes a salad with celery.
La mamma fa un'insalata con il sedano.

---

cellar [SEL-ér] nome   **lo scantinato**
There are several packages in the cellar.
Ci sono alcuni pacchi nello scantinato.

---

certain (sure)   **certo, sicuro,** masc.
    [SUR-tén] aggettivo   **certa, sicura,** fem.
I am certain the train will come soon.
Sono sicuro che il treno arriverà presto.

---

chair [CHEHR] nome   **le sedia**

This chair is too big for me.
Questa sedia è troppo grande per me.

---

chalk [CHᴀWK] nome   **il gesso**

*The boy is writing on the blackboard
with chalk.*
Il ragazzo scrive alla lavagna con il gesso.

chalkboard [CHᴀWK-bawrd] nome   **la lavagna**

There is no chalkboard here.
Non c'è lavagna qui.

---

to change [CHEINDJ] verbo   **cambiare**

We have to change to another train.
Noi dobbiamo cambiare a un altro treno.

---

cheap [CHIP] aggettivo   **a buon mercato**

Bread is cheap; it is not expensive.
Il pane si vende a buon mercato; non è caro.

---

to cheat, to deceive [CHIT] verbo   **imbrogliare**

In the film, the robber deceives the policeman.
Nel film, il ladro imbroglia il poliziotto.

---

check (in restaurant) [CHEK] nome   **il conto**

After dinner, Dad asks for the check.
Dopo il pranzo, il babbo chiede il conto.

---

to play checkers verbo   **giocare a dama**

He plays checkers well.
Lui gioca bene a dama.

---

cheerful [CHIR-fél] aggettivo

allegro, masc.
allegra, fem.

My sister is always cheerful.
Mia sorella è sempre allegra.

---

cheese [CHIZ] nome   **il formaggio**

My sister eats the cheese.
Mia sorella mangia il formaggio.

---

cherry [CHER-i] nome   **la ciliegia**

I am going to pick cherries.
Vado a cogliere le ciliege.

---

to play chess verbo   **giocare a scacchi**

He plays chess well.
Lui gioca bene a scacchi.

---

chicken [CHIK-én] nome   **il pollo**

What are we eating this evening? Chicken or fish?
Che si mangia stasera? Pollo o pesce?

---

child [CHAILD] nome

il ragazzo, masc.
la ragazza, fem.

The child is big.
Il ragazzo è grande.

children [CHIL-drén] nome   **i ragazzi, le ragazze**

The children are playing in the playground.
I ragazzi giocano nel luogo di svago.

chimney [CHIM-ni] nome   **il camino**

The shoes are near the chimney.
Le scarpe sono vicino al camino.

---

chin [CHIN] nome   **il mento**

Here is the doll's chin.
Ecco il mento della bambola.

---

chocolate [CHAW-klit] nome   **il cioccolato**

What? You don't like chocolates?
Come? Non ti piacciono i cioccolatini?

---

to choose [CHUZ] verbo   **scegliere**

In the examination, choose the correct answer.
Nell'esame, scegliete la risposta corretta.

---

chop [CHAP] nome   **la cotoletta**

Do you prefer a veal cutlet or a lamb chop?
Preferisce Lei una cotoletta di vitello o di agnello?

Christmas [KRIS-més] nome   **il Natale**

Christmas is on December 25.
Il natale è venticinque dicembre.

---

church [CHURCH] nome   **la chiesa**

There is a big church in the city.
C'è una grande chiesa in città.

---

cigarette [sig-é-RET] nome   **la sigaretta**

Does your uncle smoke cigarettes?
Fuma le sigarette tuo zio?

---

circle [SUR-kél] nome   **il circolo**

The boys form a circle to play.
I ragazzi formano un circolo per giocare.

---

circus [S<u>UR</u>-k*é*s] nome   **il circo**

There are many animals at the circus.
Ci sono molti animali al circo.

city [S<u>IT</u>-i] nome   **la città**
The city of Rome is big.
La città di Roma è grande.

> Florence was the first city in Europe to have all its streets paved by 1339.

class [KLAS] nome   **la classe**
The class is large.
La classe è grande.

classroom [KLAS-rum] nome   **l'aula**

We are in the classroom.
Siamo nell'aula.

to clean [KL<u>IN</u>] verbo   **pulire**
Do you help your mother clean the house?
Aiuti tua madre a pulire la casa?

clean [KL<u>IN</u>] aggettivo   **pulito,** masc.
                                      pulita, fem.

My hands are clean.
Le mie mani sono pulite.

cleaning woman nome   **la cameriera**

The cleaning woman cleans the house.
La cameriera pulisce la casa.

street cleaner nome   **lo spazzino**

The street cleaner is old.
Lo spazzino è vecchio.

---

clear [KLIR] aggettivo   **chiaro,** masc.
                                               chiara, fem.

What a beautiful clear day!
Che bella giornata chiara!

---

clever [KLEV-ér] aggettivo   **intelligente**

The cat is a clever animal.
Il gatto è un animale intelligente.

---

to climb [KLAIM] verbo   **arrampicarsi**

The cat climbs the tree.
Il gatto si arrampica sull'albero.

---

clock [KLAK] nome   **l'orologio**

The clock strikes twice. It is 2 o'clock.
L'orologio suono due volte. Sono le due.

---

to close [KLOHZ] verbo   **chiudere**

Please close the window.
Chiudete la finestra, per piacere.

---

close friend [KLOHS-frend] nome   **amico intimo**
My close friend and I are going to the park to play.
Il mio amico intimo ed io andiamo al parco a giocare.

close to (near) [KLOHS-té] preposizione   **vicino a**
Milan is not close to the sea.
Milano non è vicino al mare.

closet [KLAHZ-it] nome   **l'armadio**
The closet is closed.
L'armadio è chiuso.

clothes, clothing [KLOHZ, KLO-thing] nome   **abiti, vestiti**
My clothes are on the bed.
I miei vestiti sono sul letto.

cloud [KLOWD] nome   **la nuvola**

The sun is behind a cloud.
Il sole è dietro a una nuvola.

cloudy [KLOW-di] aggettivo   **nuvoloso**
It is cloudy today.
È nuvoloso oggi.

clown [KLOWN] nome   **il buffone**
When I am at the circus, I say "Hello" to the clown.
Quando io sono al circo, dico "Buon giorno" al buffone.

coat [KOHT] nome   **il soprabito**
She wears a warm coat in winter.
Lei porta un soprabito caldo nell'inverno.

coffee [KAWF-i] nome   **il caffè**

Do you want some coffee?
Vuole del caffè Lei?

---

cold [KOHLD] nome   **il freddo**

When the cold comes, I no longer go out.
Quando arriva il freddo, non esco più.

cold (illness) nome   **il raffreddore**

I have a terrible cold.
Ho un terribile raffreddore.

to be cold espressione idiomatica   **avere freddo**

When it is cold in winter, I feel cold.
Quando fa freddo d'inverno, io ho freddo.

it is cold espressione idiomatica   **fa freddo**

---

color [KEL-ér] nome   **il colore**

What color is the banana?
Di che colore è la banana?

---

comb [KOHM] nome   **il pettine**

Where is my comb?
Dov'è il mio pettine?

---

to comb (one's hair) [KOHM] verbo   **pettinarsi**

I comb my hair before leaving the house.
Prima di partire dalla casa, mi pettino.

---

to come [KEM] verbo   **arrivare**

The postman comes at 10 o'clock.
Il postino arriva alle dieci.

          verbo   **venire**

My father comes from work at 6 o'clock.
Mio padre viene dal lavoro alle sei.

---

to come into verbo   **entrare**

They come into the house.
Loro entrano nella casa.

---

comfortable [KÉM-fér-té-bél] aggettivo   **comodo**

My couch is very comfortable.
Il mio divano è molto comodo.

---

to command [ké-MAND] verbo   **comandare**

In the army, the general commands.
Nell'esercito, il generale comanda.

---

company [KÉM-pé-ni] nome   **la compagnia**

*The Marotti company is located on the
corner of the street.*
La compagnia Marotti si trova all'angolo
della strada.

---

to compete [COM-pit] espressione idiomatica   **fare a gara**

We compete for a prize.
Facciamo a gara per un premio.

---

to complain [kém-PLEIN] verbo riflessivo   **lamentarsi**

My friend says that I always complain.
(La mia amica) Il mio amico dice che io
mi lamento sempre.

---

completely [kém-PLIT-li] avverbio   **completamente**

The wound is completely healed.
La ferita è completamente guarita.

---

computer [KOM-pew-ter] nome   **il computer**
The computer is very useful.
Il computer è molto utile.

---

computer disk (diskette)   **il disco di computer**
    [DISK] nome
The computer does not work without a disk.
Il computer non funziona senza il disco.

---

computer science   **l'informatica**
    [kom-PEW-ter-SAI ans] nome
Computer science is a new field.
L'informatica è una nuova scienza.

---

computer technician   **technico di**
    [kom-PEW-tér-tech-NI-shon] noun   **computer,**
                                          technico di
                                          informatica

The computer technician is an expert in the field.
Il technico del computer è un esperto nel campo.

---

contest [KON-test] nome   **la gara**
Who is going to win the contest?
Chi vincerà la gara?

---

to continue [kén-TIN-yu] verbo   **continuare**
I will continue to play the piano until 5 o'clock.
Io continuerò a suonare il pianoforte fino alle cinque.

---

to cook [KAUHK] verbo   **cucinare**
I do not cook well.
Io non cucino bene.

---

cookie [KAUHK-i] nome   **il pasticcino**
The cookie is good.
Il pasticcino è buono.

---

cool [KUL] aggettivo   **fresco**
It is cool.
Fa fresco.

to copy [KAP-i] verbo   **copiare**
We have to copy the sentences that are on the blackboard.
Dobbiamo copiare le frasi che sono alla lavagna.

corn [KAWRN] nome   **il granturco**
Mmm, the corn is good.
Mmm, il granturco è buono.

corner [KAWR-nér] nome   **l'angolo**
You must cross the street at the corner.
Si deve attraversare la strada all'angolo.

correct [ké-REKT] aggettivo   **corretto**
The teacher says, "Write the correct answer."
La maestra dice, "Scrivete la risposta corretta."

to cost [KAWST] verbo   **costare**
How much does this comb cost?
Quanto costa questo pettine?

cotton [KAT-én] nome   **il cotone**
He is wearing a cotton shirt.
Lui porta una camicia di cotone.

to cough [KAWF] verbo   **tossire**
The woman is coughing.
La donna tossisce.

counselor   **il consigliere academico**
     [KOWN-séh-ler] nome
What is the name of the school counselor?
Come si chiama il consigliere academico?

to count [KOWNT] verbo   **contare**

He knows how to count from five to one: five,
four, three, two, one.
Lui sa contare da cinque a uno: cinque, quattro,
tre, due, uno.

---

country [KÉN-tri] nome   **il paese**

What is the name of the country to the east of Italy?
Come si chiama il paese all' est d'Italia?

---

countryside [KÉN-tri-said] nome   **la campagna**

It's nice weather. Let's go to the country!
Fa bel tempo. Andiamo in campagna!

---

courageous [ké-REI-djés] aggettivo   **coraggioso,** masc.
                                           coraggiosa, fem.

She is courageous.
Lei è coraggiosa.

---

cousin [KÉZ-én] nome   **il cugino,** masc.
                                           la cugina, fem.

My cousin Paul is ten years old and my cousin
Mary is eighteen.
Mio cugino Paolo ha dieci anni e mia cugina Maria
ha diciotto anni.

---

cover [KÉV-ér] nome   **la coperta**

In the winter I like a cover on the bed.
D'inverno mi piace una coperta sul letto.

to cover [KÉV-er] verbo   **coprire**

He wants to cover the box.
Lui vuole coprire la scatola.

covered [KÉV-érd] aggettivo   **coperto**

The tree is covered with snow.
L'albero è coperto di neve.

---

cow [KOW] nome   **la vacca**

The cow is in the field.
La vacca è nel campo.

---

cradle [KREID-l] nome   **la culla**
The cradle is new.
La culla è nuova.

---

crazy [KREI-zi] aggettivo   **matto, pazzo, folle,** masc.
                                   matta, pazza, fem.

The man is crazy.
L'uomo è matto.

---

to cross [KRAWS] verbo   **attraversare**
Can we cross the lake?
Possiamo attraversare il lago?

---

to cry [KRAI] verbo   **piangere**

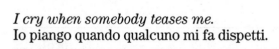

I cry when somebody teases me.
Io piango quando qualcuno mi fa dispetti.

---

cunning [KÉN-ing] aggettivo   **furbo,** masc.
                                     furba, fem.

The thief is cunning; he climbs a tree.
Il ladro è furbo; sale su un albero.

cup [KÉP] nome   **la tazza**
I put the cup on the saucer.
Io metto la tazza sul piattino.

---

cupboard [KÉB-érd] nome   **la credenza**
There are plates in the cupboard.
Ci sono piatti nella credenza.

---

curious [KYUR-yés] aggettivo   **curioso,** masc.
                                          curiosa, fem.

*She is curious. She would like to open
the package.*
È curiosa. Vorrebbe aprire il pacco.

---

curtain [KUR-tén] nome   **la tendina**
The curtains in my room are too long.
Le tendine nella mia camera sono troppo
lunghe.

---

to cut [KÉT] verbo   **tagliare**
Dad cuts the bread with a knife.
Il babbo taglia il pane con un coltello.

---

cute [KYUT] aggettivo   **attraente, grazioso,** masc.
                                             graziosa, fem.

She is cute.
Lei è attraente.

---

cutlet [KÉT-lét] nome   **la cotoletta**
Do you prefer a veal cutlet or a lamb chop?
Preferisce Lei una cotoletta di vitello o una
di agnello?

D

Dad, Daddy [DAD, DAD-i] nome   **il papà, il babbo**
Daddy, I'm afraid!
Babbo, ho paura!

damp [DAMP] aggettivo   **umido,** masc.
                                                   umida, fem.

My bathing suit is damp.
Il mio costume da bagno è umido.

to dance [DANS] verbo   **ballare**
My sister likes to dance.
A mia sorella piace ballare.

dangerous [DEIN-djér-és] aggettivo   **pericoloso,** masc.
                                                pericolosa, fem.

It is dangerous to run into the street.
È pericoloso correre nella strada.

dark [DAHRK] aggettivo   **scuro,** masc.
                                                   scura, fem.

She is wearing a dark blue dress.
Ella porta un vestito azzurro scuro.

darling [DAHR-ling] aggettivo   **caro,** masc.
                                                   cara, fem.

The baby is darling.
Il bambino è caro.

date [DEIT] nome   **la data**
What is the date?
Qual'è la data?

---

daughter [DAW-té] nome   **la figlia**
I would like to present my daughter, Mary.
Vorrei presentare mia figlia, Maria.

---

day [DEI] nome   **la giornata**
I am going to spend the day at my house.
Passerò la giornata a mia casa.

day [DEI] nome   **il giorno**
What day of the week is it?
Che giorno della settimana è?

day off nome   **giorno di riposo**
Thursday is a day off for French students.
Giovedi è un giorno di riposo per gli
studenti francesi.

January first is New Year's Day.
Il primo gennaio è Capo d'Anno.

every day avverbio   **ogni giorno**
I read every day.
Io leggo ogni giorno.

---

dead [DED] aggettivo   **morto,** masc.
                                                    morta, fem.
You're crying? Yes, my turtle is dead.
Lei piange? Si, la mia tartaruga è morta.

---

dear [DIR] aggettivo   **caro,** masc.
                                                    cara, fem.

She is my dear friend.
Lei è la mia cara amica.

dear (expensive) aggettivo

                              caro, masc.
                              cara, fem.

This dress is very expensive.
Il vestito è molto caro.

to deceive [di-SIV] verbo   **ingannare**
The boy deceives the teacher.
Il ragazzo inganna il maestro.

December [di-SEM-bér] nome   **dicembre**

It snows in December.
Nevica in dicembre.

to decorate [DEK-oh-reit] verbo   **decorare**
He is decorating his room.
Lui decora la sua camera.

deep [DIP] aggettivo

                              profondo, masc.
                              profonda, fem.

Is the pool deep?
È profonda la piscina?

delicious [di-LISH-és] aggettivo   **delizioso, squisito,** masc.
                              deliziosa, squisita, fem.

The cake is delicious.
La torta è deliziosa.

delighted (happy)   **incantato, contento,** masc.
      [di-LAI-téd] aggettivo   **incantata, contenta,** fem.
Everyone is happy at a party.
Ognuno è contento a una festa.

dentist [DEN-tist] nome   **il dentista**

She dreams of being a dentist.
Lei sogna di essere dentista.

---

desert [DEZ-ért] nome   **il deserto**

The desert is very dry.
Il deserto è molto secco.

---

to desire (to want) [dé-ZAIR] verbo   **desiderare**

I want to see the new film.
Io desidero vedere il nuovo film.

---

desk [DESK] nome   **la scrivania**

The teacher's desk is big.
La scrivania della maestra è grande.

---

dessert [di-ZURT] nome   **il dolce**
                     expressione idiomatica   **"alla frutta"**

I would like to have a strawberry tart for dessert.
Vorrei una torta di fragole come dolce.

---

to detest [di-TEST] verbo   **detestare, odiare**

He detests spinach.
Lui detesta gli spinaci.

---

dictionary [DIK-shén-ehr-i] nome   **il dizionario,**
                                     il vocabolario

How many words are there in the dictionary?
Quante parole ci sono nel dizionario?

different [DIF-rént] aggettivo   **differente, diverso,** masc.
                                            diversa, fem.

These loaves of bread are different.
Questi pani sono differenti.

---

difficult [DIF-é-kélt] aggettivo   **difficile**

It is difficult to read this letter.
È difficile leggere questa lettera.

---

dining room [DAIN-ing-rum] nome   **la sala da pranzo**

The dining room is crowded.
La sala da pranzo è affollata.

---

dinner [DIN-ér] nome   **il pranzo**

We eat dinner at 8 o'clock.
Facciamo pranzo alle otto.

---

to direct [di-REKT] verbo   **dirigere**

My brother is directing the game.
Mio fratello dirige la partita.

---

dirty [DUR-ti] aggettivo   **sporco,** masc.
                                            sporca, fem.

My shirt is dirty.
La mia camicia è sporca.

---

dish [DISH] nome   **il piatto**

Do you wash the dishes at your house?
Lavi tu i piatti a casa tua?

---

dishwasher [DISH-wa-shér] nome   **la lavastoviglie**

The dishwasher does not work.
La lavastoviglie non funziona.

---

displeased (angry)
[dĭs-PLĪZD] aggettivo

dispiaciuto, annoiato, offeso, masc.
dispiaciuta, offesa, annoiata, fem.

Mom is displeased with me.
La mamma è annoiata con me.

---

distant [DĬS-tént] aggettivo

distante, lontano, masc.
lontana, fem.

The river is at a distance.
Il fiume è lontano.

---

to do [DU] verbo   **fare**

He does his homework.
Lui fa i compiti.

---

doctor [DĀK-tér] nome

**il medico
(il dottore)**

The doctor treats the illness.
Il medico cura la malattia.

---

dog [DĀWG] nome   **il cane**

Do you have a dog?
Hai un cane?

puppy nome   **il cagnolino**

The puppy is white.
Il cagnolino è bianco.

---

doll [DĀL] nome   **la bambola**

My doll's name is Sylvia.
La mia bambola si chiama Silvia.

doll's house nome   **la casa di bambola**

The doll's house is made of wood.
La casa di bambola è di legno.

---

dollar [D<u>A</u>L-ér] nome   **il dollaro**

Here is a dollar for you.
Ecco un dollaro per te.

dominoes [D<u>A</u>M-é-n<u>oh</u>z] nome   **il domino**

My cousin plays dominoes well.
Mio cugino gioca bene ai domini.

donkey [D<u>É</u>NG-ki] nome   **l'asino**

The donkey does not want to walk.
L'asino non vuole camminare.

door [D<u>AWR</u>] nome   **la porta**

Please close the door.
Per piacere, chiuda la porta.

doorbell [D<u>AWR</u>-bel] nome   **il campanello**

Here we are at Jean's house. Where is the doorbell?
Eccoci alla casa di Gina. Dov'è il campanello?

doorknob [D<u>AWR</u>-nob] nome   **il pomo**

The doorknob is made of glass.
Il pomo è di vetro.

dozen [D<u>É</u>-żen] nome   **la dozzina**

She is buying a dozen eggs.
Lei compra una dozzina di uova.

to drag [DR<u>AG</u>] verbo   **trascinare**

He is dragging a bag of potatoes.
Lui trascina un sacco di patate.

to draw [DRAW] verbo   **disegnare**

She goes to the blackboard and draws a house.
Lei va alla lavagna e disegna una casa.

---

drawer [DRAWR] nome   **il cassetto**

I put the camera in the drawer.
Io metto la macchina fotografica nel cassetto.

---

dreadful [DRED-fél] aggettivo   **terribile**

I have a bad mark. Dreadful!
Ho un cattivo voto. Terribile!

---

to dream [DRIM] verbo   **sognare**

I dream of going to the moon.
Io sogno di andare alla luna.

dream [DRIM] nome   **il sogno**

I do not like that dream.
Non mi piace quel sogno.

---

to dress [DRES] verbo riflessivo   **vestirsi**

I get up, I get dressed, I go to school.
Io mi alzo, io mi vesto, io vado a scuola.

---

dress [DRES] nome   **il vestito**

My doll's dress is dirty.
Il vestito della mia bambola è sporco.

---

to drink [DRINGK] verbo   **bere**

The child is drinking milk.
Il ragazzo beve il latte.

drink [DRINGK] nome   **la bevanda, la bibita**

The drink is strong.
La bevanda è forte.

The drink is sweet.
La bibita è dolce.

to drive [DRAIV] verbo   **guidare**
Too bad. I am too young to drive the car.
Peccato. Sono troppo giovane per guidare la macchina.

driver [DRAI-vér] nome   **l'autista**
The driver stops when the light is red.
L'autista si ferma quando il semaforo è rosso.

drugstore [DRÉG-stawr] nome   **la farmacia**
The drugstore is located close to the park.
La farmacia si trova vicino al parco.

drum [DRÉM] nome   **il tamburo**
I make noise when I play the drum.
Faccio chiasso quando suono il tamburo.

dry [DRAI] aggettivo   **asciutto,** masc.
                                                              asciutta, fem.

Is the floor dry, Mom?
È asciutto il pavimento, Mamma?

duck [DÉK] nome   **l'anitra**

There are some ducks on the lake.
Ci sono delle anitre nel lago.

during [DUR-ing] preposizione   **durante**
I sleep during the night.
Io dormo durante la notte.

E

each [ICH] aggettivo .... **ogni**

I put a fork at each place.
Io metto una forchetta a ogni posto.

---

each one [ICH-wén] pronome .... **ciascuno**

Here are five girls: each one has a flower.
Ecco cinque ragazze: ciascuna ha un fiore.

---

ear [IR] nome .... **l'orecchio**

The wolf's ears are long.
Le orecchie del lupo sono lunghe.

---

early [UR-li] avverbio .... **presto**

We get up early to go to the city
Noi ci alziamo presto per andare in città

---

to earn [URN] verbo .... **guadagnare**

He earns a lot of money.
Lui guadagna molto denaro.

---

earth [URTH] nome .... **la terra**

When the astronaut is on the moon, he sees the earth.
Quando l'astronauta è sulla luna, vede la terra.

---

earthquake [URTH-KWEIK] nome .... **il terremoto**

The earthquake was terrible.
Il terremoto fu terribile.

east [IST] nome   **l'est**

When I go from Milan to Venice, I go toward the east.
Quando vado da Milano a Venezia, vado verso l'est.

---

easy [I-zi] aggettivo   **facile**

It is easy to do my homework.
È facile fare i miei compiti.

---

to eat [IT] verbo   **mangiare**

On Sundays we eat turkey.
La domenica noi mangiamo il tacchino.

---

edge [EDJ] nome   **il bordo, l'orlo,**
il margine

The edge (border) of the handkerchief is torn.
L'orlo del fazzoletto è stracciato.

---

egg [EG] nome   **l'uovo**

The egg is broken.
L'uovo è rotto.

---

eight [EIT] aggettivo   **otto**

Here are eight buttons.
Ecco otto bottoni.

---

eighteen [ei-TIN] aggettivo   **diciotto**

She is eighteen years old.
Lei ha diciotto anni.

---

eighty [EI-ti] aggettivo   **ottanta**

I have eighty books.
Io ho ottanta libri.

---

electric [i̱-LEK-tri̱k] aggettivo   **elettrico,** masc.
                                       elettrica, fem.

Look! They sell electric typewriters.
Guarda! Loro vendono macchine da scrivere elettriche.

---

elephant [EL-é-fént] nome   **l'elefante**

There is a big elephant in the zoo.
C'è un grand'elefante nel giardino zoologico.

---

eleven [i̱-LEV-én] aggettivo   **undici**

The farmer has eleven chickens.
Il contadino ha undici galline.

---

empty [EMP-ti] aggettivo   **vuoto,** masc.
                                      vuota, fem.

The drawer is empty.
Il cassetto è vuoto.

---

end [END] nome   **la fine**

It is the end of the lesson.
È la fine della lezione.

---

engineer [en-dji̱-NIR] nome   **l'ingegnere**

I would like to be an engineer.
Vorrei essere ingegnere.

English [IN-gli̱sh] nome   **l'inglese**

English is spoken in the United States.
Si parla inglese negli Stati Uniti.

---

enough [i-NÉF] aggettivo   **abbastanza**
Did you have enough wine?
Hai avuto abbastanza vino?

---

to enter [EN-tér] verbo   **entrare**
They enter the house.
Loro entrano nella casa.

---

entrance [EN-trans] nome   **l'entrata**
The entrance is large.
L'entrata è grande.

---

envelope [EN-vé-lohp] nome   **la busta**
The mailman gives me an envelope.
Il postino mi dà una busta.

---

equal [I-kwél] aggettivo   **uguale**
These boxes are equal.
Queste scatole sono uguali.

---

to erase [i-REIS] verbo   **raschiare, cancellare**

Oh, a mistake! I have to erase this word.
Ah, uno sbaglio! Devo cancellare questa parola.

---

eraser [i-REI-sér] nome   **la gomma**
I have to erase this sentence with the eraser.
Devo cancellare questa frase con la gomma.

---

error [ER-ér] nome　　　　　　　　　　**lo sbaglio**
I make errors when I write in Italian.
Faccio degli sbagli quando scrivo in italiano.

---

especially [es-PESH-é-li] avverbio　　　**specialmente**
I like to watch TV, especially on Saturday mornings.
Mi piace guardare la televisione, specialmente il
sabato mattina.

---

even [I-vén] avverbio　　　　　　　　　　**anche**
She cries even when she is happy.
Lei piange anche quando è contenta.

---

evening [IV-ning] nome　　　　　　　　**la sera**
I listen to music in the evening.
La sera io ascolto la musica.

Good evening espressione idiomatica　**Buona sera**
Good evening, John.
Buona sera, Giovanni.

---

every [EV-ri] aggettivo　　　　　　　　**ogni**
Every child is here.
Ogni ragazzo è qui.

every day [EV-ri-dai] aggettivo　　**ogni giorno**
I go to school every day.
Vado a scuola ogni giorno.

everybody [EV-ri-bodi] pronome　　　　**ognuno**
tutti

Everybody likes Saturday night.
Ognuno ama il sabato sera.

everyone [EV-ri-won] pronome　　　　　**ognuno**
tutti

Everyone is here.
Tutti sono qui.

everywhere [EV-ri-wair] avverbio   **ovunque**
                                                        dappertutto

I look everywhere for my watch.
Cerco dappertutto il mio orologio.

Everywhere I look, I see books.
Ovunque guardo, vedo libri.

---

examination [eg-zam-i-NEI-shén] nome   **l'esame**

*Do you have a good mark on the
examination?*
Hai un buon voto all'esame?

---

excellent [EK-sél-lént] aggettivo   **eccellente**

*The teacher says, "This work is
excellent."*
Il maestro dice, "Questo lavoro
è eccellente."

---

excuse me   **scusi**
       [ek-SKYUZ-mi] espressione idiomatica   **permesso**

Excuse me! May I enter?
Permesso! Posso entrare?

Excuse me! It's your pocketbook, isn't it?
Scusi! È la sua borsa, non è vero?

---

expensive [ek-SPEN-siv] aggettivo   **caro, costoso,** masc.
                                                       cara, costosa, fem.

This bicycle is too expensive.
Questa bicicletta è troppo cara.

---

to explain [ek-SPLEIN] verbo   **spiegare**

Joan, can you explain this sentence to me?
Giovanna, mi puoi spiegare questa frase?

---

extraordinary   **straordinario,** masc.
    [ek-STRAWR-di-ner-i] aggettivo   **straordinaria,** fem.

We are going to take an extraordinary trip in a rocket ship.
Noi faremo un viaggio straordinario in un razzo.

---

eye [AI] nome   **l'occhio**

What color are your eyes?
Di che colore sono i tuoi occhi?

F

---

face [FEIS] nome   **la faccia**

She is washing her face.
Lei si lava la faccia.

---

factory [FAK-té-ri] nome   **la fabbrica**

My father works in the factory
Mio padre lavora nella fabbrica.

---

fair [FEHR] aggettivo   **guisto,** masc.
                                   giusta, fem.

But it's my turn. It isn't fair.
Ma è il mio turno. Non è giusto.

---

fair [FEHR] nome   **la fiera**

We are going to the fair to have a good time.
Noi andiamo alla fiera per divertirci.

---

fairy [FEHR-i] nome   **la fata**

The fairy appears in dreams.
La fata appare nei sogni.

fairy tale nome   **la fiaba**

Read me this fairy tale.
Leggimi questa fiaba.

fall (autumn) [FAWL] nome   **l'autunno**

In the fall it is cool.
Fa fresco nell'autunno.

to fall [FAWL] verbo   **cadere**

I fall when I skate.
Io cado quando pattino.

false [FAWLS] aggettivo   **falso,** masc.
                                                        falsa, fem.

He is six years old, true or false?
Lui ha sei anni, vero o falso?

family [FAM-é-li] nome   **la famiglia**

How many people are there in your family?
Quante persone ci sono nella tua famiglia?

  (see **relative**)

famous [FEI-més] aggettivo   **celebre**
                                                     famoso, masc.
                                                     famosa, fem.

The President of the United States is famous.
Il presidente degli Stati Uniti è famoso.

fan [FAN] nome   **il ventilatore**

We use the fan when it is hot.
Usiamo il ventilatore quando fa caldo.

far [FAHR] aggettivo

lontano, masc.
lontana, fem.

Is Rome far from Washington?
Roma è lontano da Washington?

---

farm [FAHRM] nome

la masseria

There are cows and horses on the farm.
Ci sono delle vacche e dei cavalli alla masseria.

---

farmer [FAHR-mér] nome

l'agricoltore

My grandfather is a farmer.
Il mio nonno è agricoltore.

---

fast [FAST] aggettivo

veloce
rapido, masc.
rapida, fem.

The dog is fast when he runs after a cat.
Il cane è veloce quando corre appresso a un gatto.

---

fast [FAST] avverbio

svelto

My brother walks too fast.
Mio fratello cammina troppo svelto.

---

fat [FAT] aggettivo

grasso, masc.
grassa, fem.
grande

The pig is fat.
Il maiale è grasso.

---

father [FAH-thér] nome

il padre

My father is a mailman.
Mio padre è postino.

---

favorite [FEI-vér-it] aggettivo

preferito, masc.
preferita, fem.

What is your favorite toy?
Qual'è il tuo giocattolo preferito?

---

fear [FIR] nome   **la paura**

Fear is terrible.
La paura è terribile.

to be afraid espressione idiomatica   **avere paura**

Are you afraid of the storm?
Ha paura della tempesta?

February [FEB-ru-er-i] nome   **febbraio**

How many days are there in February?
Quanti giorni ci sono in febbraio?

---

to feel [FIL] verbo rifflessivo   **sentirsi**

I do not feel well.
Io non mi sento bene.

to feel like   **sentirsi di**
      [té-FIL-laik] espressione idiomatica

I do not feel like doing this work.
Non mi sento di fare questo lavoro.

---

ferocious [fé-ROH-shés] aggettivo   **feroce**

Who is afraid of a ferocious tiger?
Chi ha paura di una tigre feroce?

---

fever [FI-vér] nome   **la febbre**

I have to stay in bed. I have a fever.
Devo stare a letto. Ho la febbre.

---

field [FILD] nome   **il campo**

The sheep are in the field.
Le pecore sono nel campo.

---

fierce [FIRS] aggettivo   **feroce**

Who is afraid of a fierce tiger?
Chi ha paura di una tigre feroce?

---

fifteen [fif-TIN] aggettivo   **quindici**

There are fifteen students here.
Ci sono quindici studenti qui.

---

fifty [FIF-ti] aggettivo   **cinquanta**

There are fifty states in the United States.
Ci sono cinquanta stati negli Stati Uniti.

---

to fight [FAIT] verbo riflessivo   **battersi**

Why are those children fighting?
Perchè si battono quei ragazzi?

> Andrea Chiariglione, in 1917, became the only fighter to knock out heavyweight champion Jack Dempsey. His fighting name was Jim Flynn.

---

to fill [FIL] verbo   **riempire**

Stephen fills the box with paper.
Stefano riempie la scatola di carta.

---

film [FILM] nome   **il film**
la pellicola

They made a new film in Hollywood.
Hanno girato un nuovo film a Hollywood.

The film is beautiful.
La pellicola è bella.

---

finally [FAI-nél-i] avverbio   **finalmente**

It is good weather, finally!
Fa bel tempo, finalmente!

---

to find [F<u>AI</u>ND] verbo   **trovare**

I like to find shells.
Mi piace trovare le conchiglie.

finger [F<u>I</u>N-gér] nome   **il dito**
The baby has ten little fingers.
Il bambino ha dieci piccole dita.

fingernail nome   **l'unghia**
I am ashamed. My fingernails are dirty.
Mi vergogno. Le mie unghie sono sporche.

to finish [F<u>I</u>N-<u>i</u>sh] verbo   **finire**
I finish my work before going out.
Finisco il mio lavoro prima di uscire.

fire [F<u>AI</u>R] nome   **il fuoco**
The fire is hot.
Il fuoco è caldo.

fireman nome   **il vigile del fuoco**
The fireman is very strong.
Il vigile del fuoco è molto forte.

fireplace nome   **il focolare**

The fire burns in the fireplace.
Il fuoco brucia nel focolare.

291

fire truck nome   **la pompa antincendio**

The fire truck makes a lot of noise.
La pompa antincendio fa molto rumore.

---

first [F<u>UR</u>ST] aggettivo   **primo,** masc.
                                                         prima, fem.

Breakfast is the first meal of the day.
La piccola colazione è il primo pasto del giorno.

---

fish [F<u>I</u>SH] nome   **il pesce**

There are many fish in this lake.
Ci sono molti pesci in questo lago.

fish tank nome   **la vasca da pesci**

There are some goldfish in the fish tank.
Ci sono alcuni pesci rossi nella vasca da pesci.

goldfish nome   **pesce rosso**

I have five goldfish.
Io ho cinque pesci rossi.

to go fishing verbo   **andare a pescare**

We are going fishing.
Noi andiamo a pescare.

---

five [F<u>AI</u>V] aggettivo   **cinque**

I have five books.
Io ho cinque libri.

---

to fix [F<u>I</u>KS] verbo   **riparare**

My brother is fixing the phonograph.
Mio fratello ripara il giradischi.

---

flag [FLAG] nome   **la bandiera**
There are two flags in the classroom.
Ci sono due bandiere nella classe.

---

flat [FLAT] aggettivo   **piano,** masc.
                                                                              piana, fem.

The field is flat.
Il campo è piano.

---

floor [FLAWR] nome   **il pavimento**
The pen falls on the clean floor.
La penna cade sul pavimento pulito.

floor of a building nome   **il piano**
On what floor is your apartment?
A che piano è il vostro apartamento?

---

flower [FLOW-ér] nome   **il fiore**

We have many flowers in the garden.
Noi abbiamo molti fiori nel giardino.

---

fly [FLAI] nome   **la mosca**
There are flies in the kitchen.
Ci sono delle mosche nella cucina.

---

to fly [FLAI] verbo   **volare**
The pilot flies in the airplane.
Il pilota vola nell'apparecchio.

---

fog [FAG] nome   **la nebbia**
It is difficult to see because of the fog.
È difficile vedere a causa della nebbia.

---

to follow [FAL-oh] verbo   **seguire**

The pupils in the class follow the teacher.
Gli studenti nella classe seguono la maestra.

---

food [FUD] nome   **il cibo**

Look at all that delicious food in the restaurant!
Guarda quanti cibi saporiti nel ristorante!

---

foolish [FU-lish] aggettivo   **sciocco, stolto,
                                                  stupido,** masc.
                                                  **sciocca, stolta,
                                                  stupida,** fem.

He did a foolish thing.
Ha fatto una cosa sciocca.

---

foot [FUT] nome   **il piede**

My foot hurts.
Mi duole il piede.

to walk (to go on foot) verbo   **andare a piedi**

We walk to the museum.
Noi andiamo al museo a piedi.

---

for [fawr] preposizione   **per**

For desert she has chocolate ice cream.
Per dolce lei prende gelato di cioccolato.

---

foreign [FAHR-én] aggettivo   **lo straniero**

I would like to travel to foreign countries.
Vorrei viaggiare a paesi stranieri.

forest [F<u>A</u>R-<u>i</u>st] nome   **il bosco**
                                            la foresta

There are a hundred trees in the forest.
Ci sono cento alberi nella foresta.

---

forever [f<u>a</u>wr-EV-ér] avverbio   **per sempre**

He said "good-bye" forever.
Lui disse "addio" per sempre.

---

to forget [f<u>a</u>wr-GET] verbo   **dimenticare**

She always forgets her ticket.
Lei dimentica sempre il suo biglietto.

---

fork [F<u>A</u>WRK] nome   **la forchetta**

I eat meat with a fork.
Io mangio la carne con una forchetta.

---

to form [F<u>A</u>WRM] verbo   **formare**

I form a club at school.
Io formo un circolo a scuola.

---

forty [F<u>A</u>WR-ti] aggettivo   **quaranta**

Do you know the story of the forty thieves?
Conosce Lei il racconto dei quaranta briganti?

---

four [F<u>A</u>WR] aggettivo   **quattro**

There are four people in my family.
Ci sono quattro personne nella mia famiglia.

---

fourteen [f<u>aw</u>r-TIN] aggettivo   **quattordici**

I have fourteen dollars.
Io ho quattordici dollari.

---

fox [F<u>A</u>KS] nome   **la volpe**

The fox runs very fast.
La volpe corre velocemente.

France [FRANS] nome   **la Francia**

Here is a map of France.
Ecco una carta geografica della Francia.

---

free (no cost) [FRI] avverbio   **gratis**

The sign says: Free Entrance.
Il cartello dice: Entrata gratis.

French [FRENCH] aggettivo   **francese**

I am reading a French book.
Io leggo un libro francese.

---

fresh [FRESH] aggettivo   **fresco,** masc.
                                                              fresca, fem.

The bread is fresh.
Il pane è fresco.

Friday [FR<u>AI</u>-dei] nome   **il venerdì**

What do we eat on Friday? Fish!
Cosa mangiamo il venerdì? Il pesce!

---

friend [FREND] nome   **l'amico,** masc.
                                                              l'amica, fem.

I am your friend.
Io sono il tuo amico.

---

frightening [FR<u>AI</u>T-ning] aggettivo   **spaventevole**

The snake is frightening.
La serpe è spaventevole.

---

frog [FR<u>A</u>G] nome   **la rana**
The frog is green.
La rana è verde.

---

from [FR<u>A</u>M] preposizione   **da**
He has come from school.
Lui è venuto da scuola.

---

fruit [FRUT] nome   **la frutta**
Here is some fruit.
Ecco della frutta.

---

full [F<u>AUH</u>L] aggettivo   **pieno,** masc.
     piena, fem.
The suitcase is full of clothes.
La valigia è piena di panni.

---

funny [F<u>É</u>N-i] aggettivo   **comico,** masc.
     comica, fem.
The clown is funny.
Il buffone è comico.

---

future [FYU-ch<u>é</u>r] nome   **il futuro**
In the future I am going to visit Italy.
In futuro visiterò l'Italia.

G

game [GEIM] nome   **il giuoco**
Which game do you prefer?
Quale giuoco preferisce Lei?

---

garage [gé-RAHZH] nome   **l'autorimessa**
The car is in the garage.
La macchina è nell' autorimessa.

---

garden [GAHR-dén] nome   **il giardino**
The garden is full of flowers in June.
Il gardino è pieno di fiori in giugno.

---

gas [GAS] nome   **il gas**
You have a gas stove? We have an electric stove!
Vio avete un fornello a gas? Noi abbiamo un fornello elettrico!

---

gasoline [gas-é-LIN] nome   **la benzina**
Daddy says, "We don't have enough gasoline."
Il babbo dice, "Non abbiamo abbastanza benzina."

---

gas station   **il distributore di benzina**
       [gas-STAY-shon] nome
My mother is going to the gas station.
Mia madre va dal distributore di benzina.

---

to gather [GA-thér] verbo   **cogliere**
He is going to gather some apples.
Lui va a cogliere delle mele.

---

gay [GEI] aggettivo   **allegro,** masc.
                                                      allegra, fem.

The music is gay.
La muscia è allegra.

---

gentle [DJEN-tél] aggettivo   **gentile**
The mother is gentle with her baby.
La mamma è gentile con il suo bambino.

gently [DJENT-lee] avverbio   **piano**
                                           gentilmente
Walk gently. Mother has a headache.
Cammina piano. La mamma ha dolor di testa.

geography [dji-AG-ré-fi] nome   **la geografia**
I like to study geography.
Mi piace studiare la geografia.

to get [GET] verbo   **ricevere**
I receive a postcard from my sister.
Io ricevo una cartolina da mia sorella.

to get dressed [get-DREST] verbo riflessivo **vestirsi**
I get up, I get dressed, I go to school.
Io mi alzo, io mi vesto, io vado a scuola.

to get up [get-ÉP] verbo riflessivo   **alzarsi**

Get up, John. You're late.
Alzati, Giovanni. Sei in ritardo.

giant [DJAI-ént] nome   **il gigante**
Read me the story about a giant.
Leggimi la storia di un gigante.

gift [gift] nome   **il regalo**
A gift for me?
Un regalo per me?

girl [GURL] nome   **la ragazza**
la ragazzina

The little girl plays with her doll.
La ragazzina gioca con la bambola.

The girl wears an apron.
La ragazza porta un grembiule.

---

to give [GIV] verbo   **dare**
Please give me the camera.
Dammi la macchina fotografica, per piacere.

to give back verbo   **restituire**
He returns my roller skates.
Mi restituisce i pattini a rotelle.

---

glad, happy [GLAD] aggettivo   **contento,** masc.
contenta, fem.
felice

The little girl is not happy.
La ragazzina non è contenta.

---

glass [GLAS] nome   **il bicchiere**
I put the glass on the table.
Io metto il bicchiere sul tavolo.

---

glasses (eyeglasses) [GLAS-és] nome   **gli occhiali**
Be careful. You are going to break your glasses.
Attenzione. Tu ti rompi gli occhiali.

---

glove [GLÉV] nome   **il guanto**
She is wearing white gloves.
Lei porta i guanti bianchi.

---

glue [GLU] nome   **la colla**

The bottle of glue is empty.
La bottiglia di colla è vuota.

to glue verbo   **incollare**

I glue a picture to a page of my notebook.
Io incollo una fotografia a una pagina del mio quaderno.

to go [GOH] verbo   **partire**

My aunt is leaving at five o'clock.
Mia zia parte alle cinque.

to go [GOH] verbo   **andare**

Where are you going? I'm going home.
Dove vai? Vado a casa.

to go back [GOH-BAK] verbo   **ritornare**

He goes to the blackboard and then returns to his seat.
Lui va alla lavagna e poi ritorna al suo posto.

to go down [GOH-DAWN] verbo   **scendere**

I go down to buy the paper.
Io scendo per comprare il giornale.

The man goes down the stairs.
L'uomo scende le scale.

to go into [GOH-in-tu] verbo   **entrare**

They go into the house.
Loro entrano in casa.

to go to bed [GOH tu-bed] verbo   **andare a letto**

I do not like to go to bed early.
Non mi piace andare a letto presto.

to go up [GOH-up] verbo   **salire**

The kite goes up to the sky.
L'aquilone sale al cielo.

goat [G<u>OH</u>T] nome   **la capra**

The goat eats grass on the mountain.
La capra mangia l'erba sulla montagna.

---

gold [G<u>OH</u>LD] nome   **l'oro**
I would like to have a gold ring.
Vorrei avere un anello di oro.

---

good [G<u>AUH</u>D] aggettivo   **buono,** masc.
                                              buona, fem.

It is an interesting book; it is a good book.
È un libro interessante; è un buon libro.

Good afternoon   **Buon pomeriggio**
       espressione idiomatica

"Good afternoon children," says the teacher.
"Buon pomeriggio ragazzi," dice la maestra.

Goodbye espressione idiomatica   **Arrivederci**

In the morning father says "Goodbye"
to his family.
La mattina il padre dice "Arrivederci"
alla famiglia.

Good evening espressione idiomatica   **Buona sera**

When father returns home at 9 o'clock, he
says "Good evening."
Quando il padre ritorna a casa alle nove, dice
"Buona sera."

Good luck espressione idiomatica   **Buona fortuna**
Good luck, John.
Buona fortuna, Giovanni.

Good morning espressione idiomatica   **Buon giorno**

"Good morning children," says mother.
"Buon giorno ragazzi," dice la mamma.

---

granddaughter [GRAND-d<u>aw</u>-tér] nome   **la nipote**

Carl's granddaughter is five years old.
La nipote di Carlo ha cinque anni.

---

grandfather [GRAND-fah-<u>th</u>ér] nome   **il nonno**

My grandfather likes to drive the car.
Al mio nonno piace guidare la macchina.

---

grandmother [GRAND-mé<u>th</u>-ér] nome   **la nonna**

*We are going to my grandmother's house
on Sunday.*
Andiamo dalla nonna domenica.

---

grandson [GRAND-sén] nome   **il nipote**

My grandson is tall.
Mio nipote è alto.

---

grape [GREIP] nome   **l'uva**

The fox looks at the grapes.
La volpe guarda l'uva.

---

grapefruit [GREIP-frut] nome   **il pompelmo**

The grapefruit is not sweet.
Il pompelmo non è dolce.

---

grass [GRAS] nome   **l'erba**

Grass is green.
L'erba è verde.

---

grasshopper [GRAS-hap-ér] nome   **la cavalletta**

The boy tries to catch the grasshopper.
Il ragazzo tenta di prendere la cavalletta.

---

gray [GREI] aggettivo   **grigio,** masc.
                                                                             grigia, fem.

The mouse is gray.
Il topo è grigio.

---

great [GREIT] aggettivo   **fantastico, meraviglioso,**
                                                        straordinario, masc.
                                                        fantastica, meravigliosa,
                                                        straordinaria, fem.

You're going to the circus? Great!
Tu vai al circo? Fantastico!

great [GREIT] aggettivo   **grande**

Madame Curie was a great scientist.
Madama Curie era una grande scienziata.

---

green [GRIN] aggettivo   **verde**

When the banana is not ripe, it is green.
Quando la banana non è matura, è verde.

---

grocer [GROH-sér] nome   **il droghiere**

The grocer sells jam.
Il droghiere vende la marmellata.

---

ground [GROWND] nome   **la terra**

The ground is soft.
La terra è morbida.

304

ground floor nome   **pianterreno**

Our apartment is on the ground floor.
Il nostro appartamento è al pianterreno.

---

to grow [GR<u>OH</u>] verbo   **crescere**

The child grows fast.
Il ragazzo cresce rapidamente.

---

guard [GAHRD] verbo   **custodire**
                                                          proteggere
                                                          difendere

He guards the money.
Lui custodisce i soldi.

The man guards (protects) the lady.
L'uomo protegge la donna.

The soldier guards (defends) his country.
Il soldato difende la patria.

---

to guess [GES] verbo   **indovinare**

Can you guess how much money I have?
Puoi indovinare quanti soldi ho?

---

guitar [gi-TAHR] nome   **la chitarra**

I know how to play the guitar.
Io so suonare la chitarra.

---

gun [GĖN] nome   **la rivoltella**

The policeman has a gun.
Il poliziotto ha una rivoltella.

H

hair [HEHR] nome   **il capello**
Students at the university like long hair.
Agli studenti universitari piacciono i capelli lunghi.

hairbrush nome   **la spazzola per capelli**
The hairbrush is white.
La spazzola per capelli è bianca.

---

half [HAF] aggettivo   **mezzo,** masc.
                                                     mezza, fem.

I have eaten half of the cake.
Io ho mangiato mezza la torta.

half an hour nome   **mezz'ora**
I have been waiting for you for half an hour!
Ti aspetto da mezz'ora!

---

half [HAF] nome   **la metà**
Give me half of the pear, please.
Dammi la metà della pera, per piacere.

---

ham [HAM] nome   **il prosciutto**
Will you have some ham in your sandwich?
Vuole un po' di prosciutto nel suo panino?

---

hammer [HAM-ér] nome   **il martello**
Carlo is working with a hammer.
Carlo lavora con un martello.

---

hand [HAND] nome   **la mano**
My hands are dirty.
Ho le mani sporche.

right hand nome   **la mano destra**

My right hand hurts.
Mi duole la mano destra.

left hand nome   **la mano sinistra**

I write with my left hand.
Io scrivo con la mano sinistra.

---

handbag [HAND-bag] nome   **la borsa**

The handbag is leather.
La borsa è di cuoio.

---

handkerchief [HANG-kér-chif] nome   **il fazzoletto**

This handkerchief is mine.
Questo fazzoletto è mio.

---

handsome [HAN-sém] aggettivo   **bello,** masc.
                                        bella, fem.

The artist is handsome.
L'artista è bello.

---

happen [HAP-én] verbo   **avviene, accade, succede**

It happens every day.
Succede ogni giorno.

What is happening   **Che succede?**
       expressione idiomatica

What is happening tonight, John?
Che succede stasera, Giovanni?

---

happy [HAP-i] aggettivo   **contento, allegro,** masc.
                                  contenta, allegra, fem.
                                            felice

He is happy to be here.
Lui è contento di essere qui.

Happy birthday   **Buon compleanno**
[HAP-i-BURTH-dei] espressione idiomatica

Happy birthday, John.
Buon Compleanno, Giovanni.

---

hard [HAHRD] aggettivo   **duro,** masc.
                                                    dura, fem.

This apple is too hard.
Questa mela è troppo dura.

---

hat [HAT] nome   **il cappello**
What a pretty hat!
Che bel cappello!

---

to hate [HEIT] verbo   **odiare**
He hates spinach.
Lui odia gli spinaci.

---

to have [HAV] verbo   **avere**
She has a pencil.
Lei ha una matita.

to have a good time verbo riflessivo   **divertirsi**
I have a good time at the theater.
Io mi diverto al teatro.

to have a headache   **aver un dolor di testa**
    espressione idiomatica

I am sick. I have a headache.
Sono malato. Ho un dolor di testa.

to have a stomachache   **avere un mal di stomaco**
    espressione idiomatica

Do you have a stomachache?
Hai un mal di stomaco?

to have (food) verbo   **prendere**

Mom has toast for breakfast.
La mamma prende il pane tostato per prima colazione.

to have to ("must") verbo   **dovere**

I have to wash my hands.
Mi devo lavare le mani.

---

hay [HEI] nome   **il fieno,** masc.
                                        la paglia, fem.

The farmer gives hay to the horses.
L'agricoltore dà il fieno ai cavalli.

---

he [HI] pronome   **lui**

He has arrived.
Lui è arrivato.

---

head [HED] nome   **la testa**

The soldier turns his head.
Il soldato gira la testa.

---

health [HELTH] nome   **la salute**

Mother says, "Candy is not good for your health."
La mamma dice, "I dolci non sono buoni per la salute."

---

to hear [HIR] verbo   **sentire**

I hear the telephone ringing.
Io sento suonare il telefono.

---

heart [HAHRT] nome   **il cuore**

Look at all the hearts on the playing card!
Quanti cuori sulla carta!

---

heavy [HEV-i] aggettivo   **pesante**

The suitcase is very heavy.
La valigia è molto pesante.

---

helicopter [HEL-i-kap-tér] nome **l'elicottero**

What is it? A helicopter.
Che è? Un elicottero.

Hello [he-LOH] espressione idiomatica **Buon giorno**
"Hello, children," says the teacher.
"Buon giorno, ragazzi," dice la maestra.

---

to help [HELP] verbo **aiutare**
John helps his sister carry the books.
Giovanni aiuta la sorella a portare i libri.

---

help [HELP] nome **l'aiuto**
When I fall I cry, "Help!"
Quando io cado grido, "Aiuto!"

---

her [HUR] adjective **suo,** masc.
 sua, fem.

Her handbag is new.
La sua borsa è nuova.

---

here [HIR] avverbio **qui**
 presente
My friend Joan is here.
La mia amica Giovanna è presente.

here are avverbio **ecco**
Here are my toys!
Ecco i miei giocattoli!

here is avverbio **ecco**
Here is my toy!
Ecco il mio giocattolo!

---

herself [hur-SELF] pronome   **sè**
She came by herself.
Venne da sè.

---

to hide [HAID] verbo   **nascondere**
The boy is hiding the flowers behind him.
Il ragazzo nasconde i fiori dietro di se.

to play hide and seek   **giocare a rimpiattino**
   [HAID-n-SIK] espressione idiomatica

---

high (tall) [HAI] aggettivo   **alto,** masc.
                                                   alta, fem.

The building is high.
L'edificio è alto.

---

highway [HAI-wei] nome   **l'autostrada**
What is the name of this highway?
Come si chiama quest'autostrada?

---

him [HIM] pronome   **lui**
                                                          lo

I like him.
Lui mi piace.

I see him.
Io lo vedo.

---

himself [him-SELF] pronome   **sè**
He did it by himself.
Lui l'ha fatto da sè.

---

history [HIS-té-ri] nome   **la storia**
Do you like to study history?
Ti piace studiare la storia?

---

to hit [HɪT] verbo   **battere**
He's hitting me!
Lui mi batte!

hole [HOHL] nome   **il buco**
I have a hole in my sock.
Io ho un buco nella calza.

holiday [HAL-i-dei] nome   **la festa**
I like holidays.
Mi piacciono le feste.

home [HOHM] nome   **la casa**
Here is my uncle's house.
Ecco la casa di mio zio.

homework [HOHM-wurk] nome   **i compiti**
We are going to do our homework together.
Noi facciamo i compiti insieme.

hoop [HUP] nome   **il cerchio**
The boy is rolling a big hoop.
Il ragazzo rotola un gran cerchio.

to hope [HOHP] verbo   **sperare**
I hope to get a good mark in history.
Io spero di ricevere un buon voto in istoria.

horse [HAWRS] nome   **il cavallo**

The boy rides a horse.
Il ragazzo va a cavallo.

hospital [HAS-pi-tél] nome   **l'ospedale**

The nurse works at the hospital.
L'infermiera lavora all'ospedale.

hot [HAT] aggettivo   **caldo,** masc.
     calda, fem.

It is hot.
Fa caldo.

to be hot expressione idiomatica   **avere caldo**

The sun is shining and I am hot.
Il sole brilla ed io ho caldo.

hotel [hoh-TEL] nome   **l'albergo**

What is the name of this hotel?
Come si chiama quest'albergo?

hour [OWR] nome   **l'ora**

What time is it?
Che ora è?

house [HOWS] nome   **la casa**

Here is my uncle's house.
Ecco la casa di mio zio.

how [HOW] avverbio   **come**

How are you?
Come stai?

however [how-E-vér] avverbio   **comunque**

He will come; however, I will not come.
Lui viene; comunque, io no vengo.

how many [HOW MEN-i] aggettivo   **quanti**

How many toys do you have?
Quanti giocattoli hai?

how much [HOW MÉCH] aggettivo   **quanto**

How much work you have done!
Quanto lavoro ha fatto!

---

humid [HYU-mid] aggettivo   **umido,** masc.
umida, fem.

It is very humid today.
È molto umido oggi.

---

to be hungry [HÉNG-ri] verbo   **avere fame**

I am hungry.
Io ho fame.

---

hunter [HÉN-tér] nome   **il cacciatore**

The hunter goes into the forest.
Il cacciatore va nella foresta.

---

hurray [hé-REI] interiezione   **bravo**

"Hurray," shout the spectators.
"Bravo," gridano gli spettatori.

---

to hurry [HÉ-ri] verbo   **affrettarsi**

They hurry because they are late.
Si affrettano perchè sono in ritardo.

---

hurt [HURT] nome   **la ferita**
il male
il dolore

The hurt is serious.
La ferita è grave.

---

husband [HÉZ-bénd] nome   **il marito**

My aunt's husband is my uncle.
Il marito di mia zia è mio zio.

I

I [AI] pronome   **io**

I am speaking to my friends.
Io parlo ai miei amici.

---

ice [AIS] nome   **il ghiaccio**

Let's go ice skating!
Andiamo a pattinare sul ghiaccio!

---

ice cream [AIS KRIM] nome   **il gelato**

Do you like vanilla ice cream?
Ti piace il gelato vaniglia?

---

to ice skate verbo   **pattinare sul ghiaccio**

I like to ice skate.
Mi piace pattinare sul ghiaccio.

---

ice skates [AIS-SKEITS] nome   **i pattini a ghiaccio**

The ice skates are new.
I pattini a ghiaccio sono nuovi.

---

idea [ai-DI-é] nome   **l'idea**

What a good idea it is to go to the pool!
Che buona idea d'andare alla piscina!

---

if [IF] congiunzione   **se**

If he comes, I'll take him with me.
Se viene, lo porto con me.

---

immediately [i-MI-di-it-li] avverbio   **immediatamente**

He did it immediately.
Lui lo ha fatto immediatamente.

---

important [im-PAWR-tént] aggettivo   **importante**

It is important to eat vegetables.
È importante mangiare la verdura.

---

impossible [im-PAS-i-bél] aggettivo   **impossible**

It is impossible to roll this rock.
È impossibile rotolare questo macigno.

---

in [IN] preposizione   **in**

They go into town.
Vanno in città.

in front of [in-FRÉNT-év] preposizione   **davanti a**

There is a table in front of the sofa.
C'è un tavolo davanti al divano.

in honor of   **in onore di**
    [in-AHN-ér-év] expressione idiomatica

*We are dining in a restaurant in honor of
my daughter.*
Pranziamo al ristorante in onore di mia figlia.

in the middle of   **in mezzo a**
    [in-thé-MID-él-év] expressione idiomatica

Mom puts the candy in the middle of the table.
La mamma mette i dolci in mezzo al tavolo.

in order to [in-AWD-ér-tu] preposizione   **per**

She is going to the store (in order) to buy stockings.
Va al negozio per comprare le calze.

(in) this way [in THIS-WEI] avverbio   **così**

The little marionettes dance this way.
Le piccole marionette ballano cosi.

This way the road is longer.
Così il camino è più lungo.

to indicate [IN-dị-keit] verbo   **indicare**

The policeman indicates that we must go by this road.
Il poliziotto indica che dobbiamo andare per questa strada.

---

inexpensive   **a buon mercato**
    [in-ik-SPEN-sịv] espressione idiomatica

Bread is inexpensive; it does not cost much.
Il pane si vende a buon mercato; non costa molto.

---

insect [IN-sekt] nome   **l'insetto**

I dislike insects.
Gli insetti non mi piacciono.

---

intelligent [in-TEL-ị-djént] aggettivo   **intelligente**

The teacher says, "What an intelligent class!"
La maestra dice, "Che classe intelligente!"

---

intentionally (on purpose)   **intenzionalmente**
    [in-TEN-shén-él-li] avverbio

My brother teases me intentionally.
Mio fratello mi fa dispetti intenzionalmente.

---

interesting [IN-tér-és-ting] aggettivo   **interessante**

Do you think the film is interesting?
Lei trova che il film è interessante?

---

into [IN-tu] preposizione   **in**

They go into the city.
Vanno in città.

---

to introduce [in-tré-DUS] verbo   **presentare**

I would like to introduce my grandson to you.
Ti vorrei presentare il mio nipote.

---

to invite [in-VAIT] verbo   **invitare**

My aunt invites me to her house.
Mia zia mi invita a casa sua.

---

to iron [AI-érn] verbo   **stirare**

My mother irons Daddy's shirt with an iron.
Mia madre stira la camicia del babbo col ferro.

---

iron (appliance) [AI-érn] nome   **il ferro**

The iron is not working. I can't iron this dress.
Il ferro non funziona. Non posso stirare questo vestito.

iron (metal) [AI-érn] nome   **il ferro**

This stove is made of iron.
Questa stufa è di ferro.

---

island [AI-lénd] nome   **l'isola**

Capri is an Italian island.
Capri è un'isola italiana.

Isn't that true?   **non è vero?**
          [IZNT that-TRU] espressione idiomatica

Isn't that so? [IZNT that-SOH]

Don't you agree? [DONT u a-GREE]

The weather is bad, isn't it?
Fa cattivo tempo, non è vero?

My teacher is handsome, don't you agree?
Il mio professore è bello, non è vero?

---

it [IT] pronome   **lo, li, la, le**

Here is the pencil! Do you want it?
Ecco il lapis! Lo vuoi?

Do you want them?
Li vuoi?

Here they are!
Eccole!

it is forbidden to   **è vietato, è proibito**
   espressione idiomatica
It is forbidden to enter this room.
È proibito entrare in questa stanza.

it is necessary espressione idiomatica   **è necessario**
It is necessary to go to school.
È necessario andare a scuola.

it is raining verb   **piove**
It rains a lot in the month of April.
Piove molto nel mese di aprile.

it is snowing verb   **nevica**
Look out the window. It is snowing.
Guarda dalla finestra. Nevica.

J

jacket [DJAK-it] nome   **la giacca**
My grandfather wears pants and a jacket.
Il mio nonno porta pantaloni e giacca.

---

jackknife [DJAK-naif] nome   **il coltello a serramanico**
A jackknife is dangerous.
Un coltello a serramanico è pericoloso.

---

jam [DJAM] nome   **la marmellata**
Please give me a piece of bread with strawberry jam.
Per piacere mi dia una fetta di pane con marmellata di
fragole.

January [DJAN-yu-er-i] nome   **gennaio**
January 6 is a holiday in Italy.
Il sei gennaio è festa in Italia.

---

jet plane [DJET-PLEIN] nome   **l'aviogetto**
The jet plane has arrived.
L'aviogetto è arrivato.

---

jewel [DJU-él] nome   **Il gioiello**
This jewel is magnificent.
Questo gioiello è magnifico.

jewelry [DJU-él-ri] nome   **i gioielli**
There is a lot of jewelry in the trunk.
Ci sono molti gioielli nel baule.

---

juice [DJUS] nome   **il sugo**
                                                          la spremuta
I like orange juice and apple juice.
Mi piacciono la spremuta d'arancia e il sugo di mela.

July [dju-LAI] nome   **luglio**
In July it is very hot in Italy.
Nel mese di luglio fa molto caldo in Italia.

---

to jump [DJÉMP] verbo   **saltare**
The boy jumps from the stairs.
Il ragazzo salta dalle scale.

June [DJUN] nome   **giugno**
How many days are there in June?
Quanti giorni ci sono nel mese di giugno?

K

kangaroo [kang-gé-RU] nome   **il canguro**
The kangaroo is a strange animal.
Il canguro è un animale strano.

---

to keep [KIP] verbo   **conservare**
I keep the list at home.
Io conservo l'elenco a casa.

---

key [KI] nome   **la chiave**
Where is my key?
Dov'è la mia chiave?

---

to kick [KIK] verbo   **dare un calcio a**
He kicked me.
Lui mi diede un calcio.

---

to kill [KIL] verbo   **uccidere**
Mother kills the fly.
La mamma uccide la mosca.

---

kilometer [KIL-é-mi-tér] nome   **il chilometro**
I live five kilometers from the school.
Io abito a cinque chilometri dalla scuola.

---

kind [KAIND] aggettivo   **gentile**
The lady is kind.
La donna è gentile.

---

kind [KAIND] nome   **il tipo**
                                                  la specie

What kind of meat is this?
Che specie di carne è questa?

---

king [KING] nome   **il re**
Is there a king in Italy? No, there is a president.
C'è un re in Italia? No, c'è un presidente.

kiss [KIS] nome   **il bacio**
Mother is kissing the child.
La mamma da un bacio al ragazzo.

kitchen [KICH én] nome   **la cucina**
Mother prepares meals in the kitchen.
La mamma prepara i pasti nella cucina.

kite [KAIT] nome   **l'aquilone**
Good, it's windy. Let's play with a kite.
Bene, tira vento. Giochiamo con l'aquilone.

kitten [KIT-én] nome   **il gattino**
The kitten is cute.
Il gattino è carino.

knee [NI] nome   **il ginocchio**
You have a sore knee? That's too bad!
Ti fa male il ginocchio? Che peccato!

knife [NAIF] nome   **il coltello**
                                                                     il temperino
He has a knife.
Lui ha un temperino.

to knit [NIT] verbo   **lavorare a maglia**
I am learning how to knit.
Sto imparando a lavorare a maglia.

to knit socks verbo   **fare la calza**
I am knitting socks.
Faccio la calza.

knob [NAB] nome   **il pomo**
The knob is made of wood.
Il pomo è di legname.

to knock [NAK] verbo   **bussare**
Mommy, someone is knocking at the door.
Mamma, qualcuno bussa alla porta.

to know [NOH] verbo   **conoscere**
Do you know my teacher?
Conosci il mio maestro?

to know (how to) [NOH] verbo   **sapere**
I know how to ride a bicycle.
Io so andare in bicicletta.

L

lady [LEI-di] nome   **la donna, la signora**
Who is the lady?
Chi è la donna?

lake [LEIK] nome   **il lago**

There is a boat in the middle of the lake.
C'è una barca nel mezzo del lago.

lamp [LAMP] nome   **la lampada**
The lamp is in the living room.
La lampada è nel salone.

large [LAHRDJ] aggettivo **grande**

The house is large.
La casa è grande.

---

last [LAST] aggettivo **ultimo,** masc.
ultima, fem.

Paul is the last one to sit down at the table.
Paolo è l'ultimo a sedersi al tavolo.

---

late [LEIT] avverbio **tardi**

He arrived late.
Lui è arrivato tardi.

to be late expressione idiomatica **essere tardi**
    (impersonale)

It is late. Let's hurry.
È tardi. Affrettiamoci.

to be late expressione idiomatica **essere in ritardo**
    (personale)

I am late. I must hurry.
Sono in ritardo. Devo affrettarmi.

---

to laugh [LAF] verbo **ridere**

She laughs when she looks at the clown.
Lei ride quando guarda il buffone.

---

lawyer [LAW-yér] nome **l'avvocato**

My uncle is a lawyer.
Mio zio è avvocato.

---

lazy [LEI-zi] aggettivo   **pigro,** masc.
                                    pigra, fem.

My teacher says I am lazy.
Il mio maestro dice che io sono pigro.

---

to lead [LID] verbo   **condurre**

He leads his dog outside.
Lui conduce a spasso il suo cane.

---

leader [LI-dér] nome   **il capo**

No! You're always playing the leader.
No! Tu fai sempre da capo.

---

leaf [LIF] nome   **la foglia**

There are many leaves on the ground in autumn.
Ci sono molte foglie a terra nell'autunno.

---

to leap [LIP] verbo   **saltare**

I leap over the wall.
Io salto il muro.

to play leapfrog   **giocare a cavalletta**
    espressione idiomatica

The children play leapfrog.
I ragazzi giocano a cavalletta.

---

to learn [LURN] verbo   **imparare**

She likes to learn French.
A lei piace imparare il francese.

---

leather [LETH-ér] nome **il cuoio**

My brother's jacket is made of leather.
La giacca di mio fratello è di cuoio.

---

to leave [LIV] verbo **lasciare**

I often leave my books at Michael's house.
Io lascio spesso i miei libri a casa di Michele.

to leave [LIV] verbo **partire**

My aunt is leaving at 5 o'clock.
Mia zia parte alle cinque.

---

left [LEFT] aggettivo **sinistra**

I raise my left hand.
Io alzo la mano sinistra.

to the left espressione idiomatica **a sinistra**

The tree is to the left of the house.
L'albero è a sinistra della casa.

---

leg [LEG] nome **la gamba**

Man has two legs; animals have four paws.
L'uomo ha due gambe; gli animali hanno quattro zampe.

---

lemon [LEM-én] nome **il limone**

Lemons are yellow.
I limoni sono gialli.

---

to lend [LEND] verbo **prestare**

Can you lend me your bicycle?
Mi puoi prestare la (tua) bicicletta?

---

leopard [LEP-érd] nome **il leopardo**

The leopard is in the forest.
Il leopardo è nella foresta.

---

less [LES] avverbio **meno**

You gave me less than you said.
Mi ha dato meno di quel che ha detto.

---

lesson [LES-én] nome **la lezione**

Today's lesson is difficult, isn't it?
La lezione di oggi è difficile, non è vero?

---

to let (to allow) [LET] verbo **permettere**

My brother lets me go with him.
Mio fratello mi permette di andare con lui.

---

letter [LET-ér] nome **la lettera**

I put the letter in the envelope.
Io metto la lettera nella busta.

---

letter box [LET-ér-baks] nome **la buca delle lettere**

The letter box is to the left of the door.
La buca delle lettere è a sinistra della porta.

---

lettuce [LET-is] nome **la lattuga**

Mom makes a salad with lettuce.
La mamma fa l'insalata con la lattuga.

---

library [LAI-brer-i] nome **la biblioteca**

There are so many books in the library!
Ci sono tanti libri nella biblioteca!

---

lie [LAI] nome   **la bugia**
la menzogna

He tells lies.
Lui dice bugie.

light [LAIT] nome   **la luce**

The moon does not give much light.
La luna non dà molta luce.

light (traffic) nome   **il semaforo**

You cross the street when you see the green traffic light.
Si attraversa la strada quando si vede il semaforo verde.

light switch [LAIT SWICH] nome   **l'interruttore**

The light switch is broken.
L'interruttore è rotto.

light [LAIT] aggettivo   **leggiero,** masc.
leggiera, fem.

This box is light.
Questa scatola è leggiera.

lightning [LAIT-ning] nome   **il fulmine**

I am afraid of lightning.
Ho paura dei fulmini.

to like [LAIK] verbo   **amare**

A mother likes her children.
Una mamma ama i figli.

to like [LAIK] verbo   **piacere**
(to be pleasing to)

The man likes wine. (The wine is pleasing to the man.)
All'uomo piace il vino.

---

lion [LAI-én] nome   **il leone**
The lion is not a gentle animal.
Il leone non è un animale gentile.

---

lip [LIP] nome   **il labbro**
My lip hurts.
Mi duole il labbro.

---

to listen [LIS-én] verbo   **ascoltare**
The boy is listening to the radio.
Il ragazzo ascolta la radio.

---

little [LIT-l] aggettivo   **piccolo,** masc.
                                                        piccola, fem.

The boy is little.
Il ragazzo è piccolo.

---

little [LIT-l] nome   **un poco**
                                                           un po'
Do you want any bread? A little, please.
Vuole del pane? Un po', per piacere.

---

to live [LIV] verbo   **abitare**
Where do you live?
Dove abita Lei?

to live [LIV] verbo   **vivere**
We live well in America.
Viviamo bene in America.

to live (reside) [LIV] verbo   **risiedere**
Where do you live?
Dove risiede Lei?

---

living room [L<small>IV</small>-ĭng rum] nome   **il salotto**

Who is in the living room?
Chi è nel salotto?

---

loaf (of bread) [L<small>OHF</small>] nome   **il pane**
You see many loaves of bread in the bakery.
Si vedono molti pani nella panetteria.

roll [R<small>OHL</small>] nome   **il panino**
A roll, please.
Un panino, per piacere.

toast [T<small>OH</small>S<small>T</small>] nome   **il pane tostato**
My sister prefers toast.
Mia sorella preferisce il pane tostato.

---

long [L<small>AWNG</small>] aggettivo   **lungo,** masc.
                                                        lunga, fem.

She is wearing a long dress.
Porta un vestito lungo.

---

look (appearance) [L<small>AUHK</small>] nome   **l'apparenza**
The father has an angry look.
Il babbo ha un'apparenza irritata.

---

to look after verbo   **badare a; sorvegliare**
I look after the kittens.
Io bado ai gattini.

---

to look at [L<small>AUHK</small>] verbo   **guardare**
I like to watch television.
Mi piace guardare la televisione.

---

to look for verbo   **cercare**
Father is always looking for his keys.
Il babbo cerca sempre le sue chiavi.

---

to lose [LUZ] verbo   **perdere**
John always loses his hat.
Giovanni perde sempre il cappello.

---

lot of (many) [LAT] aggettivo   **molto,** masc.
                                                          molta, fem.

Mary has a lot of books.
Maria ha molti libri.

---

loud [LOWD] aggettivo   **forte**
He has a loud voice.
Lui ha una voce forte.

in a loud voice espressione idiomatica   **ad alta voce**
He speaks in a loud voice.
Lui parla ad alta voce.

---

loudly avverbio   **forte**
He plays the drum loudly.
Lui suona il tamburo forte.

---

to love [LĔV] verbo   **amare**

I love my cat.
Io amo il mio gatto.

---

love [LĔV] nome   **l'amore**
The boy has a great love for his family.
Il ragazzo ha un grande amore per la sua famiglia.

---

to lower [LOH-ér] verbo   **abbassare**

The sailor lowers the sail.
Il marinaio abbassa la vela.

---

luck [LÉK] nome   **la fortuna**

Before the exam my friend says, "Good luck!"
Prima dell'esame il mio amico dice, "Buona fortuna!"

to be lucky verbo   **essere fortunato**

The boy wins a prize. He is lucky.
Il ragazzo vince un premio. Lui è fortunato.

---

luggage [LÉG-idj] nome   **il bagaglio**

The luggage is ready for the trip.
Il bagaglio è pronto per il viaggio.

---

lunch [LÉNCH] nome   **la colazione**

I eat lunch at noon.
Io faccio colazione a mezzogiorno.

M

machine [mé-SHIN] nome   **la macchina**

The machine does not work.
La macchina non funziona.

washing machine nome   **la lavatrice**

Mother wants a washing machine.
La mamma vuole una lavatrice.

---

mad (crazy) [MAD] aggettivo   **matto, pazzo,** masc.
                                     matta, pazza, fem.

He is mad.
Lui è matto.

---

made of [MEID-év] espressione idiomatica   **di (fatto di)**
The door is made of wood.
La porta è di legno.

---

maid [MEID] nome   **la cameriera**
The maid is young.
La cameriera è giovane.

cleaning lady nome   **la donna di servizio**
The cleaning lady cleans the house.
La donna di servizio pulisce la casa.

---

to mail a letter   **imbucare una lettera**
     [MEIL é LET ér] verbo
I mail a letter every day.
Io imbuco una lettera ogni giorno.

---

mailbox [MEIL-BAKS] nome   **la buca delle lettere**
The mailbox is on the right.
La buca delle lettere è a destra.

---

mailman [MEIL-man] nome   **il postino**
The mailman brings letters and packages.
Il postino porta le lettere e i pacchi.

---

to make [MEIK] verbo   **fare**
He makes the trip in an hour.
Lui fa il viaggio in un'ora.

---

mama [MA-mé] nome   **la mamma**
Mama, where are my socks?
Mamma, dove sono le calze?

---

man [MAN] nome   **l'uomo**
The man comes to fix the TV set.
L'uomo viene ad aggiustare il televisore.

man [MAN] nome　　　　　　　　　　　**signore**

The man arrived at four o'clock.
Il signore è arrivato alle quattro.

---

many [MEN-i] aggettivo　　　　　　　**molto,** masc.
　　　　　　　　　　　　　　　　　　　molta, fem.

There are many books in the library.
Ci sono molti libri nella biblioteca.

---

map [MAP] nome　　　　　　　**la carta geografica**

Do you have a map of Italy?
Ha Lei una carta geografica dell'Italia?

road map [ROHD MAP] nome　　　**carta stradale**

The road map is new.
La carta stradale è nuova.

March [MAHRCH] nome　　　　　　　　**marzo**

It is windy in March.
Tira vento in marzo.

---

marionette [ma-ryan-ET] nome　　**la marionetta**

The marionettes are funny.
Le marionette sono comiche.

---

mark (in school) [MAHRK] nome　　　**il voto**

Do you have good marks?
Tu hai buoni voti?

---

market [MAHR-kit] nome　　　　　　**il mercato**

What do they sell at the market?
Che vendono al mercato?

---

to marry [MAR-i] verbo　　　　　　**sposare**

My sister marries the teacher.
Mia sorella sposa il maestro.

---

marvelous [MAHR-vé-lés] aggettivo   **meraviglioso,** masc.
                                           meravigliosa, fem.

You are going to the circus? Marvelous!
Tu vai al circo? Meraviglioso!

match [MACH] nome   **il fiammifero**

Matches are dangerous for children.
I fiammiferi sono pericolosi per i ragazzi.

May [MEI] nome   **maggio**

There are 31 days in May.
Ci sono trentuno giorni in maggio.

maybe [MEI-bi] avverbio   **forse, può darsi**

*Are we going horseback riding this
morning? Maybe!*
Andiamo a cavallo stamani? Può darsi!

Maybe we will come too.
Forse verremo anche noi.

me [MI] pronome   **mi, io**

He gives me some bread.
Lui mi dà del pane.

Who is knocking at the door? It's me, Michael.
Chi bussa alla porta? Sono io, Michele.

meal [MIL] nome   **il pasto**

Which meal do you prefer?
Quale pasto preferisce Lei?

to mean [MIN] verbo   **volere dire**

What does this word mean?
Che vuol dire questa parola?

meat [MIT] nome   **la carne**

The woman goes to the butcher shop to buy meat.
La donna va alla macelleria per comprare la carne.

mechanic [mé-KAN-ik] nome   **il meccanico**

I would like to become a mechanic.
Io vorrei diventare meccanico.

medicine [MED-i-sin] nome   **la medicina**

The medicine is good for you.
La medicina è buona per lei.

to meet [MIT] verbo   **incontrare**

Who meets Little Red Riding Hood in the forest?
Chi incontra Cappuccetto Rosso nella foresta?

member [MEM-bér] nome   **il socio**
                                                      il membro

He is a member of our team.
Lui è membro della nostra squadra.

menu [MEN-yu] nome   **la lista**

Every restaurant has a menu.
Ogni ristorante ha una lista.

merry-go-round   **la giostra**
       [MER-i-goh-rownd] nome   **il carosello**

Look at the horses on the merry-go-round!
Guarda i cavalli della giostra!

midnight [MID-na̲it] nome   **la mezzanotte**
It is midnight. Why aren't you sleeping?
È mezzanotte. Perchè non dormi?

mile [MA̲IL] nome   **il miglio**
My friend lives one mile from here.
Il mio amico abita a un miglio da qui.

milk [MI̲LK] nome   **il latte**
I drink milk and Daddy drinks coffee with milk.
Io bevo il latte e il babbo beve il caffé con latte.

million [MI̲L-yén] nome   **il milione**
How many records do you have? A million!
Quanti dischi hai tu? Un milione!

minute [MI̲N-it] nome   **il minuto**
How many minutes are there in an hour?
Quanti minuti ci sono in un'ora?

mirror [MIR-ér] nome   **lo specchio**
There is a mirror in my bedroom.
C'è uno specchio nella mia camera.

miss [MI̲S] nome   **la signorina**
Miss Marino? She is a good teacher.
La signorina Marino? Lei è una buona maestra.

mistake [mi̲s-TEIK] nome   **lo sbaglio**
I make mistakes when I write in Italian.
Faccio degli sbagli quando scrivo in italiano.

to mix [MI̲KS] verbo   **mescolare**
When you play cards, you mix the cards.
Quando si gioca alle carte, si mescolano.

moist [M<u>OI</u>ST] aggettivo   **umido,** masc.
                                    umida, fem.

My bathing suit is damp.
Il mio costume da bagno è umido.

Mom, Mommy [M<u>A</u>M, M<u>A</u>-mi] nome   **la mamma**

Mom, where are my socks?
Mamma, dove sono le calze?

moment [M<u>OH</u>-mént] nome   **il momento**

I am going into the post office for a moment.
Io entro nell'ufficio postale per un momento.

Monday [MÉN-dei] nome   **il lunedì**

What do you do on Monday?
Che fai tu il lunedì?

money [MÉN-i] nome   **il denaro**

He doesn't have enough money.
Lui no ha abbastanza denaro.

monkey [MÉNG-ki] nome   **la scimmia**

The monkey is eating a banana.
La scimmia mangia una banana.

month [MÉNTH] nome   **il mese**

We have two months of vacation.
Abbiamo due mesi di vacanze.

moon [MUN] nome   **la luna**

The moon is bright.
La luna è chiara.

morning [MAWR-ning] nome   **la mattina**

What do you eat in the morning?
Che mangi tu la mattina?

Good morning espressione idiomatica   **Buon giorno**

mosquito [més-KI-toh] nome   **la zanzara**

A mosquito bit me.
Una zanzara mi ha punto.

mother [MÉTH-ér] nome   **la madre**

Today is my mother's birthday.
Oggi è il compleanno di mia madre.

mountain [MOWN-tén] nome   **la montagna**

The mountains north of Italy are the Alps.
Le montagne al nord dell'Italia sono le Alpi.

mouse [MOWS] nome   **il topo**

mice [MAIS] nome   **i topi**

There are mice in this field.
Ci sono dei topi in questo campo.

mouth [MOWTH] nome   **la bocca**

The child opens his mouth when he cries.
Il bambino apre la bocca quando piange.

to move [MUV] verbo   **muovere**

She moves her fingers quickly when she plays the piano.
Lei muove rapidamente le dita quando suona il pianoforte.

movie [MU-vi] nome   **il film**
                                                                       la pellicola

They made a new film in Hollywood.
Hanno girato un nuovo "film" a Hollywood.

The film is new.
La pellicola è nuova.

movies nome   **il cinema**

There is a good film at the movies.
C'è buon "film" al cinema.

Mr. [MIS-tér] nome   **il signore**
"This way, please, sir."
"Di qua, per piacere, signore."

Mrs. [MIS-és] nome   **la signora**
Say "Good Morning" to the lady.
Di "Buon giorno" alla signora.

much [MÉCH] aggettivo   **molto,** masc.
                                                                      molta. fem.

I have much to do.
Ho molto da fare.

mud [MÉD] nome   **il fango**
My hands are covered with mud.
Ho le mani coperte di fango.

museum [myu-ZI-ém] nome   **il museo**
The museum is open from 2 to 5.
Il museo è aperto dalle due alle cinque.

music [MYU-zik] nome   **la musica**
Do you know how to read musical notes?
Sai leggere le note musicali?

musician [myu-ZISH-én] nome   **il musicista**

The musician is handsome.
Il musicista è bello.

---

my [MAI] pronome   **mio, miei**
                                                mia, mie

My brother is handsome.
Mio fratello è bello.

My sister is pretty.
Mia sorella è bella.

My brothers are here.
I miei fratelli sono qui.

My sisters have gone out.
Le mie sorelle sono uscite.

---

myself [mai-SELF] pronome   **me stesso**
I made it myself.
Io l'ho fatto da me stesso.

N

---

nail (fingernail) [NEIL] nome   **l'unghia**
My fingernail is broken.
L'unghia è rotta.

nail (metal) [NAIL] nome   **il chiodo**
My brother plays with nails and a hammer.
Mio fratello gioca con chiodi e un martello.

---

name [NEIM] nome   **il nome**
What is the name of this thing?
Qual'è il nome di questa cosa?

...name is verbo riflessivo   **chiamarsi**
What is your name? My name is Henry.
Come ti chiami? Io mi chiamo Enrico.

surname (last name) [S<u>UR</u>-neim] nome   **il cognome**
My surname is Palermo.
Il mio cognome è Palermo.

---

napkin [NAP-k<u>i</u>n] nome   **il tovagliolo**
There are four napkins on the table.
Ci sono quattro tovaglioli sul tavolo.

---

narrow [NAR-<u>oh</u>] aggettivo   **stretto,** masc.
      stretta, fem.

The road is narrow.
La strada è stretta.

---

nation [NEI-sh<u>é</u>n] nome   **la nazione**
There are many flags at the United Nations.
Ci sono molte bandiere davanti a Le Nazioni Unite.

---

national [NASH-<u>é</u>n-<u>é</u>l] aggettivo   **nazionale**
July 4 is the national holiday of the United States.
Il quattro luglio è la festa nazionale degli Stati Uniti.

---

naughty [N<u>AW</u>-ti] aggettivo   **cattivo,** masc.
      cattiva, fem.

Robert cannot go out. He is naughty.
Roberto non può uscire. È cattivo.

---

near [NIR] avverbio   **vicino a**
Milan is not close to the sea.
Milano non è vicino al mare.

---

neck [NEK] nome   **il collo**

My grandmother says, "My neck hurts."
La nonna dice, "Mi fa male il collo."

---

to need [NID] verbo   **avere bisogno di**

The fish needs water.
Il pesce ha bisogno d'acqua.

---

needle [NID-l] nome   **l'ago**

Here is a sewing needle.
Ecco un ago da cucire.

---

neighbor [NEI-bér] nome   **il vicino**

My neighbor Bernard lives near me.
Il mio vicino Bernardo abita vicino a me.

---

nephew [NEF-yu] nome   **il nipote**

He is Mr. Napoli's nephew.
Lui è il nipote del signor Napoli.

---

nest [NEST] nome   **il nido**

How many eggs do you see in the nest?
Quante uova vedi tu nel nido?

---

never [NEV-ér] avverbio   **non...mai**

I never want to play with you.
Non voglio mai giocare con te.

---

new [NU] aggettivo   **nuovo,** masc.
                                                        nuova, fem.

My bicycle is new.
La mia bicicletta è nuova.

---

newspaper [NUZ-pai-pér] nome   **il giornale**

After dinner my uncle reads the newspaper.
Dopo pranzo mio zio legge il giornale.

---

next [NEKST] aggettivo   **prossimo,** masc.
                                             prossima, fem.

*The teacher says, "Next week we will have
an examination."*
La maestra dice, "La prossima settimana
faremo un esame."

next to avverbio   **accanto a**

At the restaurant Peter sits next to Caroline.
Al ristorante Pietro si siede accanto a Carolina.

nice [NAIS] aggettivo   **piacevole**
                                             bello, masc.
                                             bella, fem.

Spring is a nice season.
La primavera è una bella stagione.

niece [NIS] nome   **la nipote**

She is the lawyer's niece.
È la nipote dell'avvocato.

night [NAIT] nome   **la notte**

At night you can see the stars.
Di notte si possono vedere le stelle.

night (evening) [NAIT] nome   **la sera**

I watch television in the evening.
Io guardo la televisione di sera.

nine [NAIN] aggettivo   **nove**

There are nine children here.
Ci sono nove ragazzi qui.

nineteen [nain-TIN] aggettivo   **diciannove**

I have nineteen books.
Io ho diciannove libri.

ninety [N<u>AI</u>N-ti] aggettivo   **novanta**

There are ninety people here.
Ci sono novanta persone qui.

---

no [N<u>OH</u>]   **no**

Get up! No, I don't want to get up.
Alzati! No, non voglio alzarmi.

no admittance   **vietato entrare**
       [n<u>OH</u>-ad-MIT-éns] espressione idiomatica

No admittance. We cannot enter.
Vietato entrare. Non possiamo entrare.

no longer [n<u>oh</u>-L<u>AW</u>NG-gér] avverbio   **non...più**

My brother no longer goes to school.
Mio fratello non va più a scuola.

no matter   **non importa**
       [n<u>oh</u>-MAT-ér] espressione idiomatica

You don't have a pencil? No matter. Here is a pen.
Non hai una matita? Non importa. Ecco una penna.

no smoking   **vietato fumare**
       [n<u>OH</u>-SM<u>OH</u>-king] espressione idiomatica

No smoking in school.
Vietato fumare a scuola.

---

noise [N<u>OI</u>Z] nome   **il rumore**

Thunder makes a loud noise.
I tuoni fanno un gran rumore.

---

noon [NUN] nome   **il mezzogiorno**

It is noon. It's time for lunch.
È mezzogiorno. È ora di colazione.

---

north [N<u>AW</u>RTH] nome   **il nord**

When I go from Rome to Milan, I go toward the north.
Quando vado da Roma a Milano, vado verso il nord.

---

nose [N<u>OH</u>Z] nome   **il naso**

My doll's nose is cute.
Il naso della mia bambola è carino.

---

not [N<u>A</u>T] avverbio   **non**

My grandfather does not go to work.
Il mio nonno non va a lavorare.

---

note [N<u>OH</u>T] nome   **il biglietto**

I am rich. I have a thousand lire note.
Son ricco. Ho un biglietto da mille lire.

note (musical) [N<u>OH</u>T] nome   **la nota**

I know the musical notes.
Io conosco le note musicali.

---

notebook [N<u>OH</u>T-b<u>au</u>hk] nome   **il quaderno**

She writes her homework in a notebook.
Lei fa i suoi compiti in un quaderno.

---

nothing [N<u>É</u>TH-<u>i</u>ng] nome   **niente**
                                                            nulla

What do you have in your pocket? Nothing!
Che hai nella tasca? Nulla!

There is nothing to do.
Non c'è niente da fare.

November [n<u>oh</u>-VEM-b<u>é</u>r] nome   **novembre**

November is not the last month of the year.
Novembre non è l'ultimo mese dell'anno.

---

now [now] avverbio   **ora, adesso**

You have to take a bath now!
Devi fare un bagno adesso!

---

number [NÉM-bér] nome   **il numero**

What is your telephone number?
Qual'è il suo numero di telefono?

---

nurse [NURS] nome   **l'infermiera**

My neighbor is a nurse.
La mia vicina è infermiera.

---

nylon [NAI-lan] nome   **il nailon**

A nylon rope is very strong.
Una fune di nailon è molto forte.

O

---

to obey [oh-BEI] verbo   **ubbidire**

When I am well-behaved, I obey my parents.
Quando sono ben educato, io ubbidisco ai
miei genitori.

---

occupied (busy) [AK-yu-paid] aggettivo   **occupato,** masc.
                                                            occupata, fem.

*My brother is occupied now; he is doing
his homework.*
Mio fratello è occupato adesso; fa i suoi compiti.

---

ocean [OH-shén] nome   **l'oceano**

Is the Atlantic Ocean to the west of France?
L'Oceano Atlantico è all'ovest della Francia?

ocean liner nome   **il transatlantico**
     il piroscafo

The ocean liner crosses the Atlantic Ocean.
Il transatlantico attraversa l'Oceano Atlantico.

October [ak-TOH-bér] nome   **ottobre**

It is cool in October.
Fa fresco in ottobre.

---

odd [AD] aggettivo   **strano,** masc.
     strana, fem.

Here is an odd animal.
Ecco un animale strano.

---

office [A-fis] nome   **l'ufficio**

Here is the office of a large company.
Ecco l'ufficio di una grande ditta.

post office nome   **l'ufficio postale**

You go to the post office to mail a package.
Tu vai all'ufficio postale per spedire un pacco.

---

often [A-fén] avverbio   **spesso**

I often go by bus.
Vado spesso in autobus.

---

oil [OIL] nome   **l'olio**

Mother, are you putting oil in the salad?
Mamma, tu metti l'olio nell'insalata?

---

okay [<u>oh</u>-KEI]   **d'accordo; va bene**
      expressione idiomatica
Do you want to play with me? Okay.
Tu vuoi giocare con me? D'accordo!

---

old [<u>OH</u>LD] aggettivo   **vecchio,** masc.
                                      vecchia, fem.
The book is old and the pen is old.
Il libro è vecchio e la penna è vecchia.

---

on [<u>A</u>N] preposizione   **su**
The ruler is on the desk.
La riga è sulla scrivania.

on purpose [an-PUR-pés] avverbio   **di proposito**
My brother teases me on purpose.
Mio fratello mi annoia di proposito.

---

once again [wéns é-GEN] avverbio   **di nuovo, ancora**
                                    un'altra volta
He will do it once again.
Lui lo farà di nuovo.

---

one [WÉN] aggettivo   **uno**
                                     un, una
One tree is small.
Un albero è piccolo.

---

one hundred [WÉN HUN-dred] aggettivo   **cento**
There are one hundred people at the fair!
Ci sono cento persone alla fiera!

---

one must   **si deve**
      [WÉN-MÉST] espressione idiomatica
One must go to school.
Si deve andare a scuola.

---

one that (who) [WEN that (whu)] pronome   **quello,** masc.
                                                             quella, fem.

Here is a red pen. My father's is yellow.
Ecco una penna rossa. Quella di mio padre è gialla.

---

onion [EN-yén] nome   **la cipolla**

I am going to the store to buy some onions.
Vado al negozio a comprare delle cipolle.

---

only [OHN-li] aggettivo   **solo,** masc.
                                                               sola, fem.

Only I am here.
Solo io sono qui.

---

only [OHN-li] avverbio   **solamente**

I have only one dollar.
Ho solamente un dollaro.

---

open [OH-pén] aggettivo   **aperto,** masc.
                                              aperta, fem.

The window is open.
La finestra è aperta.

---

to open [OH-pén] verbo   **aprire**

I open my desk to look for an eraser.
Io apro la mia scrivania per cercare una gomma.

---

to operate [A-pér-eit] verbo   **funzionare**

This lamp is not operating.
Questa lampada non funziona.

---

or [AWR] congiunzione   **o**

Would you like peaches or apples?
Vuole delle pesche o delle mele?

---

orange [AR-indj] nome   **l'arancia**
What color is the orange?
Di che colore è l'arancia?

orange (color) aggettivo   **arancio,** masc.
                                     arancia, fem.

The orange dress is pretty.
Il vestito arancio è bello.

orange juice nome   **spremuta di arancia**
I like orange juice.
Le spremuta di arancia mi piace.

---

to order [AWR-dér] verbo   **ordinare**
In the restaurant Father orders dinner.
Nel ristorante il babbo ordina il pranzo.

---

to order (command) verbo   **commandare**
The general commands the troops.
Il generale commanda le truppe.

---

in order to [in AWR-dér té] preposizione   **per**
In order to win, we must hurry.
Per vincere, dobbiamo affrettarci.

---

other [ÉTH-ér] aggettivo   **altro**
Where is the other pencil?
Dov'è l'altro lapis?

---

our [OWR] aggettivo possessivo   **nostro,** masc.
                                       nostra, fem.

Our teacher is scolding us today.
La nostra maestra ci rimprovera oggi.

---

out of [OWT-év] preposizione   **da**
My grandfather looks out of the window.
Il nonno guarda dalla finestra.

---

outside [<u>owt</u>-S<u>AID</u>] avverbio **fuori**

My friend is waiting for me outside.
Il mio amico mi aspetta fuori.

---

over there [<u>oh</u>-vér-<u>THEHR</u>] avverbio **là**

Do you see your brother over there at the station?
Vedi tuo fratello là alla stazione?

---

to overturn [<u>oh</u>-vér-<u>TURN</u>] verbo **rovesciare**

The baby overturns the plate.
Il bambino rovescia il piatto.

---

owl [<u>OWL</u>] nome **il gufo**

The owl is heard during the night.
Il gufo si sente di notte.

---

own [<u>OHN</u>] aggettivo **proprio,** masc.
propria, fem.

It is not my sister's book; it is my own book.
Non è il libro di mia sorella; è il mio proprio libro.

---

to own [OHn] verbo **possedere**

I'm glad to own a car.
Mi piace possedere una macchina.

P

package [PAK-<u>i</u>dj] nome **il pacco**
What's in the package?
Che c'è nel pacco?

---

page [PEIDJ] nome **la pagina**
The map of Italy is on page ten.
La carta geografica dell'Italia è a pagina dieci.

---

pail [PEIL] nome   **il secchio**

The pail is full of water.
Il secchio è pieno d'acqua.

---

to paint [PEINT] verbo   **dipingere**

My sister is an artist. She likes to paint.
Mia sorella è artista. Le piace dipingere.

---

to paint (walls of a house)   **verniciare**
       [PEINT] verbo

My father is painting the kitchen.
Mio padre vernicia la cucina.

---

pair [PEHR] nome   **il paio**

I would like to buy a pair of gloves.
Io vorrei comprare un paio di guanti.

---

pajamas [pé-DJAH-méz] nome   **i pigiama**

I put on my pajamas at 10 o'clock at night.
Io mi metto i pigiama alle dieci di sera.

---

palace [PAL-i̱s] nome   **il palazzo**

The king arrives at the palace.
Il re arriva al palazzo.

---

pants [PANTS] nome   **i pantaloni**

The boy's pants are dirty.
I pantaloni del ragazzo sono sporchi.

Papa [PA-pé] nome   **il babbo**

Papà, I'm afraid!
Babbo, ho paura!

---

paper [PEI-pér] nome   **la carta**

There is some paper in my notebook.
C'è della carta nel mio quademo.

sheet of paper nome   **il foglio di carta**

The sheet of paper is dirty.
Il foglio di carta è sporco.

---

parachute [PAR-é-shut] nome   **il paracadute**

Is it dangerous to jump from a plane with a parachute?
È pericoloso saltare da un apparecchio in paracadute?

---

parade [pé-REID] nome   **la parata**

We walk in the parade.
Noi marciamo nella parata.

---

parakeet [PAR-é-kit] nome   **il parrocchetto**

We have two pretty parakeets.
Noi abbiamo due bei parrocchetti.

---

pardon me [PAHR-dén-MI]   **scusa (familiare)**
          espressione idiomatica   **scusi (formale)**

Pardon me! It's your pocketbook, isn't it?
Mi scusi! È Sua borsa, non è vero?

---

parents [PEHR-énts] nome   **i genitori**
My parents go to work in the morning.
I miei genitori vanno al lavoro la mattina.

---

park [PAHRK] nome   **il parco**
The park is nearby.
Il parco è qui vicino.

---

parrot [PAR-ét] nome   **il pappagallo**
My pet is a parrot.
Un pappagallo è il mio animale favorito.

---

part (role) [PAHRT] nome   **la parte**
I want to play the part of the prince.
Voglio interpretare la parte del principe.

---

party [PAHR-ti] nome   **la festa**
The party is July 18th?
La festa è il diciotto luglio?

---

to pass [PAS] verbo   **passare**
He passed without speaking.
Lui è passato senza parlare.

---

passenger [PAS-in-dgér] nome   **il passeggiero**
There are six passengers on the bus.
Ci sono sei passeggieri sull'autobus.

---

to paste [PEIST] verbo   **incollare**
I paste a picture to a page of my notebook.
Io incollo un ritratto a una pagina del mio quaderno.

---

path [PATH] nome   **il sentiero**
The path leads to the bridge.
Il sentiero conduce al ponte.

---

paw [PAW] nome   **la zampa**
The lion has four paws.
Il leone ha quattro zampe.

to pay (to pay for) [PEI] verbo   **pagere**
Mother pays the butcher for the meat.
La mamma paga la carne al macellaio.

peach [PICH] nome   **la pesca**
Peaches are eaten in summer.
Le pesche si mangiano d'estate.

peanut [PI-nét] nome   **l'arachide**
The elephant likes to eat peanuts.
All'elefante piace mangiare le arachidi.

pear [PEHR] nome   **la pera**
Is the pear ripe?
È matura la pera?

peas [PIZ] nome   **i piselli**
I like peas.
Mi piacciono i piselli.

pen [PEN] nome   **la penna**
I always leave my pen at home.
Io lascio sempre la penna a casa.

ballpoint pen nome   **la penna a sfera**
I am writing with a ballpoint pen.
Io scrivo con una penna a sfera.

pencil [PEN-sil] nome   **la matita**
                                         il lapis

Please give me a pencil.
Per piacere mi dia un lapis.

I do not like this pencil.
Non mi piace questa matita.

---

people [PI-pél] nome   **la gente**
Many people are in the store.
C'è molta gente nel negozio.

people (persons) [PI-pél] nome   **la persona**
There are seven people in my family.
Ci sono sette persone nella mia famiglia.

---

perhaps [pér-HAPS] avverbio   **può essere**
                                       forse

Are we going horseback riding this morning? Perhaps.
Andiamo a cavallo questa mattina? Forse.

Perhaps he will come also.
Può essere che verrà anche lui.

---

permission [pér-MISH-én] nome   **il permesso**
Do you have permission to go to the country?
Hai il permesso di andare in campagna?

---

to permit (to allow) [pur-MIT] verbo   **permettere**
I permit you to pass.
Io ti permetto di passare.

---

person [PUR-sén] nome   **la persona**
There are many persons in my school.
Ci sono molte persone nella mia scuola.

---

pet [PET] nome   **l'animale favorito**
The cat is my pet.
Il gatto è il mio animale favorito.

---

pharmacy [FAHR-mé-si] nome   **la farmacia**

The pharmacy is located close to the park.
La farmacia si trova vicino al parco.

---

phonograph [FOH-né-graf] nome   **il fonografo**
                                        il giradischi

I have a new phonograph.
Io ho un nuovo fonografo.

---

photograph [FOH-té-graf] nome   **la fotografia**

Look at my photograph. It's funny, isn't it?
Guarda la mia fotografia. È comica, non è vero?

---

piano [PYA-n<u>oh</u>] nome   **il pianoforte**

Who plays the piano in your family?
Chi suona il pianoforte nella tua famiglia?

---

to pick [P<u>I</u>K] verbo   **cogliere**

I pick the apples.
Io colgo le mele.

---

picture (photograph) [P<u>I</u>K-chér] nome   **la fotografia**

I like the picture.
Mi piace la fotografia.

picture [P<u>I</u>K-chér] nome   **il ritratto**

There are many pictures in this book.
Ci sono molti ritratti in questo libro.

---

pie [P<u>A</u>I] nome   **la torta**

Do you like apple pie?
Ti piace la torta di mele?

---

piece [PIS] nome   **il pezzo**
I want a piece of cheese.
Voglio un pezzo di formaggio.

pig [PIG] nome   **il maiale**

The farmer has three pigs.
L'agricoltore ha tre maiali.

pillow [PIL-<u>oh</u>] nome   **il guanciale**
The pillow is soft.
Il guanciale è morbido.

pilot (airplane) [PAI-lét] nome   **il pilota**
The pilot is intelligent.
Il pilota è intelligente.

pin [PIN] nome   **lo spillo**
The tailor uses many pins.
Il sarto usa molti spilli.

pineapple [P<u>AI</u>-na-pél] nome   **l'ananasso**
The pineapple is big.
L'ananasso è grande.

pink [PINGK] aggettivo   **rosa**
You look good in pink.
Il colore rosa ti sta bene.

place (at a table) [PLEIS] nome   **il posto**
My cousin puts a knife at each setting.
Mio cugino mette un coltello a ogni posto.

This is my place at the table.
Questo è il mio posto al tavolo.

---

planet [PLAN-<u>it</u>] nome   **il pianeta**
Do you know the names of all the planets?
Conosci tu i nomi di tutti i paneti?

---

plant [PLANT] nome   **la pianta**
There are five plants in the classroom.
Ci sono cinque piante nell'aula.

---

plate [PLEIT] nome   **il piatto**
The plate is on the table.
Il piatto è sulla tavola.

---

to play (a game) [PLEI] verbo   **giocare**
Let's play ball.
Giochiamo alla palla.

to play (an instrument) verbo   **suonare**
My friend plays the piano.
Il mio amico suona il pianoforte.

---

playing card nome   **la carta (da giuoco)**
Do you know how to play cards?
Sai giocare alle carte?

---

playground nome   **parco di ricreazione**
                                                              luogo di svago
The playground is near my house.
Il parco di ricreazione è vicino a casa mia.

---

pleasant [PLEZ-ént] aggettivo   **gradevole**
Spring is a pleasant season.
La primavera è una stagione gradevole.

---

please [PLIZ] espressione idiomatica   **per piacere**
Please give me a pencil, Mr. Romano.
Per piacere mi dia un lapis, Signor Romano.

pleasure [PLEZH-ér] nome   **il piacere**
Are you coming with us? With pleasure!
Viene con noi? Con piacere!

pocket [PAK-it] nome   **la tasca**
I have some money in my pocket.
Ho della moneta in tasca.

pocketbook [PAK-it-bauhk] nome   **la borsa**
I am buying a pocketbook for Mother.
Io compro una borsa per la mamma.

pocketknife [PAK-it-naif] nome   **il temperino**
Do you have a pocketknife?
Hai tu un temperino?

to point to (out) [POINT-OWT] verbo   **indicare**
The policeman points out the road we must take.
Il poliziotto indica la strada che dobbiamo fare.

polite [pé-LAIT] aggettivo   **cortese, garbato**
                                                    gentile, educato
*Mother says, "A polite child does not speak
with a full mouth."*
La mamma dice, "Un ragazzo garbato non
parla con la bocca piena."

pool (swimming) [PUL] nome   **la piscina**
The pool is large.
La piscina è grande.

poor [PUR] aggettivo   **povero,** masc.
                                     povera, fem.

The poor boy does not have much money.
Il ragazzo povero non ha molto denaro.

postcard [POHST-kahrd] nome   **la cartolina postale**
He received a postcard.
Lui ha ricevuto una cartolina postale.

postman [POHST-man] nome   **il postino**
The postman brings letters and packages.
Il postino porta lettere e pacchi.

post office [POHST aw-fis] nome   **l'ufficio postale**
The post office is closed.
L'ufficio postale è chiuso.

potato [pé-TEI-toh] nome   **la patata**
Do you like potatoes?
Ti piacciono le patate?

to pour [PAWR] verbo   **versare**
Margaret pours coffee into a cup.
Margherita versa il caffè in una tazza.

to prefer [pré-FUR] verbo   **preferire**
Do you prefer the city or the country?
Preferisci la città o la campagna?

to prepare [pré-PEHR] verbo   **preparare**
My sister prepares the salad.
Mia sorella prepara l'insalata.

present [PREZ-ént] nome   **il regalo**
Here is a birthday present.
Ecco un regalo per il tuo compleanno.

present [PREZ-ént] aggettivo   **presente**
The boy is present.
Il ragazzo è presente.

---

president [PREZ-i-dént] nome   **il presidente**
Who is the president of Italy?
Chi è il presidente d'Italia?

---

pretty [PRIT-i] aggettivo   **bello, carino,** masc.
                                                          bella, carina, fem.

The cat is pretty.
Il gatto è bello.
The little girl is pretty.
La ragazzina è carina.

---

price [PRAIS] nome   **il prezzo**
The price of the book is thirty dollars.
Il prezzo del libro è trenta dollari.

---

prince [PRINS] nome   **il principe**

princess [PRIN-sés] nome   **la principessa**
The prince and the princess are in the garden.
Il principe e la principessa sono nel giardino.

---

to promise [PRAM-is] verbo   **promettere**
I promise to do my homework.
Io prometto di fare i miei compiti.

---

to pull [PAUHL] verbo   **tirare**
He is pulling a bag of potatoes.
Lui tira un sacco di patate.

---

pumpkin [PÉMP-kin] nome   **la zucca**
This is a big pumpkin.
Questa è una grande zucca.

---

to punish [PEN-ish] verbo   **punire**
The teacher punishes the student.
La maestra punisce lo studente.

---

pupil [PYU-pil] nome   **l'alunno,** masc.
                                            l'alunna, fem.
The pupils are in the classroom.
Gli alunni sono nell'aula.

---

puppy [PEP-i] nome   **il cucciolo**
                                          il cagnolino
I like the puppy.
Mi piace il cucciolo.

---

purple [PUR-pél] aggettivo   **porporino**
My favorite color is purple.
Il mio colore preferito è porporino.

---

purse [PURS] nome   **il borsellino**
The girl has a purse.
La ragazza ha un borsellino.

---

to push [PAUHSH] verbo   **spingere**
He's pushing me!
Lui mi spinge!

---

to put [PAUHT] verbo   **mettere**
I put the book on the table.
Io metto il libro sulla tavola.

to put down (lower) verbo   **abbassare**
He lowers the blinds.
Lui abbassa le persiane.

to put on verbo riflessivo   **mettersi**
My sister puts on her gloves.
Mia sorella si mette i guanti.

Q

quality [KW<u>A</u>-l<u>i</u>-ti] nome   **la qualità**
This material is of good quality.
Questa stoffa è di buona qualità.

---

quantity [KW<u>AN</u>-t<u>i</u>-ti] nome   **la quantità**
He has a large quantity of books at home.
Lui ha una gran quantità di libri a casa.

---

to quarrel [KW<u>A</u>R-él] verbo   **litigare**
My father sometimes has a quarrel with my mother.
Mio padre qualche volta litiga con mia madre.

---

quarter [KW<u>AW</u>-tér] nome   **il quarto**
I have finished one quarter of the work.
Ho finito un quarto del lavoro.

---

queen [KWIN] nome   **la regina**
The queen is seated near the king.
La regina è seduta vicino al re.

---

question [KEWSH-chén] nome   **la domanda**
The teacher asks, "Are there any questions?"
La maestra chiede, "Ci sono domande?"

---

quickly [KW<u>I</u>K-li] avverbio   **presto**
                                   svelto
My brother walks too quickly.
Mio fratello cammina troppo svelto.

---

quiet [KWAI-ét] aggettivo   **quieto, tranquillo,** masc.
                      quieta, tranquilla, fem.
I like to go fishing when the water is quiet.
Mi piace andare a prescare quando l'acqua è tranquilla.

He is very quiet.
Lui è molto quieto.

R

rabbit [RAB-it] nome   **il coniglio**

The rabbit is fast.
Il coniglio è svelto.

---

radio [REI-di-oh] nome   **la radio**
The radio is not working.
La radio non funziona.

---

railroad [REIL-rohd] nome   **la ferrovia**
To go from Milan to Rome, I use the railroad.
Per andare da Milano a Roma, io uso la ferrovia.

---

to rain [REIN] verbo   **piovere**
Do you think it's going to rain?
Crede Lei che pioverà?

it is raining [REI-ning] verbo   **piove**

---

rainbow [REIN-boh] nome   **l'arcobaleno**
I like the colors of the rainbow.
Mi piacciono i colori dell'arcobaleno.

---

raincoat [REIN-koht] nome   **l'impermeabile**
He is wearing his raincoat because it is raining.
Lui porta l'impermeabile perchè piove.

---

to raise [REIZ] verbo **alzare**

The policeman raises his right hand.
Il poliziotto alza la mano destra.

---

rapid [RAP-ịd] aggettivo **rapido**

The train is very rapid.
Il treno è molto rapido.

---

rat [RAT] nome **il topo**

I am afraid of rats.
Ho paura dei topi.

---

to read [RID] verbo **leggere**

We are going to the library to read.
Noi andiamo a leggere nella biblioteca.

---

ready [RED-i] aggettivo **pronto,** masc.
pronta, fem.

Are you ready? We are late.
È pronto Lei? Noi siamo in ritardo.

---

to receive [rị-SIV] verbo **ricevere**

I receive a postcard from my sister.
Io ricevo una cartolina postale da mia sorella.

---

red [RED] aggettivo **rosso,** masc.
rossa, fem.

The cars stop when the light is red.
Le automobili si fermano quando il semaforo è rosso.

---

refrigerator [rị-FRIDJ-é-rei-tér] nome **il frigorifero**

The refrigerator is in the kitchen.
Il frigorifero è nella cucina.

---

relative [REL-é-t̲i̲v] nome   **il (la) parente**
John is a relative of mine.
Giovanni è un mio parente.

to remain [ré-MEIN] verbo   **restare**
We remain at home today.
Noi restiamo a casa oggi.

to remain [ré-MEIN] verbo   **rimanere**
He remains at school until late.
Lui rimane a scuola fino a tardi.

to remember [r̲i̲-MEM-bér] verbo   **ricordare**
I cannot remember the name of this building.
Io non posso ricordare il nome di quest'edificio.

to remove [ré-MUV] verbo riflessivo   **togliersi**
He removes his hat in the house.
Lui si toglie il cappello in casa.

to remove [ré-MUV] verbo   **rimuovere**
He removes the package.
Lui rimuove il pacco.

to repair [ré-PEHR] verbo   **riparare**
He is repairing the wall.
Lui ripara il muro.

to repeat [r̲i̲-PIT] verbo   **ripetere**
The teacher says, "Repeat the sentence."
La maestra dice, "Ripetete la frase."

to reply (answer) [ré-PLAI] verbo   **rispondere**
The little girl cannot reply to the question.
La ragazzina non può rispondere alla domanda.

reply [ré-PLAI] nome   **la risposta**

He gives the incorrect reply.
Lui da la risposta sbagliata.

to represent [rep-ri-ZENT] verbo   **rappresentare**

He represents the government.
Lui rappresenta il governo.

to rescue [RES-kyu] verbo   **salvare**

My uncle rescues me when I fall in the water.
Lo zio mi salva quando io cado nell'acqua.

to rest [REST] verbo riflessivo   **riposarsi**

The child runs. He does not want to rest.
Il ragazzo corre. Lui non vuole riposarsi.

restroom [REST-rum] nome   **il bagno**

Where is the restroom?
Dov'è il bagno?

restaurant [RES-tér-ént] nome   **il ristorante**

The waiter works in this restaurant.
Il cameriere lavora in questo ristorante.

to return [ri-TURN] verbo   **ritornare**

He goes to the blackboard and then returns to his seat.
Lui va alla lavagna e poi ritorna al suo posto.

to return (to give back) [ri-TURN] verbo   **restituire**

He returns my book.
Lui mi restituisce il libro.

ribbon [RIB-én] nome   **il nastro**

She is wearing a pretty ribbon in her hair.
Lei porta un bel nastro nei capelli.

---

rice [RAIS] nome   **il riso**

The rice is delicious.
Il riso è delizioso.

---

rich [RICH] aggettivo   **ricco,** masc.
                                                              ricca, fem.

The rich lady wears jewels.
La donna ricca porta i gioielli.

---

to ride [RAID] verbo   **cavalcare**

He has learned to ride a horse well.
Lui ha imparto a cavalcare bene.

---

right [RAIT] aggettivo   **guisto, corretto,** masc.
                                                guista, corretta, fem.

This is right.
Questo è guisto.

the right aggettivo   **la destra**

I raise my right hand.
Io alzo la mano destra.

to the right espressione idiomatica   **alla destra**

Turn to the right at the corner.
Gira alla destra all'angolo.

---

ring [ring] nome   **l'anello**

What a pretty ring!
Che bell'anello!

---

to ring [RING] verbo   **suonare**

The telephone is ringing.
Il telefono suona.

ripe [RAIP] aggettivo   **maturo,** masc.
                                            matura, fem.

When the banana is yellow it is ripe.
Quando la banana è gialla è matura.

river [RIV-ér] nome   **il fiume**
How can we cross the river?
Come possiamo attraversare il fiume?

road [ROHD] nome   **la strada**
What is the name of this road?
Come si chiama questa strada?

roast beef [ROHST-BIF] nome   **manzo arrostito**
                                   il rosbif (popular)

I would like a roll with roast beef, please.
Io vorrei un panino con rosbif, per piacere.

robber [RAB-ér] nome   **il ladro**
They are looking for the robber at the bank.
Cercano il ladro alla banca.

rock [RAK] nome   **la pietra**
What a big rock that is over there!
Che pietra grande lì!

role [ROHL] nome   **la parte**

I want to play the role of the prince.
Voglio interpretare la parte del principe.

---

roll [ROHL] nome   **il panino**

The roll is hard.
Il panino è duro.

---

to roll [ROHL] verbo   **rotolare**

He rolls a barrel along the road.
Lui fa rotolare un barile lungo la strada.

---

roller skates [ROHL-ér-skeits] nome   **i pattini a rotelle**

I like roller skates.
Mi piacciono i pattini a rotelle.

---

roof [RUF] nome   **il tetto**

I look at the city from the roof of the house.
Io guardo la città dal tetto della casa.

---

room [RUM] nome   **la stanza**

There are two rooms in our apartment.
Ci sono due stanze nel nostro appartamento.

bathroom nome   **la sala da bagno**

The bathroom is large.
La sala da bagno è grande.

bedroom nome   **la camera da letto**

The bedroom is blue.
La camera da letto è azzurra.

classroom nome   **l'aula**

The classroom is small.
L'aula è piccola.

dining room nome   **la sala da pranzo**

The dining room is pretty.
La sala da pranzo è bella.

living room nome   **il salone**
                                                  il salotto

The living room is dark.
Il salone è scuro.

rooster [RUS-tér] nome   **il gallo**

The rooster gets up early.
Il gallo si alza presto.

rope [ROHP] nome   **la fune**

The rope is not long enough.
La fune non è abbastanza lunga.

round [ROWND] aggettivo   **tondo,** masc.
                                                  tonda, fem.

The plate is round.
Il piatto è tondo.

route [RUT] nome   **la rotta**

*What route did Columbus take to reach
the New World?*
Che rotta fece Colombo per arrivare al
Nuovo Mondo?

row [ROH] nome   **la fila**

There are four rows of seats in the room.
Ci sono quattro file di posti nella stanza.

rubbers (overshoes) [RÉB-érs] nome   **le soprascarpe**

It is raining. I have to put on my overshoes.
Piove. Devo mettermi le soprascarpe.

---

rug [RŬG] nome   **il tappeto**
The rug is on the floor.
Il tappeto è sul pavimento.

---

rule [RUL] nome   **la regola**
We must obey the rules.
Dobbiamo obbedire le regole.

---

ruler [RUL-ér] nome   **la riga**
The ruler is long.
La riga è lunga.

---

to run [RĔN] verbo   **correre**
They are running to the station because they are late.
Loro corrono alla stazione perchè sono in ritardo.

S

---

sack [SAK] nome   **il sacco**
The sack is full.
Il sacco è pieno.

---

sad [SAD] aggettivo   **triste**
Why are you sad?
Perchè sei triste?

---

safe and sound   **sano e salvo,** masc.
        [SEIF-n-SOWND] aggettivo   **sana e salva,** fem.
I come home safe.
Io ritorno a casa sono e salvo.

---

salad [SAL-éd] nome   **l'insalata**
I like salad.
Mi piace l'insalata.

---

salesman [SEILZ-man] nome   **il commesso,** masc.
saleswoman nome   **il commessa,** fem.
salesperson nome

The salesperson shows us a sweater.
Il commesso mostra una maglia.

---

salt [SAWLT] nome   **il sale**
Please pass me the salt.
Mi passi il sale, per piacere.

---

same [SEIM] aggettivo   **stesso,** masc.
                                                stessa, fem.

My friend and I are wearing the same dress.
La mia amica ed io portiamo lo stesso vestito.

---

sand [SAND] nome   **la sabbia**
At the beach, I sit on the sand.
Alla spiaggia, io mi siedo sulla sabbia.

---

sandwich [SAND-wich] nome   **il panino**
                                       il panino imbottito

I like a ham sandwich.
Mi piace un panino di prosciutto.

Saturday [SAT-ér-dei] nome   **sabato**
Let's have a picnic Saturday.
Facciamo un "pic-nic" sabato.

---

saucer [SAW-sér] nome   **il piattino**
The woman puts the cup on the saucer.
La donna mette la tazza sul piattino.

flying saucer nome   **il disco volante**
I have never seen a flying saucer.
Io non ho mai visto un disco volante.

to save [SEIV] verbo   **salvare**
My uncle saves me when I fall into the water.
Mio zio mi salva quando io cado nell'acqua.

to say [SEI] verbo   **dire**
The teacher says, "Good morning" each morning.
La maestra dice, "Buon giorno" ogni mattina.

school [SKUL] nome   **la scuola**
We don't go to school on Thursdays.
Il giovedì non andiamo a scuola.

science [SAI-éns] nome   **la scienza**
I like to go to my science class.
Mi piace andare alla classe di scienza.

scientist [SAI-en-tist] nome   **lo scienziato,** masc.
                                                                la scienziata, fem.
I would like to become a scientist.
Io vorrei diventare scienziato.

scissors [SIZ-érz] nome   **le forbici**
I cut paper with scissors.
Io taglio la carta con le forbici.

to scold [SKOHLD] verbo   **rimproverare**
He is ashamed because his mother is scolding him.
Lui si vergogna perchè la madre lo rimprovera.

to scream, to shout [SKRIM, SHOWT] verbo   **gridare**
Mom screams, "Come quickly!"
La mamma grida, "Vieni subito!"

sea [SI] nome   **il mare**

Are there many fish in the sea?
Ci sono molti pesci nel mare?

---

season [SI-zén] nome   **la stagione**

How many seasons are there?
Quante stagioni ci sono?

---

seat (place) [SIT] nome   **il posto**

I go to the blackboard and I return to my seat.
Io vado alla lavagna e io ritorno al mio posto.

seat [SIT] nome   **il sedile**

The seat is broken.
Il sedile è rotto.

---

seated [SIT-éd] aggettivo   **seduto,** masc.
                                                           seduta, fem.

He is seated in an armchair.
Lui è seduto in una poltrona.

---

second [SEK-énd] aggettivo   **secondo,** masc.
                                                           seconda, fem.

What is the name of the second month of the year?
Come si chiama il secondo mese dell'anno?

---

secret [SI-krit] nome   **il segreto**

Tell me the secret.
Dimmi il secreto.

---

secretary [SEK-ré-ter-i] nome   **la segretaria**

There are three secretaries in this office.
Ci sono tre segretarie in quest'ufficio.

---

to see [SI] verbo   **vedere**

I see the airplane in the sky.
Io vedo l'apparecchio nel cielo.

to see again [SI-é-GEN] verbo   **rivedere**

I want to see the film again.
Io voglio rivedere il film.

---

seesaw [SI-s<u>aw</u>] nome   **l'altalena**

*In the park the children are having a good time
on the seesaws.*
Nel parco, i ragazzi si divertono sulle altalene.

---

to sell [SEL] verbo   **vendere**

They sell medicine in this store.
Vendono medicine in questo negozio.

---

to send [SEND] verbo   **mandare**

My uncle is going to send me a present.
Mio zio mi manda un regalo.

---

sentence [SEN-téns] nome   **la frase**

I am writing a sentence in my notebook.
Io scrivo una frase nel mio quaderno.

September [sep-TEM-bér] nome   **settembre**

Do we go back to school on the first of September?
Noi ritorniamo a scuola il primo settembre?

---

serious [SIR-i-és] aggettivo   **serio,** masc.
                                                        seria, fem.

There is a serious film at the movies.
C'è un film serio al cinema.

---

to serve [SURV] verbo   **servire**
I serve the dog his dinner.
Io servo il pranzo al cane.

server [SUR-vér] nome   **il cameriere, la cameriera**

The server brings ice cream.
Il cameriere serve il gelato.

---

to set (the table) [SET] verbo   **apparecchiare**
My mother sets the table.
Mia madre apparecchia la tavola.

to set (put) [SET] verbo   **mettere**
I set the vase on the table.
Io metto il vaso sulla tavola.

to set (sun) [SET] verbo   **tramontare**
The sun sets early in winter.
Il sole tramonta presto d'inverno.

---

setting (table) [SET-ing] nome   **il posto**
My cousin puts a knife at each setting.
Mia cugina mette un coltello a ogni posto.

---

seven [SEV-én] aggettivo   **sette**
There are seven apples.
Ci sono sette mele.

---

seventeen [sev-én-TIN] aggettivo   **diciassette**
There are seventeen boys in the room.
Ci sono diciasette ragazzi nella stanza.

seventy [SEV-én-ti] aggettivo   **settanta**
Seventy people came to the party.
Settanta persone vennero alla festa.

several [SEV-rél] aggettivo   **alcuni**
                                                                alcune

There are several chairs in the living room.
Ci sono alcune sedie nel salotto.

several [SEV-rél] aggettivo   **qualche**
There are several chairs in the living room.
C'è qualche sedia nel salotto.

several [SEV-rél] aggettivo   **parecchi**
There are several cars on the road.
Ci sono parecchie macchine sulla strada.

to sew [SOH] verbo   **cucire**
My mother sews with a needle.
Mia madre cuce con un ago.

shadow [SHAD-oh] nome   **l'ombra**

Do you see the shadow?
Vedi l'ombra?

to shake [SHEIK] verbo   **scuotere**
The teacher shakes her finger at the child.
La maestra scuote il dito verso il ragazzo.

to shake hands verbo   **dare la mano**

John, shake hands with your cousin.
Giovanni, dai la mano a tuo cugino.

---

to share [SHEHR] verbo   **dividere**
                                   spartire

Let's share the cake!
Dividiamo la torta!
Let's share the cake!
Spartiamo la torta!

---

she [SHI] pronome   **lei**
                                      ella

She will come home.
Lei verrà a casa.

---

sheep [SHIP] nome   **la pecora**
The sheep is in the field.
La pecora è nel campo.

---

sheet (of paper)   **il foglio (di carta)**
      [SHIT-*é*v-PEI-p*é*r] nome

Give me a sheet of paper, please.
Dammi un foglio di carta, per piacere.

---

shell [SHEL] nome   **la conchiglia**
I am looking for shells at the beach.
Io cero le conchiglie sulla spiaggia.

---

ship [SHIP] nome   **la nave**
You cross the ocean by ship.
Si attraversa l'oceano in nave.

---

shirt [SHURT] nome   **la camicia**
The shirt is white.
La camicia è bianca.

---

shoe [SHU] nome   **la scarpa**

My shoes are wet.
Le mie scarpe sono bagnate.

---

shop [SHAP] nome   **la bottega**

Excuse me. Where is Mr. Napoli's shop?
Mi scusi. Dov'è la bottega del Signor Napoli?

to go shopping [SHAP-ing] verbo   **andare a fare le spese**

We go shopping every day.
Noi andiamo a fare le spese ogni giorno.

---

shore [SHAWR] nome   **la spiaggia**

I go to the shore for my vacation.
Io vado alla spiaggia per le vacanze.

---

short (length) [SHAWRT] aggettivo   **corto,** masc.
                                           corta, fem.

One ruler is short, the other is long.
Una riga è corta, l'altra è lunga.

short (height) [SHAWRT] aggettivo   **basso,** masc.
                                           bassa, fem.

The tree at the left is short; the tree on the right is tall
L'albero a sinistra è basso; l'albero a destra è alto.

---

shoulder [SHOHL-dér] nome   **la spalla**

Carl's shoulder hurts.
A Carlo gli fa male la spalla.

---

to shout [SHOWT] verbo   **gridare**

Mom shouts, "Come quickly!"
La mamma grida, "Vieni subito!"

---

shovel [SHĔV-ĕl] nome   **la pala**
My brother plays with a shovel.
Mio fratello gioca con una pala.

---

to show [SHOH] verbo   **mostrare**
Show me your new pen.
Mostrami la tua nuova penna.

---

shower [SHOW-ĕr] nome   **la doccia**
I take a shower every morning.
Mi faccio una doccia ogni mattina.

---

sick [SĬK] aggettivo   **malato,** masc.
     malata, fem.
What's the matter? I am sick.
Che hai tu? Io sono malato.

---

sidewalk [SAID-wawk] nome   **il marciapiede**
The sidewalk is very narrow.
Il marciapiede è molto stretto.

---

silent [SAIL-ĕnt] aggettivo   **silenzioso,** masc.
     silenziosa, fem.
The night is silent.
La notte è silenziosa.

---

silly [SĬL-i] aggettivo   **sciocco,** masc.
     sciocca, fem.
It is a silly story.
È una storia sciocca.

---

silver [SĬL-vĕr] nome   **l'argento**
Silver is a precious metal.
L'argento è un metallo prezioso.

---

similar [SIM-i-lér] aggettivo   **simile**
These two things are similar.
Queste due cose sono simili.

to sing [SING] verbo   **cantare**
I am singing and the birds are singing.
Io canto e gli uccelli cantano.

> Opera was begun in Florence early in the
> seventeenth century by a group known
> as the "Camerata dei Bardi."

sink (bathroom) [SINGK] nome   **il lavandino**
The sink is large.
Il lavandino è grande.

sister [SIS-tér] nome   **la sorella**
My aunt is my mother's sister.
Mia zia è la sorella di mia madre.

to sit [SIT] verbo reflessivo   **sedersi**
Grandmother sits on a chair.
La nonna si siede su una sedia.

six [SIKS] aggettivo   **sei**
I have six cookies.
Io ho sei pasticinni.

sixteen [siks-TIN] aggettivo   **sedici**
I have to read 16 pages this evening.
Devo leggere sedici pagine stasera.

sixty [SIKS-ti] aggettivo   **sessanta**
There are 60 minutes in an hour.
Ci sono sessanta minuti in un'ora.

---

size [S<u>AI</u>Z] nome   **la misura**
In a store I am asked, "What is your size?"
In un negozio mi domandano, "Che misura ha Lei?"

---

to skate [SKEIT] verbo   **pattinare**
Let's go skating!
Andiamo a pattinare!

---

skates [SKEITZ] nome   **i pattini**
The skates are new.
I pattini sono nuovi.

ice skates nome   **i pattini a ghiaccio**
I have ice skates.
Io ho i pattini a ghiaccio.

roller skates nome   **i pattini a rotelle**
Why don't you buy roller skates?
Perchè non compra i pattini a rotelle?

---

skin [SK<u>I</u>N] nome   **la pelle**
The sun burns my skin when I take a sunbath.
Il sole mi brucia la pelle quando mi faccio un bagno di sole.

---

skinny [SK<u>I</u>N-i] aggettivo   **magro,** masc.
                                              magra, fem.
You are too thin. You must eat.
Sei troppo magra. Devi mangiare.

---

skirt [SK<u>UR</u>T] nome   **la gonna**
I can't choose. Which skirt do you prefer?
Non posso scegliere. Quale gonna preferisci tu?

---

sky [SK<u>AI</u>] nome   **il cielo**
I see the moon in the sky.
Vedo la luna nel cielo.

---

skyscraper [SKAI-skrei-pér] nome   **il grattacielo**

New York City has many skyscrapers.
La città di New York ha molti grattacieli.

---

sled [SLED] nome   **la slitta**

She plays with the sled.
Lei gioca con la slitta.

---

to sleep [SLIP] verbo   **dormire**

Are you sleeping? I would like to talk to you.
Dormi tu? Ti vorrei parlare.

---

to slide, to slip [SLAID] verbo   **scivolare**

We slip on the ice in winter.
Noi scivoliamo sul ghiaccio d'inverno.

---

slow [SLOH] aggettivo   **lento,** masc.
                                       lenta, fem.

He walks at a slow pace.
Lui cammina a passo lento.

---

slowly [SLOH-li] avverbio   **lentamente**

Grandfather walks slowly.
Il nonno cammina lentamente.

---

small [SMAWL] aggettivo   **piccolo,** masc.
                                     piccola, fem.

The girl is small.
La ragazza è piccola.

---

to smell [SMEL]
    espressione idiomatica   **avere buon odore (good)**
    espressione idiomatica   **avere cattivo odore (bad)**
    espressione idiomatica   **sentire l'odore di**

The cake smells good.
La torta ha un buon odore.

---

to smile [SMAIL] verbo   **sorridere**

You always smile when I give you a cookie.
Tu sorridi sempre quando ti do un pasticcino.

---

to smoke [SMOHK] verbo   **fumare**

Dad says that it is dangerous to smoke.
Il babbo dice ch'è pericoloso fumare.

smoke [SMOHK] nome   **il fumo**

Where there is smoke, there is fire.
Dove c'è il fumo, c'è il fuoco.

no smoking   **vietato fumare**
    [NOH-SMOHK-ing] espressione idiomatica

No smoking in the theatre.
Vietato fumare nel teatro.

---

snack [SNAK] nome   **lo spuntino**

Hello, Mother. Do you have a snack for us?
Ciao, Mamma. Avete uno spuntino per noi?

---

snake [SNEIK] nome   **la serpe**

Are there any snakes in Italy?
Ci sono serpi in Italia?

---

snow [SNOH] nome   **la neve**

I like to play in the snow.
Mi piace giocare nella neve.

---

to snow [SN<u>OH</u>] verbo   **nevicare**

It is snowing.
Nevica.

---

snowman [SN<u>OH</u>-man] nome   **l'uomo di neve**

The snowman is wearing a hat.
L'uomo di neve porta un cappello.

---

so [S<u>OH</u>] avverbio   **così**

The baby eats so slowly.
Il bambino mangia così lentamente.

---

soap [S<u>OH</u>P] nome   **il sapone**

Don't forget the soap!
Non dimenticare il sapone!

---

soccer [S<u>A</u>K-ér] nome   **il calcio**

Here is our soccer team.
Ecco la nostra squadra di calcio.

---

sock [S<u>A</u>K] nome   **la calza**

I would like to buy a pair of socks.
Io vorrei comprare un paio di calze.

---

soda [S<u>OH</u>-dé] nome **la soda**

I am drinking soda.
Io bevo la soda.

---

sofa [S<u>OH</u>-fé] nome **il divano**

The sofa is very comfortable.
Il divano è molto comodo.

---

soft [S<u>AWFT</u>] aggettivo **molle**
tenero, morbido, masc.
tenera, morbida, fem.

The meat is soft.
La carne è tenera.

The dough is soft.
La pasta è morbida.

The earth is soft.
La terra è molle.

---

softly [S<u>AWFT</u>-li] avverbio **pian piano**
adagio

Walk softly. Mother has a headache.
Cammina pian piano. La mamma ha un mal di testa.

---

soldier [S<u>OHL</u>-djér] nome **il soldato**

My cousin is a soldier.
Mio cugino è soldato.

---

so many, so much **tanto,** masc.
   [s<u>oh</u>-MEN-i, s<u>oh</u>-MACH] aggettivo **tanta,** fem.
So many books!
Tanti libri!

So much work!
Tanto lavoro!

---

some [sᴇ́ᴍ] aggettivo, sing.   **qualche**
      aggettivo, pl.   **alcuni, alcune**
      aggettivo   **di + def. art.**

Some books are lost.
Qualche libro è perso.

Some boys have arrived.
Alcuni ragazzi sono arrivati.

There are some pencils on the table.
Ci sono delle matite sul tavolo.

---

somebody, someone [sᴇ́ᴍ-bad-i] pronome   **qualcuno**

Somebody is in the restaurant.
Qualcuno è nel ristorante.

Someone has arrived.
Qualcuno è arrivato.

---

something [sᴇ́ᴍ-thing] pronome   **qualche cosa**

Is there something in this drawer?
C'è qualche cosa in questo cassetto?

---

sometimes [sᴇ́ᴍ-taimz] avverbio   **qualche volta**

Sometimes, I am not well-behaved.
Qualche volta, sono cattivo.

---

son [sᴇ́ɴ] nome   **il figlio**

I would like to introduce my son, Joseph.
Vorrei presentare mio figlio, Giuseppe.

---

song [sᴀ́ᴡɴɢ] nome   **la canzone**

Which song do you prefer?
Quale canzone preferisce Lei?

---

soon [SUN] avverbio   **presto**
tra poco

The mailman will come soon.
Il postino arriverà fra poco.

See you soon espressione idiomatica   **arrivederci**

I am going shopping. See you soon!
Io vado a fare delle spese. Arrivederci!

---

sort [SAWRT] nome   **la sorta**
il genere

What sort of thing is this?
Che genere di cosa è questo?

---

soup [SUP] nome   **la minestra**

My sister serves soup to my brother.
Mia sorella serve la minestra a mio fratello.

---

south [SOWTH] nome   **il sud**

Naples is in the south of Italy.
Napoli è nel sud dell'Italia.

---

space [SPEIS] nome   **lo spazio**

The astronauts travel in space.
Gli astronauti viaggiano nello spazio.

spaceship [SPEIS-ship] nome   **l'astronave**

There are astronauts in the spaceship.
Ci sono astronauti nell'astronave.

---

to speak [SPIK] verbo   **parlare**
We are talking about the film on television.
Noi parliamo del film alla televisione.

to spend (money) [SPEND] verbo   **spendere**
We spend too much for entertainment.
Spendiamo troppo per il divertimento.

to spend (time) [SPEND] verbo   **passare**
She spends two weeks in the country.
Lei passa due settimane in campagna.

spider [SPAI-dér] nome   **il ragno**
Who's afraid of a spider?
Chi ha paura di un ragno?

to spill [SPIL] verbo   **rovesciare**
The baby spills the milk.
Il bambino rovescia il latte.

spinach [SPIN-éch] nome   **gli spinaci**
Spinach is green.
Gli spinaci sono verdi.

spoon [SPUN] nome   **il cucchiaio**
I don't have a spoon.
Io non ho cucchiaio.

sport [SPAWRT] nome   **lo sport**
What is your favorite sport?
Qual'è il tuo sport preferito?

spot (stain) [SPAT] nome   **la macchia**
There is a stain on the rug.
C'è una macchia sul tappeto.

spotted [SPAT-éd] aggettivo

macchiato, masc.
macchiata, fem.

My turtle is spotted.
La mia tartaruga è macchiata.

---

spring [SPRING] nome

la primavera

You see a lot of flowers in the spring.
Si vedono molti fiori di primavera.

---

square [SKWEHR] aggettivo

quadro, masc.
quadra, fem.

The box is square.
La scatola è quadra.

---

square (plaza, place) [SKWEHR] nome

la piazza

Navona square has three large fountains.
Piazza Navona ha tre grandi fontane.

---

stain (*see* **spot**)

---

staircase [STEHR-keis] nome

la scala

*I like to jump over the last step of
the staircase.*
Mi piace saltare l'ultimo gradino
della scala.

---

stamp (postage) [STAMP] nome

il francobollo

I put a stamp on the envelope.
Io metto un francobollo sulla busta.

---

to stand [STAND] espressione idiomatica

stare in piedi

In the classroom the teacher is standing.
Nella classe la maestra sta in piedi.

---

star [STAHR] nome **la stella**

How many stars are there in the sky?
Quante stelle ci sono nel cielo?

---

to start [STAHRT] verbo **cominciare**

The Italian class begins at 9.
La classe d'italiano comincia alle nove.

---

state [STEIT] nome **lo stato**

From which state do you come?
Da quale stato viene Lei?

---

station [STEI-shén] nome **la stazione**

The train is in the station.
Il treno è nella stazione.

---

to stay [STEI] verbo **stare**
rimanere

I would like to stay at my grandmother's house.
Io vorrei stare alla casa della nonna.

I would like to stay at my grandmother's house.
Io vorrei rimanere alla casa della nonna.

---

to steal [STIL] verbo **rubare**

Who has stolen my pen?
Chi ha rubato la mia penna?

---

steamship [STIM-SHIP] nome **il piroscafo**

The steamship crosses the Atlantic Ocean.
Il piroscafo attraversa l'Oceano Atlantico.

---

step [STEP] nome **il gradino**

There are many steps in front of this building.
Ci sono molti gradini davanti a questo edificio.

---

stick [STĬK] nome   **il bastone**

The policeman carries a stick.
Il poliziotto porta il bastone.

---

still [STĬL] avverbio   **ancora**

Are you still at home?
Sei ancora a casa?

---

to sting [STĬNG] verbo   **pungere**

The mosquitoes like to bite me.
Alle zanzare piace pungermi.

---

stocking [STĂK-ĭng] nome   **la calza**

Women wear nylon stockings.
Le donne portano le calze di nailon.

---

stone [STŌHN] nome   **la pietra**

There are many stones in the field.
Ci sono molte pietre nel campo.

---

stop [STĂP] nome   **la fermata**

The bus stop is at the corner.
La fermata dell'autobus è all'angolo.

---

to stop [STĂP] verbo   **fermare**

The policeman stops the cars.
Il poliziotto ferma le macchine.

---

to stop (oneself) [STĂP] verbo riflessivo   **fermarsi**

He stops before entering the room.
Lui si ferma prima di entrare nella stanza.

---

store [STAWR] nome   **il negozio**

I am going to the store with my friend.
Io vado al negozio con il mio amico.

---

store window [STAWR-WIN-doh] nome   **la vetrina**

We are going to look at the things in the store window.
Andiamo a vedere le cose nella vetrina.

---

storm [STAWRM] nome   **la tempesta**

It is windy during the storm.
Tira vento durante la tempesta.

---

story [STAWR-i] nome   **la storia**
                     il racconto

Read me the story of "The Three Little Kittens."
Leggimi il racconto di "I Tre Gattini."

---

stove [STOHV] nome   **la stufa**

Mother cooks on a new stove.
La mamma cucina su una stufa nuova.

---

strange [STREINDJ] aggettivo   **strano,** masc.
                     strana, fem.

Here is a strange animal.
Ecco un animale strano.

---

stranger [STREIN-djér] nome   **lo straniero**
Mother says, "Don't speak to strangers."
La mamma dice, "Non parlare agli stranieri."

strawberry [STRAW-ber-i] nome   **la fragola**
Strawberries are red.
Le fragole sono rosse.

street [STRIT] nome   **la strada**
It is dangerous to play ball in the street.
È pericoloso giocare alla palla nella strada.

street cleaner nome   **lo spazzino**
The street cleaner is carrying a broom.
Lo spazzino porta una scopa.

string [STRING] nome   **la cordicella**
I am looking for a string for my kite.
Cerco una cordicella per il mio aquilone.

string beans [STRING-binz] nome   **i fagiolini**
We have string beans for dinner.
Noi abbiamo i fagiolini per cena.

strong [STRAWNG] aggettivo   **forte**
My father is very strong.
Mio padre è molto forte.

student [STUD-ént] nome   **lo studente,** masc.
                                                   la studentessa, fem.
My cousin is a student at the university.
Mio cugino è studente all'università.

to study [STɛD-i] verbo   **studiare**

I have to study this evening.
Devo studiare stasera.

---

stupid [STU-pid] aggettivo   **stupido,** masc.
                                             stupida, fem.

Is the elephant intelligent or stupid?
L'elefante è intelligente o stupido?

---

subway [SɛB-wei] nome   **la metropolitana**

We take the subway to go to the museum.
Prendiamo la metropolitana per andare al museo.

---

to succeed [sék-SID] verbo   **riuscire**

He succeeds in catching a fish.
Lui riesce a prendere un pesce.

---

suddenly [SɛD-én-li] avverbio   **ad un tratto**
                                             improvvisamente

Suddenly, it starts to rain.
Ad un tratto, incomincia a piovere.

---

sugar [SHAUHG-ér] nome   **lo zucchero**

Mother serves sugar with tea.
La mamma serve lo zucchero con il tè.

---

suit [SUT] nome   **il vestito**
                                             l'abito

Father wears a suit when he goes to work.
Il babbo porta un vestito quando va a lavorare.

bathing suit nome   **il costume da bagno**

I like your new bathing suit.
Mi piace il tuo nuovo costume da bagno.

---

suitcase [SUT-keis] nome   **la valigia**

I put my clothes in the suitcase.
Io metto i panni nella valigia.

summer [SÉM-ér] nome   **l'estate**

Do you prefer summer or winter?
Tu preferisci l'estate o l'inverno?

sun [SÉN] nome   **il sole**

At what time does the sun rise?
A che ora sorge il sole?

sunbath nome   **il bagno di sole**

I take a sunbath on the grass.
Io mi faccio un bagno di sole sull'erba.

It is sunny. espressione idiomatica   **Il sole brilla.**

Today is a beautiful day, it is sunny.
Fa una bella giornata oggi, il sole brilla.

Sunday [SÉN-dei] nome   **la domenica**

We go to the park on Sunday.
Noi andiamo al parco la domenica.

supermarket [SU-pér-mahr-kit] nome   **il supermercato**

The supermarket sells many things.
Il supermercato vende molte cose.

sure [SHUR] aggettivo   **sicuro,** masc.
                                         sicura, fem.

The girl is sure of what she does.
La ragazza è sicura di quel che fa.

surprise [sér-PRAIZ] nome   **la sorpresa**

A surprise for me?
Una sorpresa per me?

surprising aggettivo   **sorprendente**

It is surprising to receive a letter from a stranger.
È sorprendente ricevere una lettera da uno straniero.

---

sweater [SWET-ér] nome   **la maglia**

I am wearing a sweater because it is cool.
Io porto una maglia perchè fa fresco.

---

sweet [SWIT] aggettivo   **dolce**

The cake is sweet.
La torta è dolce.

---

to swim [SWIM] verbo   **nuotare**

I go swimming in the summer.
Io vado a nuotare d'estate.

swimming pool nome   **la piscina**

We are swimming in the pool.
Noi nuotiamo nella piscina.

---

swing [SWING] nome   **l'altalena**

In the park, children have a good time on the swings.
Nel parco i ragazzi si divertono sull'altalena.

---

switch (electrical) [SWICH] nome   **l'interruttore**

The switch does not work.
L'interruttore non funziona.

T

table [TEI-bél] nome   **la tavola**

The dish is on the table.
Il piatto è sulla tavola.

---

tablecloth [TEI-bél-klath] nome   **la tovaglia**

My aunt puts the tablecloth on the table.
Mia zia mette la tovaglia sulla tavola.

---

tail [TEIL] nome   **la coda**

My dog wags his tail when I return home.
Il mio cane mena la coda quando io ritorno a casa.

---

tailor [TEI-lér] nome   **il sarto**

My neighbor is a tailor.
Il mio vicino è sarto.

---

to take [TEIK] verbo   **prendere**

My mother takes a roll for breakfast.
La mamma prende un panino per prima colazione.

to take a bath espressione idiomatica   **farsi il bagno**

I take a bath every day.
Mi faccio un bagno ogni giorno.

to take a trip espressione idiomatica   **fare un viaggio**

We take a trip every summer.
Facciamo un viaggio ogni estate.

to take a walk   **fare una passeggiata**
        espressione idiomatica

Dad takes a walk every evening after dinner.
Il babbo si fa una passeggiata ogni sera dopo cena.

Take care! espressione idiomatica   **Attenzione!**
Take care, or you will get hurt!
Attenzione, o ti fai male!

to take off verbo riflessivo   **togliersi**
Take off your hat in the house.
Togliti il cappello in casa.

---

tale [TEIL] nome   **il racconto**
I like to listen to these tales.
Mi piace ascoltare questi racconti.

---

fairy tale [FEI-ri-teil] nome   **la fiaba**
He does not like fairy tales.
Non gli piacciono le fiabe.

---

to talk [TAWK] verbo   **parlare**
We are talking about the movie on television.
Noi parliamo del film alla televisione.

---

tall [TAWL] aggettivo   **alto,** masc.
                                                alta, fem.

He is tall.
Lui è alto.

---

tape recorder [TEIP-ré-kawr-dér] nome   **il registratore**
The teacher uses a tape recorder in class.
Il maestro usa un registratore in classe.

---

taxi [TAK-si] nome   **il tassì**
My brother drives a taxi.
Mio fratello porta un tassì.

---

tea [TI] nome   **il tè**
Do you want tea or coffee?
Lei vuole il té o il caffè?

---

to teach [TICH] verbo   **insegnare**
Who teaches music in this class?
Chi insegna musica in questa classe?

---

teacher [TI-chér] nome   **il maestro,** masc.
                                                     la maestra, fem.
The teacher is kind.
La maestra è gentile.

teacher [TI-chér] nome   **il professore,** masc.
                                               la professoressa, fem.
The professor is in the classroom.
Il professore è nella classe.

---

team [TIM] nome   **la squadra**
We are all members of the same team.
Siamo tutti membri della stessa squadra.

---

tear [TIR] nome   **la lacrima**
Grandpa says, "Enough tears!"
Il nonno dice, "Basta con le lacrime!"

---

to tease [TIZ] espressione idiomatica   **fare dispetti a**
                   verbo   **stuzzicare**
My brother always teases me.
Mio fratello mi fa sempre dispetti.

He is always teasing.
Lui mi sta sempre a stuzzicare.

---

telephone [TEL-é-fohn] nome   **il telefono**
I like to talk on the telephone.
Mi piace parlare al telefono.

---

television [TEL-é-vizh-én] nome   **la televisione**
My brother and I watch television.
Mio fratello e io guardiamo la televisione.

403

television antenna nome   **l'antenna**

Television antennas are on the roof.
Le antenne delle televisioni sono sul tetto.

---

television (TV) set nome   **il televisore**

The TV is small.
Il televisore è piccolo.

---

to tell [TEL] verbo   **raccontare**

Tell me a story, Mom.
Raccontami una storia, Mamma.

---

ten [TEN] aggettivo   **dieci**

How many fingers do you have? Ten.
Quante dita hai tu? Dieci.

---

tent [TENT] nome   **la tenda**

When I go camping, I sleep in a tent.
Quando vado in campeggio, io dormo in una tenda.

---

test [TEST] nome   **l'esame**

The test is difficult.
L'esame è difficile.

---

thank you [THANGK-yu] espressione idiomatica   **grazie**

*When my grandmother gives me a cookie, I say
"Thank you."*
Quando la nonna mi dà un pasticcino io dico,
"Grazie."

---

that [THAT] pronome   **che**
                                                                                            quale

That's too bad!
Che peccato!

that [THAT] pronome   **quello,** masc.
                                                                                        quella, fem.

I don't like that one.
Non mi piace quello.

that [THAT] aggettivo   **quello,** masc.
                                                                                        quella, fem.

That girl is pretty.
Quella ragazza è bella.

---

the [THE] articolo   **il, lo, l', la, l'**
                                                                                      i, gli, le, le

il libro
lo stato   Masc. Sing.
l'anno

la ragazza
l'automobile   Fem. Sing.

i libri
gli stati   Masc. Plu.
gli anni

le ragazze
le automobili   Fem. Plu.

---

theater [THI-tér] nome   **il teatro**

The theater is new.
Il teatro è nuovo.

---

their [THEHR] aggettivo   **loro**

Their teacher is here.
Il loro maestro è qui.

---

them [THEM] pronome   **loro**

Give them the tickets.
Dia loro i biglietti.

---

then [THEN] avverbio   **allora**
poi

I read the book, then I return it to the library.
Io leggo il libro, poi lo restituisco alla biblioteca.

---

there [THEHR] avverbio   **là**
there is [thehr IZ] espressione idiomatica   **ci è (c'è)**

There is no one here.
Non c'è nessuno qui.

there are [thehr AHR] espressione idiomatica   **ci sono**

There are three people in class.
Ci sono tre persone in classe.

---

they [THEI] pronome   **essi, esse, loro**

They arrived early.
Essi sono arrivati presto.

---

thick [THIK] aggettivo   **grosso, fitto,** masc.
grossa, fitta, fem.

The lemon's skin is thick.
La buccia del limone è grossa.

---

thief [THIF] nome   **il ladro**

They are looking for the thief at the bank.
Cercano il ladro alla banca.

---

thin [THIN] aggettivo   **magro, snello,** masc.
magra, snella, fem.

You are too thin. You must eat.
Tu sei troppo magra. Devi mangiare.

---

thing [THI̲NG] nome   **la cosa**
They sell all kinds of things in this store.
Vendono tutte specie di cose in questo negozio.

to think [THI̲NGK] verbo   **pensare**
I think I'll go to my friend's house. All right?
Io penso andare alla casa del mio amico. Va bene?

thirsty (to be) [THU̲RS-ti] verbo   **avere sete**
I am thirsty.
Io ho sete.

thirteen [THU̲R-tin] aggettivo   **tredici**
There are 13 steps in the staircase.
Ci sono tredici scalini nella scala.

thirty [THU̲R-ti] aggettivo   **trenta**
Which months have 30 days?
Quali mesi hanno trenta giorni?

this [THI̲S] aggettivo   **questo, questi,** masc. sing., pl.
                               questa, queste, fem. sing., pl.

This little girl is well behaved.
Questa ragazzina è ben educata.

I do not like this boy.
Non mi piace questo ragazzo.

These boys are good.
Questi ragazzi sono bravi.

These girls are pretty.
Queste ragazze sono belle.

thousand [THO̲W-zénd] aggettivo   **mille**
How much does this book cost? A thousand lire.
Quanto costa questo libro? Mille lire.

three [THRI] aggettivo **tre**

There are three glasses on the table.
Ci sono tre bicchieri sulla tavola.

---

throat [THROHT] nome **la gola**

The teacher says softly, "I have a sore throat."
La maestra dice pian piano, "Ho un mal di gola."

---

to throw [THROH] verbo **gettare**
scagliare
lanciare

He is throwing a pillow at me.
Lui mi scaglia un guanciale.

He throws the ball.
Lui lancia la palla.

He throws the paper on the floor.
Lui getta la carta sul pavimento.

---

thunder [THÉN-dér] nome **il tuono**

After the lightning you hear the thunder.
Dopo il fulmine si sente il tuono.

Thursday [THURZ-dei] nome **il giovedì**

My birthday is Thursday.
Il mio compleanno è giovedì.

---

ticket [TIK-it] nome **il biglietto**

Here is the ticket.
Ecco il biglietto.

---

tie [TAI] nome **la cravatta**

Daddy's tie is too big for me.
La cravatta del babbo è troppo grande per me.

---

tiger [TAI-gér] nome | **la tigre**

The tiger is ferocious.
La tigre è feroce.

---

tight [TAIT] aggettivo | **stretto,** masc.
stretta, fem.

The hat is tight.
Il cappello è stretto.

---

time [TAIM] nome | **la volta**

They knock three times at the door.
Bussano tre volte alla porta.

---

time (o'clock) [TAIM] nome | **l'ora**

What time is it?
Che ora è?

It is dinner time. It is seven-thirty. (It is half past seven.)
È ora di pranzo. Sono le sette e trenta. (Sono le sette e mezzo.)

---

tip [TIP] nome | **la mancia**

The man leaves a tip for the waiter.
L'uomo lascia una mancia per il cameriere.

---

tired [TAIRD] aggettivo | **stanco,** masc.
stanca, fem.

After two hours of work in the garden, I am tired.
Dopo due ore di lavoro nel giardino, sono stanco.

---

to [TU] preposizione | **a**

They are going to Rome.
Loro vanno a Roma.

---

toast [TOHST] nome | **il pane tostato**

I eat toast in the morning.
Io mangio il pane tostato di mattina.

---

today [té-DEI] avverbio   **oggi**
Today is January 12.
Oggi è il dodici gennaio.

toe [TOH] nome   **il dito del piede**
The baby looks at his toes.
Il bambino guarda alle dita dei piedi.

together [té-GETH-ér] avverbio   **insieme**
We are going to the grocery store together.
Noi andiamo insieme alla drogheria.

tomato [té-MEI-toh] nome   **il pomodoro**
The tomato is red when it is ripe.
Il pomodoro è rosso quando è maturo.

tomorrow [té-MAR-oh] avverbio   **domani**
Tomorrow I am going to the countryside.
Domani vado in campagna.

tongue [TÉNG] nome   **la lingua**
The dog's tongue is wet.
La lingua del cane è bagnata.

too [TU] avverbio   **anche**
I want some candy too!
Anch'io voglio dei dolci!

too (many)(much) [TU] aggettivo   **troppo,** masc.
          troppa, fem.
The little girl says, "This is too much for me."
La ragazzina dice, "Questo è troppo per me."

tooth [TUTH] nome   **il dente**
I have a toothache.
Ho un mal di denti.

toothbrush nome   **lo spazzolino**

I use a toothbrush and toothpaste every day.
Io uso lo spazzolino e il dentifricio ogni giorno.

toothpaste nome   **il dentifricio**

Mom, I don't like this toothpaste.
Mamma, non mi piace questo dentifricio.

tortoise [TAWR-tis] nome   **la tartaruga**

The tortoise walks slowly.
La tartaruga cammina lentamente.

to touch [TÉCH] verbo   **toccare**

Do not touch the flowers.
Vietato toccare i fiori.

toward [TAWRD] preposizione   **verso**

We are going toward the hotel.
Noi andiamo verso l'albergo.

towel [TOW-él] nome   **l'asciugamano**

My towel is in the bathroom.
Il mio asciugamano è nella sala da bagno.

tower [TOW-ér] nome   **la torre**

The Leaning Tower of Pisa is beautiful.
La Torre Pendente di Pisa è bella.

toy [TOI] nome   **il giocattolo**

What kind of toys do you have?
Che tipo di giocattoli hai tu?

traffic [TRAF-ik] nome   **il traffico**

The traffic stops for the red light.
Il traffico si ferma al segnale rosso.

train [TREIN] nome **il treno**

You see the electric train.
Lei vede il treno elettrico.

---

to travel [TRAV-él] verbo **viaggiare**

Are you traveling by car or by airplane?
Tu viaggi in automobile o in apparecchio?

---

traveler [TRAV-él-ér] nome **il viaggiatore**

The traveler is tired.
Il viaggiatore è stanco.

---

tree [TRI] nome **l'albero**

We are sitting under a tree.
Siamo seduti sotto un albero.

---

trip [TRIP] nome **il viaggio**
il giro

We are taking a trip to the castle.
Noi facciamo un viaggio al castello.

I would like to take a trip around the world.
Io vorrei fare un giro del mondo.

---

trousers [TROW-zérz] nome **i pantaloni**

The boy's pants are dirty.
I pantaloni del ragazzo sono sporchi.

---

truck [TRƐK] nome　　　　　　　　　　　**il camione**

The truck is carrying vegetables.
Il camione porta la verdura.

---

true [TRU] aggettivo　　　　　　　　　　**vero,** masc.
　　　　　　　　　　　　　　　　　　　　　　　vera, fem.
It's a true story.
È una storia vera.

---

trunk [TRƐNGK] nome　　　　　　　　　　**il baule**
It is difficult to carry this trunk.
È difficile portare questo baule.

---

to try [TRA̲I̲] verbo　　　　　　　　　　**provare**
She tries to carry the heavy package.
Lei prova di portare il pacco pesante.

Tuesday [TUZ-dei] nome　　　　　　　　**martedì**
Is Tuesday a day off?
Martedì è un giorno libero?

---

turkey [TU̲R̲-ki] nome　　　　　　　　　**il tacchino**
Do you like to eat turkey?
Ti piace mangiare il tacchino?

---

turn [TU̲R̲N] nome　　　　　　　　　　　**il turno**
It is my turn.
È il mio turno.

---

to turn [TU̲R̲N] verbo　　　　　　　　　**girare**
The stream turns to the left.
Il fiume gira a sinistra.

to turn off [TURN-AWF] verbo   **spegnere**
I turn off the light.
Io spengo la luce.

to turn on [TURN-AN] verbo   **accendere**
I turn on the radio.
Io accendo la radio.

turtle [TUR-tél] nome   **la tartaruga**

The turtle likes the sun.
Alla tartaruga piace il sole.

twelve [TWELV] aggettivo   **dodici**
There are twelve bananas in a dozen.
Ci sono dodici banane in una dozzina.

twenty [TWÉN-ti] aggettivo   **venti**
There are twenty people here.
Ci sono venti persone qui.

twice [TWAIS] avverbio   **due volte**
I have done this work twice.
Ho fatto questo lavoro due volte.

two [TU] aggettivo   **due**
I see two cats.
Io vedo due gatti.

typewriter [TAIP-rai-tér] nome   **la macchina per scrivere**
The typewriter is new.
La macchina per scrivere è nuova.

typist [TAIP-ist] nome   **la dattilografa**
The typist is fast.
La dattilografa è svelta.

U

ugly [ÉG-li] aggettivo   **brutto,** masc.
                                brutta, fem.

I don't like this hat; it's ugly.
Non mi piace questo cappello; è brutto.

---

umbrella [ém-BREL-é] nome   **l'ombrello**

That's a pretty umbrella!
È un bell'ombrello.

---

uncle [ÉNG-kél] nome   **lo zio**
My uncle is my mother's brother.
Mio zio è il fratello di mia madre.

---

under [ÉN-dér] preposizione   **sotto**
The carrot grows under the ground.
La carota cresce sotto la terra.

---

to understand [én-dér-STAND] verbo   **capire**
Do you understand today's lesson?
Tu capisci la lezione di oggi?

---

unhappy [én-HAP-i] aggettivo   **scontento,** masc.
                                scontenta, fem.

He is unhappy because he can't play ball.
Lui è scontento perchè non può giocare alla palla.

---

united [u-N<u>AIT</u>-éd] aggettivo   **unito,** masc.
                                                          unita, fem.

The boy lives in the United States.
Il ragazzo abita negli Stati Uniti.

United Nations nome   **le Nazioni Unite**

The United Nations building is in New York.
Il palazzo delle Nazioni Unite è a New York.

United States nome   **gli Stati Uniti**

The United States is my country.
Gli Stati Uniti sono la mia patria.

---

university [yu-n<u>i</u>-V<u>UR</u>-s<u>i</u>-ti] nome   **l'università**

The university is famous.
L'università è famosa.

---

until [én-T<u>IL</u>] preposizione   **fino a**

We are in school until 3.
Noi siamo a scuola fino alle tre.

---

unusual [én-Y<u>U</u>-zhu-él] aggettivo   **straordinario,** masc.
                                                straordinaria, fem.

He is unusual.
Lui è straordinario.

---

upstairs [ép-ST<u>EHRZ</u>] avverbio   **di sopra**
                                                al piano superiore

He went upstairs.
Lui è andato di sopra.

---

to use [Y<u>UZ</u>] verbo   **usare**

She uses scissors to cut the ribbon.
Lei usa le forbici per tagliare il nastro.

416

useful [YUS-fél] aggettivo   **utile**
Some insects are useful.
Alcuni insetti sono utili.

V

vacation [vei-KEI-shén] nome   **le vacanze**
Where are you going during the summer vacation?
Dove vai durante le vacanze estive?

---

to vaccinate [VAK-sin-eit] verbo   **vaccinare**
I am afraid when the doctor vaccinates me.
Io ho paura quando il dottore mi vaccina.

---

vaccination [vak-sin-A-shon] nome   **la vaccinazione**
Vaccinations are important.
Le vaccinazioni sono importanti.

---

vacuum cleaner   **l'aspirapolvere**
   [VAK-yu-ém kli-nér] nome
Mother uses the vacuum cleaner to clean the house.
La mamma usa l'aspirapolvere per pulire la casa.

---

valise [va-LIS] nome   **la valigia**
I put my clothes in the valise.
Io metto i miei vestiti nella valigia.

---

valley [VAL-i] nome   **la valle**
There are many flowers in the valley.
Ci sono molti fiori nella valle.

---

vanilla [vé-NIL-é] aggettivo   **la vaniglia**
I like vanilla ice cream.
Mi piace il gelato vaniglia.

---

vegetable [VEDJ-té-bél] nome   **la verdura**
Vegetables are delicious with meat.
La verdura è squisita con la carne.

---

very [VER-i] avverbio   **molto**
The castle is very big.
Il castello è molto grande.

---

village [VIL-idj] nome   **il villaggio**
My cousin lives in a village in the country.
Mio cugino abita in un villaggio in campagna.

---

violet [VAI-oh-let] nome   **la violetta**
The violet is pretty.
La violetta è bella.

---

violin [vai-oh-LIN] nome   **il violino**
The musician plays the violin.
Il musicista suona il violino.

---

to visit [VIZ-it] verbo   **visitare**
My parents visit my school.
I miei genitori visitano la mia scuola.

---

voice [VOIS] nome   **la voce**
My aunt's voice is sweet.
La voce di mia zia è dolce.

in a loud voice (aloud)   **ad alta voce**
    espressione idiomatica
He speaks aloud.
Lui parla ad alta voce.

---

volcano [val-KEI-noh] nome   **il vulcano**
Italy has several volcanoes.
L'Italia ha vari vulcani.

W

waist [WEIST] nome   **la vita**
      la cintola

She has a beautiful belt around her waist.
Lei ha una bella cintola intorno alla vita.

---

to wait [WEIT] verbo   **aspettare**

Wait for me, I'm coming.
Aspettami, vengo.

---

waiter [WEI-ter] nome   **il cameriere**

The waiter works hard.
Il cameriere lavora molto.

waitress [WEI-tres] nome   **la cameriera**

The waitress is very pretty.
La cameriera è molto bella.

---

to wake up [WEIK-ÉP] verbo   **svegliarsi**

We wake up early.
Noi ci svegliamo presto.

---

to walk [WAWK] verbo   **camminare**

I walk three miles every day.
Io cammino tre miglia ogni giorno.

---

wall (of a house) [WAWL] nome   **il muro**

There is a hole in the wall.
Il muro è bucato.

wall (of a room) nome   **la parete**

There is a picture of the "Mona Lisa" on the living room wall.
C'è un quadro della "Mona Lisa" sulla parete del salotto.

walls (of a city) nome   **le mura**

The walls of the city are high.
Le mura della città sono alte.

---

to want [WAHNT] verbo   **volere**

The baby is crying because he wants his toy.
Il bambino piange perchè vuole il suo giocattolo.

---

war [W<u>A</u>WR] nome   **la guerra**

War is terrible.
La guerra è terribile.

---

warm [W<u>A</u>WRM] aggettivo   **caldo,** masc.
     calda, fem.

It is warm today.
Fa caldo oggi.

---

to wash [WAHSH] verbo   **lavare**

She is washing the car.
Lei lava la macchina.

to wash (oneself) [WAHSH] verbo riflessivo   **lavarsi**

I wash my hands before eating.
Io mi lavo le mani prima di mangiare.

---

washing machine nome   **la lavatrice**

The washing machine is new.
La lavatrice è nuova.

washstand nome   **il lavandino**

The washstand is in the bathroom.
Il lavandino è nella sala da bagno.

watch [WACH] nome   **l'orologio**
What a shame, my watch doesn't work.
Che peccato, il mio orologio non funziona.

to watch [WACH] verbo   **guardare**
I watch television every day.
Io guardo la televisione ogni giorno.

to watch over [WACH-<u>OH</u>-vér] verbo   **badare a**
The cat watches over the kittens.
Il gatto bada ai gattini.

to watch over verbo   **sorvegliare**
He watches over me.
Lui mi sorveglia.

water [W<u>AW</u>-tér] nome   **l'acqua**
There is water in the swimming pool.
C'è acqua nella piscina.

watermelon [W<u>AW</u>-tér-mel-én] nome   **il cocomero**
                                                             il melone
Watermelon is a delicious fruit.
Il melone è una frutta squisita.

wave [WEIV] nome   **l'onda**
I see waves at the beach.
Io vedo le onde alla spiaggia.

we [WI] pronome   **noi**
We are here.
Noi siamo qui.

weak [WIK] aggettivo   **debole**
The poor boy is weak because he is sick.
Il povero ragazzo è debole perche è malato.

wealthy [WEL-thi] aggettivo   **ricco,** masc.
                                                                         ricca, fem.
The rich lady wears jewels.
La donna ricca porta i gioielli.

to wear [WEHR] verbo   **portare**
She is wearing a hat.
Lei porta un cappello.

weather [WE<u>TH</u>-er] nome   **il tempo**
What is the weather? The sun is shining.
Che fa il tempo? Il sole splende.

Wednesday [WENZ-dei] nome   **mercoledì**
Today is Wednesday—they are serving chicken.
Oggi è mercoledì—servono il pollo.

week [WIK] nome   **la settimana**
There are seven days in a week.
Ci sono sette giorni in una settimana.

to weep [WIP] verbo   **piangere**
I weep when somebody teases me.
Io piango quando qualcuno mi fa dispetti.

(you're) welcome [yur-WEL-com] inter.   **prego**
Thank you for the help. You're welcome.
Grazie per l'aiuto. Prego.

well [WEL] avverbio   **bene**
I'm feeling very well, thank you.
Mi sento molto bene, grazie.

well-behaved [WEL-bi-HEIVD] aggettivo   **beneducato,** masc.
                                              beneducata, fem.

Little girls are well-behaved.
Le ragazzine sono beneducate.

---

well done [WEL-DÉN] interiezione   **bravo**

Peter answers the questions well. "Well done!",
says the teacher.
Pietro risponde bene alle domande. "Bravo!", dice
la maestra.

---

west [WEST] nome   **l'ovest**

When I go from Venice to Milan, I go toward
the west.
Quando vado da Venezia a Milano, vado verso
l'ovest.

---

wet [WET] aggettivo   **bagnato,** masc.
                                               bagnata, fem.

My clothes are wet from the rain.
Il mio vestito è bagnato a causa della pioggia.

My notebook has fallen into the water; it is wet.
Il mio quaderno è caduto nell'acqua; è bagnato

---

what [WHAT] interrogativo   **che**
                                                             come

What?
Che?

What?
Come?

What? You don't have the change for the bus?
Come? Non hai gli spiccioli per l'autobus?

What a beautiful dress!
Che bel vestito!

---

wheat [WHIT] nome   **il grano**
I see wheat in the fields.
Io vedo il grano nei campi.

---

wheel [WHIL] nome   **la ruota**
My uncle fixes the wheel of my bicycle.
Mio zio mi aggiusta la ruota della bicicletta.

---

when [WHEN] congiunzione   **quando**
I read a book when it rains.
Io leggo un libro quando piove.

---

where [WHEHR] avverbio   **dove**
Where are my glasses?
Dove sono i miei occhiali?

---

whether [WHE-thér] congiunzione   **se**
I want to know whether or not you are coming.
Voglio sapere se vieni o no.

---

which [WHICH] congiunzione   **quale, che**
I am looking for the pen which is on the rug.
Cerco la penna ch'è sul tappetto.

---

to whistle [WHIS-él] verbo   **fischiare**
When I whistle, my friend knows I'm at the door.
Quando io fischio, il mio amico sa che io sono alla porta.

---

white [WHAIT] aggettivo   **bianco,** masc.
                                                           bianca, fem.

My shoes are white.
Le mie scarpe sono bianche.

---

who [HU] pronome   **chi**
Who is coming to visit us?
Chi ci viene a trovare?

424

whole [HOHL] aggettivo · **intero,** masc. · **intera,** fem.

Of course I would like to eat the whole cake!
Certo che vorrei mangiare l'intera torta!

---

whom [HUM] pronome · **che** · **cui**

The woman of whom I speak is my aunt.
La donna di cui parlo è mia zia.

---

why [WHAI] interrogativo · **perchè**
Why are you late?
Perchè sei in ritardo?

---

wide [WAID] aggettivo · **largo,** masc. · **larga,** fem.

The boulevard is a wide street.
Il corso è una strada larga.

---

wife [WAIF] nome · **la moglie**
My wife is beautiful.
Mia moglie è bella.

---

wild [WAILD] aggettivo · **feroce** · **selvaggio,** masc. · **selvaggia,** fem.

Who is afraid of a wild tiger?
Chi ha paura di una tigre feroce?

Wild animals live in the forest.
Gli animali selvaggi abitano nella foresta.

---

to win [WIN] verbo · **vincere**
Our team wins!
La nostra squadra vince!

---

winner [WIN-ér] nome   **il vincitore**
John is the winner of the race.
Giovanni è il vincitore della corsa.

---

wind [WIND] nome   **il vento**
The wind is strong today.
Il vento è forte oggi.

---

window [WIN-doh] nome   **la finestra**

The dog likes to look out the window.
Al cane piace guardare dalla finestra.

store window nome   **la vetrina**
The store window is broken.
La vetrina è rotta.

---

wine [WAIN] nome   **il vino**
The waiter brings the wine.
Il cameriere porta il vino.

---

wing [WING] nome   **l'ala**
The airplane has two wings.
L'apparecchio ha due ali.

---

winter [WIN-tér] nome   **l'inverno**
It is cold in winter.
Fa freddo d'inverno.

---

wise [WAIZ] aggettivo   **saggio,** masc.
                                                saggia, fem.

Grandfather is wise.
Il nonno è saggio.

---

to wish [WISH] verbo   **desiderare**
volere

What do you wish, sir?
Cosa desidera, signore?

The baby is crying because he wants his toy.
Il bambino piange perchè vuole il giocattolo.

---

with [WITH] preposizione   **con**
Mary is at the beach with her friends.
Maria è alla spiaggia con le sue amiche.

with care espressione idiomatica   **con cura**
Paul pours water into the glass with care.
Paolo versa l'acqua nel bicchiere con cura.

---

without [with-OWT] preposizione   **senza**
I am going to class without my friend.
Io vado in classe senza il mio amico.

---

wolf [WAUHLF] nome   **il lupo**

Who is afraid of the bad wolf?
Chi ha paura del cattivo lupo?

---

woman [WAUHM-én] nome   **la donna**
These two women are going shopping.
Queste due donne vanno a fare le spese.

---

wonderful [WÉN-dér-fél] aggettivo   **straordinario,** masc.
meraviglioso, masc.
prodigioso, masc.

straordinaria, fem.
meravigliosa, fem.
prodigiosa, fem.

She is a wonderful person.
Lei è una persona meravigliosa.

---

wood [WAUHD] nome   **il legno**

The pencil is made of wood.
Il lapis è fatto di legno.

---

woods [WAUHDZ] nome   **il bosco**
                                       la foresta

I am going into the woods.
Io vado nel bosco.

---

wool [WAUHL] nome   **la lana**

My coat is made of wool.
Il mio soprabito è fatto di lana.

---

word [WURD] nome   **la parola**

I am thinking of a word that begins with the letter "A."
Io penso a una parola che comincia con la lettera "A."

---

work [WURK] nome   **il lavoro**

Mother has a lot of work to do.
La mamma ha molto lavoro da fare.

---

to work [WURK] verbo   **lavorare**

The farmer works outdoors.
L'agricoltore lavora all'aperto.

---

world [WURLD] nome   **il mondo**

How many nations are there in the world?
Quante nazioni ci sono al mondo?

---

worm [WURM] nome   **il verme**

There's a worm in the apple.
C'è un verme nella mela.

---

wound [WUND] nome   **la ferita**
The wound is serious.
La ferita è grave.

---

to write [RAIT] verbo   **scrivere**
The teacher says, "Write the date on the blackboard."
La maestra dice, "Scrivi la data alla lavagna."

---

wrong (to be)   **avere torto**
  [RAWNG] espressione idiomatica
I admit that I am wrong.
Io ammetto che ho torto.

Y

year [YIR] nome   **l'anno**
There are 12 months in a year.
Ci sono dodici mesi in un anno.

---

yellow [YEL-oh] aggettivo   **giallo,** masc.
                                                     gialla, fem.

· *Corn is yellow.*
Il granturco è giallo.

---

yes [YES] avverbio   **si**
Do you want some candy? Yes, of course!
Vuole dolci? Si, certo!

yesterday [YES-tér-dei] avverbio   **ieri**

Today is May 10; yesterday, May 9.
Oggi è il dieci maggio; ieri, il nove maggio.

---

you [YU] pronome (familiare)   **ti**
                pronome (formale)   **Le**

I give you some milk.
Ti do un po' di latte.

I give you some milk.
Io Le do un po' di latte.

---

you have to   **è necessario**
          [YU-HAV-té] espressione idiomatica

It is necessary to go to school.
È necessario andare a scuola.

you have to espressione idiomatica   **si deve**

You have to go to school.
Si deve andare a scuola.

---

young [YÉNG] aggettivo   **giovane**

The puppy is young...it is 6 weeks old.
Il cucciolo è giovane...ha sei settimane.

---

your [YAWR] aggettivo (familiare)   **tuo**
                                                                          tuoi
                                                                          tua
                                                                          tue

Your cousin has arrived.
Tuo cugino è arrivato.

Your neighbors are kind.
Le tue vicine sono gentili.

Your books are here.
I tuoi libri sono qui.

Your sister is ill.
Tua sorella è malata.

---

your [Y̲A̲W̲R̲] aggettivo (formale)   **Suo**
                                                                Suoi
                                                                Sua
                                                                Sue

Where is your tape recorder?
Dov'è il Suo registratore?

Your brothers are here.
I Suoi fratelli sono qui.

Your sister has arrived.
Sua sorella è arrivata.

Are your shoes new?
Sono nuove le Sue scarpe?

Z

zebra [Z̲I̲-bré] nome   **la zebra**

Is it a zebra or a horse?
È una zebra o un cavallo?

---

zero [Z̲I̲R̲-o̲h̲] nome   **lo zero**

There is a zero in the number 10.
C'è uno zero nel numero dieci.

---

zoo [ZU] nome   **il giardino zoologico**
                                     lo zoo

I like to watch the animals at the zoo.
Mi piace guardare animali al giardino zoologico.

DAYS OF THE WEEK
I giorni della settimana

English Inglese	Italiano Italian
Monday	lunedì
Tuesday	martedì
Wednesday	mercoledì
Thursday	giovedì
Friday	venerdì
Saturday	sabato
Sunday	domenica

MONTHS OF THE YEAR
I mesi dell'anno

English Inglese	Italiano Italian
January	gennaio
February	febbraio
March	marzo
April	aprile
May	maggio
June	giugno
July	luglio
August	agosto
September	settembre
October	ottobre
November	novembre
December	dicembre

PERSONAL NAMES
I Nomi

Boys/*I Ragazzi*

English Inglese	Italiano Italian
Albert	Alberto
Alexander	Alessandro
Andrew	Andrea
Anthony	Antonio
Armand	Armando
Arnold	Arnoldo
Arthur	Arturo
Benedict	Benedetto
Benjamin	Beniamino
Bernard	Bernardo
Caesar	Cesare
Charles	Carlo
Daniel	Daniele
David	Davide
Dominic	Domenico
Edward	Edoardo
Eugene	Eugenio
Frank	Francesco
Frederick	Federico
George	Giorgio
Henry	Enrico
James	Giacomo
Jerome	Girolamo
John	Giovanni

Joseph	Giuseppe
Julius	Giulio
Lawrence	Lorenzo
Leonard	Leonardo
Louis	Luigi
Mark	Marco
Matthew	Matteo
Michael	Michele
Patrick	Patrizio, Pasquale
Paul	Paolo
Peter	Pietro
Philip	Filippo
Robert	Roberto
Samuel	Samuele
Stephen	Stefano
Sylvester	Silvestro
Thomas	Tommaso
Vincent	Vincenzo
William	Guglielmo

Girls/Le Ragazze	
English/Inglese	**Italiano/Italian**
Ann	Anna
Beatrice	Beatrice
Carla	Carla
Carolyn	Carolina
Catherine	Caterina
Claire	Chiara
Dorothy	Dorotea
Elizabeth	Elisabetta
Frances	Francesca
Gertrude	Geltrude
Harriet	Enrichetta
Helen	Elena
JoAnn	Giovanna
Josephine	Giuseppina
Julia	Giulia
Laura	Laura
Louise	Luisa
Lucy	Lucia
Margaret	Margarita, Margherita
Marian	Marianna
Martha	Marta
Mary	Maria
Nancy	Nunziata
Pauline	Paolina
Rachel	Rachele
Rita	Rita
Susan	Susanna
Sylvia	Silvia
Theresa	Teresa
Virginia	Virginia

NUMBERS 1-100
I Numeri 1-100

English Inglese	Italiano Italian
one	uno, una
two	due
three	tre
four	quattro
five	cinque
six	sei
seven	sette
eight	otto
nine	nove
ten	dieci
eleven	undici
twelve	dodici
thirteen	tredici
fourteen	quattordici
fifteen	quindici
sixteen	sedici
seventeen	diciassette
eighteen	diciotto
nineteen	diciannove
twenty	venti
twenty-one	ventuno
twenty-two	ventidue
twenty-three	ventitrè
twenty-four	ventiquattro
twenty-five	venticinque
twenty-six	ventisei
twenty-seven	ventisette

twenty-eight	ventotto
twenty-nine	ventinove
thirty	trenta
thirty-one	trentuno
thirty-two	trentadue
thirty-three	trentatrè
thirty-four	trentaquattro
thirty-five	trentacinque
thirty-six	trentasei
thirty-seven	trentasette
thirty-eight	trentotto
thirty-nine	trentanove
forty	quaranta
forty-one	quarantuno
forty-two	quarantadue
forty-three	quarantatrè
forty-four	quarantaquattro
forty-five	quarantacinque
forty-six	quarantasei
forty-seven	quarantasette
forty-eight	quarantotto
forty-nine	quarantanove
fifty	cinquanta
fifty-one	cinquantuno
fifty-two	cinquantadue
fifty-three	cinquantatrè
fifty-four	cinquantaquattro
fifty-five	cinquantacinque
fifty-six	cinquantasei
fifty-seven	cinquantasette
fifty-eight	cinquantotto
fifty-nine	cinquantanove

sixty	sessanta
sixty-one	sessantuno
sixty-two	sessantadue
sixty-three	sessantatrè
sixty-four	sessantaquattro
sixty-five	sessantacinque
sixty-six	sessantasei
sixty-seven	sessantasette
sixty-eight	sessantotto
sixty-nine	sessantanove
seventy	settanta
seventy-one	settantuno
seventy-two	settantadue
seventy-three	settantatrè
seventy-four	settantaquattro
seventy-five	settantacinque
seventy-six	settantasei
seventy-seven	settantasette
seventy-eight	settantotto
seventy-nine	settantanove
eighty	ottanta
eighty-one	ottantuno
eighty-two	ottantadue
eighty-three	ottantatrè
eighty-four	ottantaquattro
eighty-five	ottantacinque
eighty-six	ottantasei
eighty-seven	ottantasette
eighty-eight	ottantotto
eighty-nine	ottantanove
ninety	novanta
ninety-one	novantuno

ninety-two	novantadue
ninety-three	novantatrè
ninety-four	novantaquattro
ninety-five	novantacinque
ninety-six	novantasei
ninety-seven	novantasette
ninety-eight	novantotto
ninety-nine	novantanove
one hundred	cento
two hundred	duecento
three hundred	trecento
four hundred	quattrocento
five hundred	cinquecento
six hundred	seicento
seven hundred	settecento
eight hundred	ottocento
nine hundred	novecento
one thousand	mille
one million	un milione

ITALIAN-AMERICAN CONVERSION TABLES
CURRENCY—WEIGHTS—MEASURES
Moneta—Pesi—Misure

Italiano Italian	American Americano
100 Lire	$.13 (cents)*
300 Lire	$.39*
1300 Lire	$1.00*
1 centimetro	0.3937 inches**
1 chilometro	0.621 miles**
1 metro	39.37 inches**
1 grammo	0.035 ounces**
1 chilo	2.204 pounds**
American **Americano**	**Italiano** **Italian**
1 dollar	1300 Lire*
2 dollars	2600 Lire*
10 dollars	13,000 Lire*
1 inch	2.54 centimetri**
1 foot	30.48 centimetri**
1 yard	91.44 centimetri**
1 mile	1.61 chilometri**
1 ounce	28 grammi**
1 pound	453.6 grammi**

*Because of fluctuations in exchange rates, it is necessary to consult the finance section of your daily newspaper or the foreign currency exchange section of your local bank.
**Approximately.

PARTS OF SPEECH
Termini Grammaticali

English / Inglese	Italiano / Italian
adjective (adj.)	aggettivo
adverb (adv.)	avverbio
article	articolo
conjunction	congiunzione
idiomatic expression	espressione idiomatica
interjection	interiezione
noun, feminine (fem.)	sostantivo, nome femminile
noun, masculine (masc.)	sostantivo, nome maschile
preposition	preposizione
pronoun (pron.)	pronome
verb	verbo
verb form	forma verbale

Italian Verb Supplement

I Verbi

Regular Verbs

Infinitive
  compr<u>are</u>

Gerund
  compr<u>ando</u>

Past Part.
  compr<u>ato</u>

Present
  compr o
  compr i
  compr a
  compr iamo
  compr ate
  compr ano

Imperfect
  compr avo
  compr avi
  compr ava
  compr avamo
  compr avate
  compr avano

Past Absolute
  compr ai
  compr asti
  compr ò
  compr ammo
  compr aste
  compr arono

Future
  comprer ò
  comprer ai
  comprer à
  comprer emo
  comprer ete
  comprer anno

Present Cond.
  comprer ei
  comprer esti
  comprer ebbe
  comprer emmo
  comprer este
  comprer ebbero

Imperative
  —
  compr a
  compr i
  compr iamo
  compr ate
  compr ino

Present Subj.
  compr i
  compr i
  compr i
  compr iamo
  compr iate
  compr ino

Imperfect Subj.
compr assi
compr assi
compr asse
compr assimo
compr aste
compr assero

Present Perfect
ho comprato
hai comprato
ha comprato
abbiamo comprato
avete comprato
hanno comprato

First Past Perfect
avevo comprato
avevi comprato
aveva comprato
avevamo comprato
avevate comprato
avevano comprato

Second Past Perfect
ebbi comprato
avesti comprato
ebbe comprato
avemmo comprato
aveste comprato
ebbero comprato

Future Perfect
avrò comprato
avrai comprato
avrà comprato
avremo comprato
avrete comprato
avranno comprato

Cond. Perfect
avrei comprato
avresti comprato
avrebbe comprato
avremmo comprato
avreste comprato
avrebbero comprato

Present Perfect Subj.
abbia comprato
abbia comprato
abbia comprato
abbiamo comprato
abbiate comprato
abbiano comprato

Past Perfect Subj.
avessi comprato
avessi comprato
avesse comprato
avessimo comprato
aveste comprato
avessero comprato

Infinitive
vend<u>ere</u>

Gerund
vend<u>endo</u>

Past Part.
venduto

Present
vend o
vend i
vend e
vend iamo
vend ete
vend ono

Imperfect
vend evo
vend evi
vend eva
vend evamo
vend evate
vend evano

Past Absolute
vend ei
vend esti
vend è
vend emmo
vend este
vend erono

Future
vender ò
vender ai
vender à
vender emo
vender ete
vender anno

Present Cond.
vender ei
vender esti
vender ebbe
vender emmo
vender este
vender ebbero

Imperative
—
vend i
vend a
vend iamo
vend ete
vend ano

Present Subj.
vend a
vend a
vend a
vend iamo
vend iate
vend ano

Imperfect Subj.
vend essi
vend essi
vend esse
vend essimo
vend este
vend essero

Present Perfect
ho venduto
hai venduto
ha venduto
abbiamo venduto
avete venduto
hanno venduto

First Past Perfect
avevo venduto
avevi venduto
aveva venduto
avevamo venduto
avevate venduto
avevano venduto

Second Past Perfect
ebbi venduto
avesti venduto
ebbe venduto
avemmo venduto
aveste venduto
ebbero venduto

Future Perfect
avrò venduto
avrai venduto
avrà venduto
avremo venduto
avrete venduto
avranno venduto

Cond. Perfect
avrei venduto
avresti venduto
avrebbe venduto
avremmo venduto
avreste venduto
avrebbero venduto

Present Perfect Subj.
abbia venduto
abbia venduto
abbia venduto
abbiamo venduto
abbiate venduto
abbiano venduto

Past Perfect Subj.
avessi venduto
avessi venduto
avesse venduto
avessimo venduto
aveste venduto
avessero venduto

Infinitive
fin<u>ire</u>

Gerund
fin<u>endo</u>

Past Part.
finito

Present
fin isc o
fin isc i
fin isc e
fin iamo
fin ite
fin isc ono

Imperfect
fin ivo
fin ivi
fin iva
fin ivamo
fin ivate
fin ivano

Past Absolute
fin ii
fin isti
fin ì
fin immo
fin iste
fin irono

Future
finir ò
finir ai
finir à
finir emo
finir ete
finir anno

Present Cond.
finir ei
finir esti
finir ebbe
finir emmo
finir este
finir ebbero

Imperative
—
fin isc i
fin isc a
fin iamo
fin ite
fin isc ano

Present Subj.
fin isc a
fin isc a
fin isc a
fin iamo
fin iate
fin isc ano

Imperfect Subj.	Future Perfect
fin issi	avrò finito
fin issi	avrai finito
fin isse	avrà finito
fin issimo	avremo finito
fin iste	avrete finito
fin issero	avranno finito

Present Perf.	Cond. Perfect
ho finito	avrei finito
hai finito	avresti finito
ha finito	avrebbe finito
abbiamo finito	avremmo finito
avete finito	avreste finito
hanno finito	avrebbero finito

First Past Perfect	Present Perfect Subj.
avevo finito	abbia finito
avevi finito	abbia finito
aveva finito	abbia finito
avevamo finito	abbiamo finito
avevate finito	abbiate finito
avevano finito	abbiano finito

Second Past Perfect	Past Perfect Subj.
ebbi finito	avessi finito
avesti finito	avessi finito
ebbe finito	avesse finito
avemmo finito	avessimo finito
aveste finito	aveste finito
ebbero finito	avessero finito

Infinitive
dorm<u>ire</u>

Gerund
dorm<u>endo</u>

Past Part.
dormito

Present
dorm o
dorm i
dorm e
dorm iamo
dorm ite
dorm ono

Imperfect
dorm ivo
dorm ivi
dorm iva
dorm ivamo
dorm ivate
dorm ivano

Past Absolute
dorm ii
dorm isti
dormì
dorm immo
dorm iste
dorm irono

Future
dormir ò
dormir ai
dormir à
dormir emo
dormir ete
dormir anno

Present Cond.
dormir ei
dormir esti
dormir ebbe
dormir emmo
dormir este
dormir ebbero

Imperative
—
dorm i
dorm a
dorm iamo
dorm ite
dorm ano

Present Subj.
dorm a
dorm a
dorm a
dorm iamo
dorm iate
dorm ano

Imperfect Subj.
dorm issi
dorm issi
dorm isse
dorm issimo
dorm iste
dorm issero

Present Perf.
ho dormito
hai dormito
ha dormito
abbiamo dormito
avete dormito
hanno dormito

First Past Perf.
avevo dormito
avevi dormito
aveva dormito
avevamo dormito
avevate dormito
avevano dormito

Second Past Perf.
ebbi dormito
avesti dormito
ebbe dormito
avemmo dormito
aveste dormito
ebbero dormito

Future Perf.
avrò dormito
avrai dormito
avrà dormito
avremo dormito
avrete dormito
avranno dormito

Cond. Perfect
avrei dormito
avresti dormito
avrebbe dormito
avremmo dormito
avreste dormito
avrebbero dormito

Present Perfect Subj.
abbia dormito
abbia dormito
abbia dormito
abbiamo dormito
abbiate dormito
abbiano dormito

Past Perfect Subj.
avessi dormito
avessi dormito
avesse dormito
avessimo dormito
aveste dormito
avessero dormito

Auxiliary verbs

Infinitive
avere

Gerund
avendo

Past. Part.
avuto

Present
ho
hai
ha
abbiamo
avete
hanno

Imperfect
avevo
avevi
aveva
avevamo
avevate
avevano

Past Absolute
ebbi
avesti
ebbe
avemmo
aveste
ebbero

Future
avrò
avrai
avrà
avremo
avrete
avranno

Present Cond.
avrei
avresti
avrebbe
avremmo
avreste
avrebbero

Imperative
—
abbi
abbia
abbiamo
abbiate
abbiano

Present Subj.
abbia
abbia
abbia
abbiamo
abbiate
abbiano

Imperfect Subj.
avessi
avessi
avesse
avessimo
aveste
avessero

Present Perfect
ho avuto
hai avuto
ha avuto
abbiamo avuto
avete avuto
hanno avuto

First Past Perfect
avevo avuto
avevi avuto
aveva avuto
avevamo avuto
avevate avuto
avevano avuto

Second Past Perfect
ebbi avuto
avesti avuto
ebbe avuto
avemmo avuto
aveste avuto
ebbero avuto

Future Perfect
avrò avuto
avrai avuto
avrà avuto
avremo avuto
avrete avuto
avranno avuto

Cond. Perfect
avrei avuto
avresti avuto
avrebbe avuto
avremmo avuto
avreste avuto
avrebbero avuto

Present Perfect Subj.
abbia avuto
abbia avuto
abbia avuto
abbiamo avuto
abbiate avuto
abbiano avuto

Past Perfect Subj.
avessi avuto
avessi avuto
avesse avuto
avessimo avuto
aveste avuto
avessero avuto

Infinitive
essere

Gerund
essendo

Past Part.
stato (-a, -i, -e)

Present
sono
sei
è
siamo
siete
sono

Imperfect
ero
eri
era
eravamo
eravate
erano

Past Absolute
fui
fosti
fu
fummo
foste
furono

Future
sarò
sarai
sarà
saremo
sarete
saranno

Present Cond.
sarei
saresti
sarebbe
saremmo
sareste
sarebbero

Imperative
—
sii
sia
siamo
siate
siano

Present Subj.
sia
sia
sia
siamo
siate
siano

Imperfect Subj.
fossi
fossi
fosse
fossimo
foste
fossero

Present Perf.
sono stato (a)
sei stato (a)
è stato (a)
siamo stati (e)
siete stati (e)
sono stati (e)

First Past Perfect
ero stato (a)
eri stato (a)
era stato (a)
eravamo stati (e)
eravate stati (e)
erano stati (e)

Second Past Perf.
fui stato (a)
fosti stato (a)
fu stato (a)
fummo stati (e)
foste stati (e)
furono stati (e)

Future Perfect
sarò stato (a)
sarai stato (a)
sarà stato (a)
saremo stati (e)
sarete stati (e)
saranno stati (e)

Cond. Perf.
sarei stato (a)
saresti stato (a)
sarebbe stato (a)
saremmo stati (e)
sareste stati (e)
sarebbero stati (e)

Present Perfect Subj.
sia stato (a)
sia stato (a)
sia stato (a)
siamo stati (e)
siate stati (e)
siano stati (e)

Past Perfect Subj.
fossi stato (a)
fossi stato (a)
fosse stato (a)
fossimo stati (e)
foste stati (e)
fossero stati (e)

Italia
Italy

Torino
Turin

Milano
Milan

Venezia
Venice

Genova
Genoa

Bologna
Bologna

Pisa
Pisa

Firenze
Florence

Mara Adriatico
Adriatic Sea

Elba
Elba

Orvieto
Orvieto

Roma
Rome

Bari
Bari

Sassari
Sassari

Napoli
Naples

Potenza
Potenza

Taranto
Taranto

Sardegna
Sardinia

Mara Tirreno
Tyrrhenian Sea

Cagliari
Cagliari

Palermo
Palermo

Messina
Messina

Reggio
Reggio

Sicilia
Sicily

Catania
Catania

Mara Mediterraneo
Mediterranean Sea

Helpful Guides for Mastering a Foreign Language

2001 Idiom Series

Indispensable resources, these completely bilingual dictionaries in four major European languages present the most frequently used idiomatic words and phrases to help students avoid stilted expression when writing in their newly acquired language. Each book includes illustrative sentences. Each feature is easy to locate and designed with clarity in mind.

2001 French and English Idioms, 2nd
0-8120-9024-1 $14.95, Can $19.95

2001 German and English Idioms
0-8120-9009-8 $14.95, Can $19.95

2001 Italian and English Idioms
0-8120-9030-6 $14.95, Can $19.95

2001 Japanese and English Idioms
0-8120-9433-6 $13.95, Can $17.95

2001 Russian and English Idioms
0-8120-9532-4 $16.95, Can $22.95

2001 Spanish and English Idioms
0-8120-9028-4 $13.95, Can $17.95

201 Verb Series

The most commonly used verbs are presented alphabetically and in all their forms, one to a page, in each of the many foreign languages listed here. Features of this series include discussions of participles, punctuation guides, listings of compounds, the phrases and expressions often used with each verb, plus much more!

201 Arabic Verbs
0-8120-0547-3 $13.95, Can $17.95

201 Chinese Verbs
0-8120-0674-7 $14.95, Can $19.95

201 Dutch Verbs
0-8120-0738-7 $13.95, Can $18.95

201 Modern Greek Verbs
0-8120-0475-2 $11.95, Can $15.95

201 Korean Verbs
0-8120-2567-9 $8.95, Can $11.95

201 Polish Verbs
0-8120-0577-5 $12.95, Can $17.50

201 Swedish Verbs
0-8120-0528-7 $13.95, Can $17.95

201 Turkish Verbs
0-8120-2034-0 $13.95, Can $19.50

201 Vietnamese Verbs
0-8120-2019-7 $11.95, Can $15.95

501 Verb Series

Here is a series to help the foreign language student successfully approach verbs and all their details. Complete conjugations of the verbs are arranged one verb to a page in alphabetical order. Verb forms are printed in boldface type in two columns, and common idioms using the applicable verbs are listed at the bottom of the page in each volume.

501 English Verbs
0-7641-0304-0 $13.95, Can $17.95

501 French Verbs, 4th
0-8120-9281-3 $12.95, Can $16.95

501 German Verbs, 3rd
0-7641-0284-2 $14.95, Can $19.95

501 Hebrew Verbs
0-8120-9468-9 $16.95, Can $21.95

501 Italian Verbs
0-8120-4757-5 $12.95, Can $16.95

501 Japanese Verbs, 2nd
0-7641-0285-0 $13.95, Can $17.95

501 Latin Verbs
0-8120-9050-9 $13.95, Can $17.95

501 Portuguese Verbs
0-8120-9034-9 $14.95, Can $19.95

501 Russian Verbs
0-8120-4662-5 $14.95, Can $19.95

501 Spanish Verbs, 4th
0-8120-9282-1 $13.95, Can $17.95

Books may be purchased at your bookstore, or by mail from Barron's. Enclose check or money order for total amount plus sales tax where applicable and add 18% for postage and handling (minimum charge $5.95). All books are paperback editions. Prices subject to change without notice.

Visit our website at: www.barronseduc.com

Barron's Educational Series, Inc. • 250 Wireless Boulevard, Hauppauge, NY 11788
In Canada: Georgetown Book Warehouse, 34 Armstrong Avenue, Georgetown, Ont. L7G 4R9

(#33) R 9/99